Rehabilitation der reinen Vernunft:
Erkenntnistheorie, Physik, Ontologie.
Zugleich analytische Grundlegung einer
Philosophie (und Phänomenologie) des Geistes

Rehabilitation der reinen Vernunft:

Erkenntnistheorie, Physik, Ontologie. Zugleich analytische Grundlegung einer Philosophie (und Phänomenologie) des Geistes

von Rudolf und Laurent Lindpointner

Bibliografische Information der Deutschen Nationalbibliothek:
Die Deutsche Nationalbibliothek verzeichnet diese Publikation
in der Deutschen Nationalbibliografie; detaillierte bibliografische
Daten sind im Internet über dnb.dnb.de abrufbar.

Verlag: BoD · Books on Demand GmbH, In de Tarpen 42,
22848 Norderstedt, bod@bod.de
Druck: Libri Plureos GmbH, Friedensallee 273, 22763 Hamburg

ISBN: 978-3-7597-9465-9

Dem Andenken an
Professor Robert Spaemann
und
Professor Kazutoshi (Johannes) Sugano
gewidmet

Inhaltsverzeichnis

>»Das Wahre ist das Ganze.«
(G.W.F. Hegel)

Prolog

Wir haben gewöhnlich eine gewisse Vorstellung von der Welt im Ganzen. Zu dieser gehören als Kernelemente die Vorstellungen: * Dass wir selbst Teil der Welt sind, ** dass wir nur einen Teil der Welt kennen, *** dass die Welt irgendwie unabhängig von uns existiert (und so, wie sie ist, da ist, auch wenn wir die Augen schließen, egal ob für den Moment oder für immer), und schließlich, **** dass es in der Welt (oder Natur) gewisse unveränderliche Gesetze gibt. Die Vorstellung von diesen unveränderlichen Gesetzen ist in unserer Zivilisation maßgeblich geprägt von den physikalischen Gesetzen. Im Gesamten ergeben diese Vorstellungen unsere Vorstellung von Realität.

Alle diese Vorstellungen stehen in enger Verbindung mit unserer Vorstellung von Erkenntnis, die in ihrem Kern geprägt ist von der Idee der passiven (und idealerweise objektiven) Wahrnehmung. Beide Vorstellungen, die der Realität, und die von Erkenntnis, bedingen einander, was dazu führt, dass ihr Schnittpunkt, die ontologische Grundannahme der unabhängigen Bestimmtheit der Dinge an sich (mit der Substanz als Trägerin der, als selbst-bestimmt wahrgenommenen, Eigenschaften) alternativlos erscheint. Diese Grundannahme findet ihren Niederschlag im heuristischen Kurzschluss des Inhalts mit dem Gegenstand der Erkenntnis als Ankerpunkt der traditionellen Erkenntnistheorie, und zwar gleichermaßen ihrer Rekonstruktion des Phänomens Erkenntnis, wie ihrer kritischen Reflexion über die Frage der Gewissheit als Maßstab der Erkenntnis im Sinne von Übereinstimmung zwischen Inhalt und Gegenstand der Erkenntnis.

Einen Störfaktor im Kontext dieser Auffassung von Erkenntnis bildet allerdings der Holismus der realen Erkenntnissituation, der

Umstand, dass das erkennende Subjekt sich selbst als ein Teil der Welt, d.h. als ein Element der Klasse der Gesamtheit der Erkenntnisgegenstände wahrnimmt, was dem Maßstab der Gewissheit den Boden entzieht und die Erkenntnistheorie zwingt, den Standpunkt der bloßen Reflexion und Beschreibung gegen den Standpunkt der Analyse einzutauschen, bezogen auf die reale Erkenntnistätigkeit. Da diese somit als Gegenstand der Erkenntnistheorie zugleich ihren eigenen analytischen Maßstab der Angemessenheit bildet, kann nicht Gewissheit, sondern nur Klarheit (Intelligibilität) das heuristische Ziel der Erkenntnistheorie sein.

Einleitung

Die Frage der Gewissheit unseres Wissens ist aus wissenschaftlicher Sicht, d.h. nach dem heutigen Stand unseres Wissens, eine voreilige Frage. Denn sie setzt zu ihrer Sinnhaftigkeit ein Wissen über das Phänomen Erkenntnis voraus, d.h. darüber, was Erkenntnis und Wissen aus wissenschaftlicher Sicht sind, das wir offensichtlich noch nicht haben. Fakt ist allerdings auch, dass jede Art von Erkenntnistätigkeit und Wissen per se immer schon (notwendig und inhärent) eine Idee von Wissen und Erkenntnis involviert, und zwar zumindest in Gestalt der formalen Unterscheidung zwischen Inhalt und Gegenstand des Wissens als Minimalbedingung; wobei die (logische) Natur der Beziehung zwischen Inhalt und Gegenstand zunächst offen ist, und selbst einen möglichen Gegenstand von Erkenntnis bildet, eben den Gegenstand der *Erkenntnistheorie*. Fakt ist schließlich auch, dass es nicht die *eine* philosophische Erkenntnistheorie gibt, sondern verschiedene, miteinander konkurrierende Theorien. Dessen ungeachtet erhebt die philosophische Erkenntnistheorie traditionell den Anspruch auf den Primat gegenüber der empirischen, naturwissenschaftlichen Erkenntnis, im Sinne des Anspruchs ihrer ›kritischen Legitimation‹ nach dem Maßstab der Gewissheit.

Das wirft die Frage auf, worauf sich der Anspruch der philosophischen Erkenntnistheorie auf ihren Primat gegenüber den Naturwissenschaften (der sich im Meta-Status der Wissenschaftstheorie widerspiegelt) genau gründet. Die Begründung dieses Anspruchs kann offensichtlich nicht in der Weise der direkten Referenz auf die (jeweilige) Theorie erfolgen, die ja ihrerseits unter einem Legitimationszwang (hinsichtlich ihrer eigenen Angemessenheit) steht. Er gründet sich vielmehr darauf, dass die philosophische Erkenntnistheorie das Thema der *Legitimation* als solches zu ihrem Kernthema erkürt, zum Kernpunkt ihrer Reflexion, und zwar – das ist der entscheidende Punkt – im Wege der Postulation von Gewissheit zur heuristischen Norm von Erkenntnis.

Die theoretische Kernfrage der Erkenntnistheorie, nämlich die nach der Natur der Beziehung zwischen Inhalt und Gegenstand der Erkenntnis, wird auf diese Weise heuristisch dem Meta-Gesichtspunkt der Frage der Gewissheit, als scheinbar *kritischer* Dreh- und Angelpunkt der Erkenntnisreflexion, untergeordnet. Dieser erlaubt es der Erkenntnistheorie, kontinuierlich im Modus der (scheinbar vorbehaltlosen, radikalen) Reflexion zu verharren. Allerdings blendet sie dabei aus, dass, so umfassend kritisch der Maßstab der Gewissheit prima vista auch anmutet, er dennoch (unkritisch) seine eigenen Annahmen mit sich führt, die davon nicht gedeckt sind. So vor allem die metaphysische Annahme der (autonomen) Bestimmtheit der Dinge an sich, die zu den unhinterfragten Grundannahmen der traditionellen Erkenntnistheorie gehört, ohne die die Frage der Gewissheit (und mit ihr der kritische Standpunkt der Erkenntnistheorie) von Anfang an keinen vernünftigen Sinn ergäbe.

Wir werden diesbezüglich vom *heuristischen Kurzschluss des Inhalts mit dem Gegenstand der Erkenntnis* sprechen (dem tief verankerten Denken des Inhalts der Erkenntnis vom Gegenstand her), der die geläufige Vorstellung von Erkenntnis und Wissen (gleichsam als Kern ihrer Definition) dominiert. So schreibt etwa Descartes: »... wir erkennen die Substanzen nicht unmittelbar ..., sondern nur dadurch, daß wir bestimmte Formen oder Attribute auffassen. Da diese nun, um zu existieren, irgendeinem Etwas einwohnen müssen, so nennen wir dieses Etwas, dem sie einwohnen, die Substanz.« [Descartes, 1972, 202]. Dem korrespondiert eine *materiale* Wissensdefinition, wie sie auch in der Frage ›Was können wir wissen?‹ zum Ausdruck kommt,[1] und auch die geläufige Rede von ›Erkenntnisvermögen‹, resp. unserem ›beschränkten Erkenntnisvermögen‹.

Dieser heuristische Kurzschluss als Kern der Definition von Erkenntnis führt, wie sich zeigen wird, in logischer Konsequenz zu einer

---

1 Formuliert man die Frage ›Was können wir wissen?‹ in der konkreteren Form der Frage ›Was können wir *über die Gegenstände* wissen?‹ so vermeidet man die heuristische Gleichsetzung von Wissen mit Gewissheit, denn zu den Gegenständen des Wissens gehört (zumal im Kontext der Erkenntnistheorie) auch das erkennende Subjekt selbst.

(in theoretischer Hinsicht fatalen) Missachtung der grundlegenden (und zugleich wandelbaren) Rolle der Heuristik für die Erkenntnistätigkeit im allgemeinen (und ihre durchaus variablen rationalen Maßstäbe). Dem entgegen scheint gerade die Überzeugung von der Unentbehrlichkeit der betreffenden metaphysischen Annahme als heuristische Bedingung für ein *rationales* Verständnis der Erkenntnistätigkeit ein zentrales Motiv für diesen Kurzschluss zu sein. Denn schließlich kann sich die Erkenntnistheorie in Betreff dieser Annahme, die maßgeblich für ihre Auffassung von Erkenntnis (und ihre eigene Heuristik) ist, nicht auf Gewissheit berufen, im Gegenteil: Eine der wesentlichen Konsequenzen, die sich aus dieser Auffassung ergeben, ist bekanntermaßen die, dass die betreffenden ontologischen Grundkategorien (Substanz und Kausalität) epistemologisch nicht (oder im Kantischen Sinne nur bedingt) zu rechtfertigen sind.

Aus dem primären, *heuristischen Kurzschluss* ergibt sich in logischer Konsequenz ein sekundärer, *theoretischer Kurzschluss*, nämlich der Kurzschluss der theoretisch primären Frage nach der Genese des Inhalts der Erkenntnis mit der Frage nach der Gewissheit des betreffenden Inhalts, also die Deutung und Analyse des Erkenntnisvorgangs im (heuristisch dominanten) Horizont der Frage der Legitimation (Gewissheit) der Erkenntnisinhalte. Die traditionelle Erkenntnistheorie setzt damit gewissermaßen den zweiten Schritt (die Frage der Legitimation) vor dem ersten (der unvoreingenommenen Analyse der Generierung der Erkenntnisinhalte im Hinblick auf die konkrete Erkenntnistätigkeit).

Der Umstand, dass Gewissheit als ultimative Norm der Legitimation von Erkenntnisinhalten eine subjektive Kategorie ist, führt schließlich noch zu einem dritten, diesmal *methodischen Kurzschluss*, nämlich der konsequenten Negation des Holismus der realen Erkenntnissituation in der zugespitzten Form der Deutung der Erkenntnisbeziehung im Sinne eines Subjekt-Objekt-Gegensatzes, die auch im geläufigen Topos von der Erkenntnis der ›Außenwelt‹ zum Ausdruck kommt. Dieser methodische Kurzschluss impliziert im Hinblick auf den erkenntnistheoretischen Anspruch der *kritischen Legitimation* der empirischen Naturwissenschaften den konsequenten Ausschluss des empirischen (wissenschaftlichen) Wissens aus der Erkenntnisreflexion.

Das skizzierte Setting der traditionellen Erkenntnistheorie und ihr eigener heuristischer Fokus auf das Ziel der Gewissheit erweist sich letztlich als eine formidable Sackgasse. Und zwar, weil sich der Maßstab der Gewissheit auf die Erkenntnisinhalte bezieht, die Frage der Gewissheit dabei aber das gesamte Setting der Erkenntnistheorie vorgeben muss, weshalb sich die erkenntnistheoretische Reflexion letztlich in der Debatte erschöpft. Zieht man ins Kalkül, dass die Erkenntnistheorie (gleich welche) ihrerseits ein Produkt von Erkenntnistätigkeit, also ein Erkenntnisinhalt ist, so geht im Grunde jeder Anhaltspunkt der Reflexion über Gewissheit verloren.

Um zu einem angemessenen analytischen Verständnis des Phänomens Erkenntnis (als Vorbedingung für alles weitere) zu kommen, ist es demgegenüber naheliegend, den genau umgekehrten Weg zu beschreiten, d.h. die drei genannten Kurzschlüsse, den heuristischen, den theoretischen und den methodischen, in umgekehrter Reihenfolge rückabzuwickeln: Ausgehend von der affirmativen Kenntnisnahme des Holismus der realen Erkenntnissituation hin zur logischen Analyse der realen Erkenntnistätigkeit auf dieser Grundlage, und schließlich zur Analyse der grundlegenden Rolle der Heuristik für die Erkenntnistätigkeit, mit ihren wesentlichen Ausprägungen: der rein pragmatischen, der (an den Objekten orientierten) qualitativ deskriptiven, und der mathematisch dekonstruktiven.

Diese Vorgangsweise entspricht in Summe einer logischen De- und Rekonstruktion der traditionellen Erkenntnistheorie und sie zwingt zugleich dazu, deren Anspruch auf den Primat gegenüber der empirischen Naturwissenschaft (der mit der Idee der Unhintergehbarkeit des Subjekts verbunden ist) zu revidieren.[2] Aufgabe und Ziel der Wis-

---

2 In klassischen Termini: Die sog. ›Endlichkeit unseres Erkenntnisvermögens‹ muss endlich ernst genommen werden als Prinzip der Erkenntnistätigkeit, ohne den Fluchtpunkt der Annahme eines göttlichen Standpunkts der Erkenntnis.

senschaftstheorie kann es nicht sein, der empirischen Wissenschaft (auf Basis einer bestimmten Erkenntnistheorie) methodische Normen vorzugeben, sondern die Wissenschaftstheorie muss ihrerseits an der realen, heuristisch angeleiteten Erkenntnistätigkeit der Wissenschaftler Maß nehmen und sich folglich auch ihrerseits an dem angemessenen Verständnis dieser Tätigkeit messen lassen. Ihr primäres Ziel kann nur die *rationale Nachvollziehbarkeit* dieser Tätigkeit auf Basis (und zugleich als eigener Test) der jeweiligen Erkenntnistheorie sein. Sie eröffnet damit zugleich auch die Perspektive einer rational nachvollziehbaren Anknüpfung der Erkenntnistheorie an die Ergebnisse der Physik als Grundlagenwissenschaft, in dem Setting, das durch die beiderseitige dekonstruktive Vorgangsweise vorgegeben wird; dieses impliziert das Ziel der *rationalen Nachvollziehbarkeit* nach dem heuristischen Maßstab der Dekonstruktion, der einzig in der Angemessenheit der darauf aufbauenden Rekonstruktion der betreffenden Phänomene besteht.

Dieser heuristische Maßstab der Legitimation ist auch der einzige, der sinnvoll auf die Erkenntnistheorie selbst angewendet werden kann. Geht man davon aus, dass der Gegenstand der Erkenntnistheorie das Phänomen Erkenntnis, die reale Erkenntnistätigkeit, ist – nicht eine vorgefertigte Vorstellung von diesem Phänomen –, und stellt man zudem in Rechnung, dass jede Erkenntnistheorie (egal, ob in der Gestalt einer rudimentären, naiven Idee oder einer elaborierten Theorie) ihrerseits ein Produkt von Erkenntnistätigkeit ist, so folgt daraus dass ihr einziger eigener Maßstab nur in der Angemessenheit der Theorie an ihren Gegenstand, die reale Erkenntnistätigkeit, bestehen kann. Die Differenz zwischen Inhalt und Gegenstand der Erkenntnis trifft auf die Erkenntnistheorie nicht weniger zu, als auf beliebige andere Erkenntnisinhalte. Was notwendig zu dem Schluss führt, dass nicht Gewissheit, sondern einzig *rationale, analytische Klarheit* bezüglich des Phänomens Erkenntnis, d.h. bezüglich der realen Erkenntnistätigkeit in all ihren Formen und Facetten, das Ziel und der originäre Maßstab der Erkenntnistheorie sein kann. Erst auf dieser Grundlage lässt sich das Thema Gewissheit überhaupt in vernünftigem Rahmen (ohne präjudizierende Annahmen) erörtern.[3] An die Stelle des Zieles der inhaltlichen Gewissheit als irrealem Fluchtpunkt der Erkenntnisreflexion (weil eben die Erkenntnistheorie selbst ein Produkt von Erkenntnistätigkeit ist) tritt somit notwendig die intrinsische Bindung an das Kriterium der Angemessenheit der theoretischen Rekonstruktion der realen Erkenntnistätigkeit und ihrer (je nach Heuristik unterschiedlichen) Ratio.

Die zentrale These dieser Abhandlung wird sein, dass *die affirmative Kenntnisnahme des Holismus der realen Erkenntnissituation* (d.h. der Betrachtung des Erkennenden als eines Elements der Klasse der Erkenntnisgegenstände) die notwendige Bedingung für eine angemessene Analyse, bzw. ein angemessenes logisches Verständnis der realen Erkenntnistätigkeit ist. Diese wird folgerichtig auf der These aufbauen, dass *Differenzierung* die fundamentale, transzendental-logische Bedingung von Erkenntnis (in vorgegebenem holistischem Rahmen) ist. Als solche Bedingung bildet sie den Schlüssel zu einer logischen Dekonstruktion der traditionellen Erkenntnisauffassung ineins mit einer logischen Rekonstruktion der realen Erkenntnistätigkeit; und zwar anhand des Leitfadens der Frage der Quelle des Inhalts der Erkenntnis, die daher ihren eigenen Maßstab mit sich führt, nämlich die Adäquatheit der epistemo-logischen Rekonstruktion der Genese (resp. Generierung) dieser Inhalte. Dabei (ohne heuristisches Präjudiz) anknüpfend an die rein *formale* Unterscheidung zwischen Inhalt und Gegenstand der Erkenntnis, bzw. des Wissens, als logischer Kern und als Minimalbedingung von deren Definition (im Gegensatz zur geläufigen *materialen* Definition von Wissen).[4]

Die affirmative Kenntnisnahme des Holismus der realen Erkenntnissituation als Schlüssel für die Lösung der Aufgabe der logischen

---

3   Ein angemessener Ansatzpunkt für die Reflexion über die Frage der Gewissheit ist die Frage, was das erkennende Subjekt mit Sicherheit über sich selbst weiß.

4   Der Skeptizismus greift übrigens auf dieser Ebene nicht, vielmehr macht sie die eigenen, unhinterfragten metaphysischen Voraussetzungen der Logik des Skeptizismus deutlich.

Rekonstruktion der realen Erkenntnistätigkeit bedingt in ontologischer Hinsicht, dass die *Erkenntnisbeziehung* nicht anders, denn als *unilaterale Bezugnahme* analysiert werden kann. Die Darstellung von Erkenntnis als *Beziehung* hat zwar ihre Berechtigung, aber nur als formale, vom Meta-Standpunkt der Reflexion, nicht im Hinblick auf das konkrete Ziel der Analyse und logischen Rekonstruktion der Erkenntnistätigkeit.

Den Kernpunkt der logischen De- und Rekonstruktion der Erkenntnistätigkeit wird die These bilden, dass nicht die unmittelbaren Sinneseindrücke per se, sondern deren *Differenzierung* die Quelle des Inhalts der Erkenntnis bildet. An die Differenzierung der Sinneseindrücke als *logische* (bzw. transzendental-logische) Bedingung der Möglichkeit von Erkenntnis (ebenso wie von konkreter Bezugnahme) werden sich schließlich in logischer Konsequenz zwei weitere (›transzendentale‹) Bedingungen von Erkenntnis knüpfen, nämlich *unilaterale Bezugnahme* (im Rahmen des Holismus der Situation) als *onto-logische* Bedingung der Möglichkeit von Differenzierung, und Kriterien der Differenzierung *(die Heuristik)* als *trans-logische* Bedingung.[5]

Den Prüfstein dieser Ergebnisse der rein logischen Analyse bildet, wie bereits betont, die Aufgabe der rationalen Rekonstruktion der realen Erkenntnistätigkeit in concreto. Besonderer Stellenwert wird dabei der sorgfältigen Einlösung dieser Aufgabe im Hinblick auf das dekonstruktive Erkenntniskonzept der Physik als Grundlagen-Wissenschaft zukommen, das sich hinsichtlich aller drei genannten Bedingungen markant vom deskriptiven Erkenntniskonzept unterscheidet.

Und zwar auch und besonders im Hinblick auf die sich konsequent daraus ergebenden ontologischen Schlussfolgerungen. Denn die pure

---

5 Daraus wird sich, rein logisch, auch ein anderes Verständnis der Sprache ergeben, nämlich als Vehikel der gemeinsamen, vermittelten Bezugnahme auf die Gegenstände, die von sich aus, qua ihrer verbindlichen Regeln des Gebrauchs, eine normierende Funktion ausübt. Sie gibt ihre eigenen Wahrheitsbedingungen im Rahmen der Kommunikation vor. Diesem Verständnis der Sprache korrespondiert wiederum das Verständnis von Erkenntnis als Erschließung, nicht (bzw. nur sekundär) als mentale Repräsentation.

Logik der Dekonstruktion entbindet die physikalischen Theorien vom ontologischen Korsett der Deskription, der Zuschreibung von Eigenschaften, und rückt vielmehr die grundlegenden physikalischen Konzepte selbst in den Fokus der ontologischen Reflexion. Diese Reflexion wird, vermittels eines reinen Vernunftschlusses, zur ontologischen These vom Primat der Konstellation vor den Elementarteilchen (in puncto deren Verhaltens) führen und, in weiterer Konsequenz, zur ontologischen These vom Prinzip der Autarkie als Prinzip der Vereinzelung, der physikalischen Konstitution konkreter, struktureller Einheiten.

In Kombination mit dem, der These vom Primat der Konstellation entsprechenden, analytischen Verständnis der totalen Immanenz der physikalischen Ebene (als Ebene ohne unilaterale Bezugnahme und folglich ohne Differenzierung) wird sich das ontologische Prinzip der Autarkie (im Wege der trans-logischen Unterscheidung von kontingenter und prekärer Autarkie) als Schlüssel für ein angemessenes Verständnis der Phänomene Erkenntnis und Bewusstsein auf naturwissenschaftlicher Grundlage erweisen (ebenso wie als Anhaltspunkt für eine natürliche Erklärung, vermittels des Fokus auf die Frage der natürlichen Genese von Differenzierung, d.h. von unilateraler Bezugnahme und Heuristik, als elementares Prinzip von Erkenntnistätigkeit).

Die logische Analyse, bzw. De- und Rekonstruktion des Phänomens Erkenntnis bildet auf diese Weise also zugleich die analytische Grundlage und den Anknüpfungspunkt für eine De- und Rekonstruktion der Phänomene Erkenntnis und Bewusstsein auf naturwissenschaftlicher Grundlage, m.a.W., die analytische Grundlage für eine angemessene (nicht reduktionistische) Philosophie und Phänomenologie des Geistes, entsprechend dem rationalen Anspruch und Maßstab der De- und Rekonstruktion, nämlich der rational nachvollziehbaren Klarheit in Betreff der realen Erkenntnistätigkeit in allen ihren Erscheinungsformen, inklusive der Logik der traditionellen Erkenntnisvorstellung.

Der vorliegende Titel ›*Rehabilitation* der reinen Vernunft‹, als des klassischen Vermögens der Transzendierung der Erkenntnis des Einzelnen (der individuellen Gegenstände) hin auf die umgebende Totalität, verweist auf eine Agenda, die bereits unausweichlich in der elementaren Erkenntnistätigkeit der Differenzierung als solcher grundgelegt ist, und in der dekonstruktiven Heuristik der Physik ihren (und zwar *en detail*) ganz spezifischen methodischen Ausdruck findet.

Er ist gleichzeitig, in bewusster Anspielung auf Kants ›*Kritik* der reinen Vernunft‹, zu verstehen als Plädoyer gegen den – dem prinzipiellen Holismus der Erkenntnissituation in keiner Weise angemessenen – Maßstab der Gewissheit als Ankerpunkt der Erkenntnisreflexion, der einem angemessenen analytischen Verständnis der realen Erkenntnistätigkeit im Wege steht. Nicht die ›objektive‹ *mentale Repräsentation*, sondern vielmehr die sukzessive *Erschließung* der (auch den Erkennenden selbst umfassenden) Gesamtheit (der ›Welt‹) von einem immanenten Standpunkt aus ist – mit welcher heuristischen Zielsetzung auch immer – der logische Kern der Erkenntnistätigkeit. Mentale Repräsentation ist nur ein sekundärer Aspekt, ein fluides Ergebnis dieser Tätigkeit, nicht mit dieser gleichzusetzen. Die Frage der Gewissheit ist primär an die Analyse dieser Tätigkeit, in Form der Frage ihrer eigenen Angemessenheit, zu richten. Deren Maßstab ist die detaillierte logische Rekonstruktion der Genese spezifischer Arten von Erkenntnisinhalten und deren eigenständiger heuristischer Ratio (in evolutionärem und historischem Kontext).

Die vorliegende Abhandlung ist gegliedert in 20 Thesen und fünf durchgängig zusammenhängende, aber dennoch unabhängig voneinander rezipierbare und verstehbare Teile. Jeder der ersten vier Teile verfügt über ein eigenes Abstract sowie ein als ›Fazit und Ausblick‹ betiteltes Kapitel, um einen unabhängigen Einstieg bei jedem der Teile zu ermöglichen. Der Grund für diese ungewöhnliche Gliederung besteht in dem Ziel, auch Menschen, nicht zuletzt Wissenschaftlern, die sich (mangels Vertrautheit) nicht mit dem philosophiehistorischen Kontext auseinandersetzen wollen, einen rascheren Einstieg bei den sie interessierenden Teilen, bzw. Themen zu bieten.

Abschnitt 1: Logische Analyse (De- und Rekonstruktion) des Phänomens Erkenntnis

>»Man kann den Charakter, der dem Datum im Erfahrungsakt zu-
>zusprechen ist, nicht sorgfältig genug untersuchen. Auf ihm beruht
>das ganze philosophische System.«
>(A.N. Whitehead)

Teil 1: Analyse und Kritik der Heuristik der traditionellen Erkenntnistheorie = Thesen 1-3 zur Erkenntnistheorie

>»Wenn wir uns die Gesamtheit der Dinge vorstellen, stellen wir uns
>vor, selbst *außerhalb* des Universums zu stehen und es >von dort aus<
>zu betrachten. Aber ein Außerhalb der Gesamtheit der Dinge gibt es
>nicht. Jede Beschreibung der Welt findet in der Welt statt.«
>(C. Rovelli)

Abstract:

Die Kernfrage der Erkenntnistheorie lautet traditionell (in ihrer Kantischen Formulierung): »Was können wir wissen?«, und zwar nach
dem Maßstab der Gewissheit. Diese traditionelle Heuristik geht zu
Lasten der eigentlichen theoretischen Kernfrage der Erkenntnistheorie, nämlich der Frage: »Was ist Erkenntnis?«, bzw. »Was können
wir (mit ausreichender Sicherheit) über das Phänomen Erkenntnis
wissen?«. Das bedeutet, dass die Antwort auf diese Frage, zumindest
im Kern, vorausgesetzt wird, im Sinne der gängigen heuristischen
Vorstellung von Erkenntnis als (mentale) Repräsentation, auf der
Basis der ontologischen Annahme der unabhängigen Bestimmtheit
der Gegenstände der Erkenntnis an sich selbst (ohne die die Frage
nach der Gewissheit unserer Erkenntnis gar nicht sinnvoll zu stellen
ist). Eine Annahme, die so tief in unserer Vorstellung von Erkenntnis
und Wissen verankert ist, dass sie als unverzichtbar erscheint, ebenso

wie der entsprechende heuristische Kurzschluss des Inhalts mit dem Gegenstand der Erkenntnis als Antwort auf die >Was ist<-Frage.

All diese Vorstellungen, und mit ihnen allen voran der Maßstab der Gewissheit, geraten jedoch ins Wanken, wenn man das erkennende Subjekt selbst, und mit ihm zugleich das Phänomen Erkenntnis, als einen (natürlichen) Gegenstand der Erkenntnis unter anderen auffasst, d.h. wenn man die reale Erkenntnissituation als das ernst nimmt, was sie ist, eine holistische Situation (die Gewissheit per se ausschließt), keine einfache Beziehung.

These 1. Eines der drängendsten Probleme der gegenwärtigen Philosophie betrifft ihr Verhältnis zu den Naturwissenschaften. Prototypisch für dieses Problem ist die Frage des Verhältnisses zwischen der Physik als Grundlagenwissenschaft und der Erkenntnistheorie. Denn beide repräsentieren einen fundamentalen Erkenntnisanspruch und stehen diesbezüglich in einem wechselseitigen Konkurrenzverhältnis um ihren Anspruch auf den Primat.

Der Primatsanspruch der Physik gegenüber der Erkenntnistheorie ist in der Auffassung begründet, dass es sich beim Phänomen Erkenntnis um ein natürliches Phänomen handelt, das daher in letzter Instanz nur im Rahmen und auf der Basis des naturwissenschaftlichen Wissens angemessen analysiert und verstanden werden kann.

Der Primatsanspruch der Erkenntnistheorie gegenüber der Physik ist vice versa darin begründet, dass es sich bei der Physik als Wissenschaft um eine spezifische Erkenntnistätigkeit handelt, die für ihr Selbstverständnis (als Wissenschaft) implizit die Idee der Erkenntnis voraussetzt, deren Explikation und Analyse – notwendig für den Anspruch der Wissenschaftlichkeit – Gegenstand der Erkenntnistheorie ist.

Die traditionelle Erkenntnistheorie interpretierte ihren Anspruch auf den Primat gegenüber der empirischen Wissenschaft allerdings in einem merklich anderen Sinn, nämlich im normativen Sinne von kritischer Legitimation nach dem Maßstab der Gewissheit. Das wirft allerdings die Frage auf, wodurch dieser normative Anspruch seinerseits legitimiert ist, zumal offensichtlich auch die Erkenntnistheorie ihrerseits ein Produkt von Erkenntnistätigkeit ist.

Zum Zweck der kritischen Analyse des Anspruchs der Erkenntnistheorie wird es sich in weiterer Folge als sinnvoll erweisen, zwischen der realen Erkenntnistätigkeit (in allen ihren Formen und Facetten) einerseits, und der heuristischen Vorstellung von dieser Tätigkeit andererseits, zu differenzieren. Eine Differenzierung, die das Potential einer nicht unerheblichen Divergenz in sich trägt.

1.1. *Die heuristische Vorstellung von der Tätigkeit ist ein integraler Teil der Erkenntnistätigkeit selbst* (unabhängig von der Art der Erkenntnistätigkeit). Dem korrespondiert auf Seiten des Produkts der Erkenntnistätigkeit der Umstand, dass die *Vorstellung von Wissen ein integraler Teil von Wissen selbst ist,* und zu dieser Vorstellung gehört, als ihr logischer Kern, *die Unterscheidung zwischen Inhalt und Gegenstand des Wissens.* Das logische Bindeglied zwischen dem Inhalt und dem Gegenstand des Wissens ist *die Heuristik.*[6] Diese ist (ob beiläufig oder explizit) maßgeblich für das (Selbst-)Verständnis der Erkenntnistätigkeit. Sie bildet den unverzichtbaren logischen Schlüssel zu ihrem theoretischen Verständnis in allen ihren verschiedenen Formen.

1.1.1. Dieser Punkt ist folglich auch von zentraler Bedeutung für jeden möglichen Versuch einer naturalistischen Erklärung des Phänomens Erkenntnis, also einer Erklärung dieses Phänomens auf naturwis-

---

6 Siehe dazu Gottlob Frege: »So kann man zu jedem Behauptungssatz eine Satzfrage bilden. ... In einem Behauptungssatz ist also zweierlei unterschieden: der Inhalt, den er mit der entsprechenden Satzfrage gemein hat, und die Behauptung. Jener ist der Gedanke oder enthält wenigstens den Gedanken. Es ist also möglich, einen Gedanken auszudrücken, ohne ihn als wahr hinzustellen. In einem Behauptungssatz ist beides so verbunden, daß man die Zerlegbarkeit leicht übersieht. ... Indem wir eine Satzfrage bilden, haben wir die erste Tat schon vollbracht.« [Frege, 1993, 35]

senschaftlicher (letztlich physikalischer) Grundlage. Nämlich die Frage nach den Bedingungen, durch die Heuristik primär überhaupt ins Spiel kommen kann, die Frage ihrer natürlichen Genese. Erst in weiterer Folge (und vor evolutionärem Hintergrund) lässt sich dann sinnvoll danach fragen, wie es zur Ausprägung unterschiedlicher Arten von Heuristik kommt, so auch zur Idee und zum Ziel der objektiven Beschreibung.

1.2. Ein spezifischer Aspekt der Unterscheidung – und zugleich formaler Ausdruck der Differenz – zwischen Inhalt und Gegenstand des Wissens ist der inhaltliche *Geltungsanspruch des Wissens*. Er korrespondiert in bestimmter Weise der *heuristischen Zielsetzung*. Dieser Anspruch ist eine variable Größe. Er kann in qualitativer Hinsicht von bloßer Vermutung (oder auch der Aufstellung von Thesen) bis zu Gewissheit reichen und in quantitativer Hinsicht von singulären Feststellungen bis hin zu allgemeingültigen Urteilen oder auch zu physikalischen Gesetzen in Gestalt mathematischer Gleichungen mit universalem Geltungsanspruch.

Dieser Geltungsanspruch begründet jenen *rationalen Legitimationszwang*, der in besonderer Weise das Markenzeichen der *wissenschaftlichen Erkenntnistätigkeit* zu sein scheint, zumal die Begründung und Legitimation ihrer Ergebnisse offensichtlich selbst integraler Teil dieser Tätigkeit ist. Ein großer Teil insbesondere der wissenschaftlichen und der philosophischen Erkenntnistätigkeit dient gewöhnlich der systematischen Legitimierung, resp. Konsolidierung des Geltungsanspruchs von originären Produkten der Erkenntnistätigkeit im Wege von Argumentation und Begründung, die nicht nur ihrerseits Produkte von Erkenntnistätigkeit sind, sondern selbst ursprünglich den Weg markieren, der zur Generierung jener Inhalte führt, deren Legitimierung sie dienen.

Der rationale Legitimationszwang gilt aber, entsprechend dem jeweiligen Anspruch, für alle Produkte von Erkenntnistätigkeit, egal ob wissenschaftlicher Art oder nicht.

1.3. *Den allgemeinen Rahmen* für jede Form von rationaler Argumentation und Begründung bildet (gleichsam als ihr Regellimit) die jeweilige heuristische Zielsetzung, die sich im Geltungsanspruch manifestiert. *Den konkreten Anknüpfungspunkt* – sowohl als rationalen Bezugspunkt – dafür bildet in der Regel das bereits vorhandene (gleichsam vorweg autorisierte) Wissen. Entweder in Form der Bezugnahme auf geteilte Überzeugungen oder auf dezidiert vorausgesetzte Annahmen etc., oder in Form der Berufung auf Quellen verschiedener Art. Eine besondere Rolle als Quelle der Begründung von Erkenntnisansprüchen kommt dabei der Wahrnehmung zu. Als solche Quelle der Begründung involviert sie ihrerseits eine bestimmte heuristische Deutung ihrer selbst. An diesem Punkt kommt die philosophische Erkenntnistheorie ins Spiel, als rationale Explikation dieser Deutung (auf Basis expliziter theoretischer Annahmen).

Eine grundsätzliche Trennung zwischen Wissen und Legitimation von Wissen ist offensichtlich nicht möglich, da jede Legitimation von Wissen ihrerseits auf bereits vorhandenes Wissen Bezug nehmen muss. Die Erkenntnistheorie bildet davon ebensowenig eine Ausnahme wie die unmittelbare Wahrnehmung. Denn auch diese enthält – als Element der Begründung und Selbstbegründung von Erkenntnis – die beiden Aspekte der Identifikation des Wahrgenommenen und der heuristischen Selbstdeutung, die beide den Rahmen der sinnlichen Evidenz bei weitem überschreiten.

Jede Form von Evidenz, auch die sinnliche, ist grundsätzlich eingebettet in ein heuristisches Setting (eine Problemstellung) und in ein Hintergrundwissen, zu dem letztlich (implizit oder explizit) auch theoretische Annahmen erkenntnistheoretischer Natur gehören. Denn jede Wahrnehmung und jedes Wissen impliziert notwendig eine Vorstellung davon, was Wahrnehmung und was Wissen ist.

1.3.1. Aus dem bisher Gesagten ergibt sich im Hinblick auf den Status der Erkenntnistheorie (als Produkt von Erkenntnistätigkeit) der Schluss, dass diese in epistemo-logischer Hinsicht nicht anders, denn als *ultimativer Horizont* der Begründung von Erkenntnisansprüchen bzw. Wissen, aufzufassen ist. Und zwar sowohl de facto, als auch ex principio.

Dieser Schluss impliziert zwangsläufig die Negation der Auffassung von Erkenntnistheorie als *ultimatives Fundament* der Beurteilung (resp. *kritischen Legitimierung*) von Erkenntnisansprüchen (im Sinne der geläufigen Frage ›Was können wir wissen?‹). Anders ausgedrückt: Die Frage der Erkenntnissicherheit (resp. der Gewissheit unseres Wissens) entbehrt ihrerseits jeder sicheren Grundlage. Die Erkenntnistheorie ist selbst ein Produkt von Erkenntnistätigkeit und kann sich daher grundsätzlich auch selbst mit fortschreitendem (Gesamt-)Wissen verändern. Als ein Produkt von Erkenntnistätigkeit (als *Theorie*) ist sie bezüglich der Frage ihrer eigenen Angemessenheit logischerweise an die *reale* Erkenntnistätigkeit (auch ihre eigene) als ihren theoretischen Referenzpunkt und Maßstab verwiesen.

In genau diesem Punkt weicht *die traditionelle Erkenntnistheorie* allerdings wesentlich von der üblichen Vorstellung einer Theorie ab, denn sie nimmt primär nicht Maß an der realen Erkenntnistätigkeit als ihrem theoretischen Referenzpunkt. Als solcher Referenzpunkt fungiert vielmehr *die geläufige heuristische Vorstellung von dieser Tätigkeit*. Diese ist in hohem Maße geprägt von der Deutung der Wahrnehmungstätigkeit und den zugrunde liegenden Annahmen.[7]

These 2. Das Rückgrat der geläufigen heuristischen Vorstellung von der Erkenntnistätigkeit und somit den traditionellen *Anhaltspunkt der Deutung des Erkenntnisvorgangs,* ebenso wie den ultimativen logischen Bezugspunkt der Begründung von Erkenntnisansprüchen *bilden die (mehr oder minder expliziten) Grundannahmen der Erkenntnistheorie.* Deren Kern bildet die ontologische Annahme der unabhängigen Bestimmtheit der Dinge an sich selbst (als je einzelne).

Anders ausgedrückt: Kern der geläufigen (heuristisch definierten) Idee von Erkenntnis ist der *heuristische Kurzschluss des Inhalts mit dem*

---

7 Unter *traditionellen Erkenntnistheorien* verstehen wir hier alle, die von einer grundlegenden Gegenüberstellung von Subjekt und Objekt der Erkenntnis ausgehen, in Kontradistinktion zu der (an späterer Stelle begründeten) These, dass die Akzeptanz des Holismus der realen Erkenntnissituation die Bedingung für ein adäquates theoretisches Verständnis der Erkenntnistätigkeit ist.

Gegenstand der Erkenntnis vermittels der ontologischen Annahme der unabhängigen Bestimmtheit der Gegenstände der Erkenntnis, von der sich folgerichtig die Definition von Erkenntnis durch das heuristische Ziel der objektiven Beschreibung ableitet, und damit zugleich Objektivität als Normvorgabe von Erkenntnis im allgemeinen.

2.1. Die logische (rein formale) Minimalbedingung, die jeder Definition von Erkenntnis und Wissen zugrunde liegen muss, ist die Unterscheidung von Inhalt und Gegenstand der Erkenntnis (bzw. des Wissens). Sie ist logisch konstitutiv für die Vorstellung von Erkenntnis und Wissen, unabhängig davon, welche weiteren (kontingenten) Vorstellungen und Annahmen damit verknüpft werden.

2.1.1. Die Unterscheidung von Subjekt und Objekt der Erkenntnis ist demgegenüber bereits abgeleiteter Natur und eignet sich aus diesem Grunde auch nicht als Ausgangspunkt einer Erkenntnistheorie mit grundlegendem Anspruch.

Die beiden Begriffe sind vielmehr selbst Beispiele für die *Uneindeutigkeit* der Beziehung zwischen Inhalt und Gegenstand. Der Begriff *Subjekt* vor allem in inhaltlicher (intensionaler) Hinsicht: Ist damit z.B. das körperliche Subjekt gemeint oder eine Entität wie Bewusstsein etc.; ist weiters nur das aktuell erkennende Subjekt gemeint oder auch alle übrigen (als Objekte gegebenen) Subjekte? Der Begriff *Objekt* vor allem in extensionaler Hinsicht, denn er umfasst alles, was Gegenstand von Erkenntnis werden kann, schließlich auch das Subjekt (im Zusammenhang der Erkenntnistheorie) und auch das Phänomen Erkenntnis selbst.

Das heißt, die Differenz zwischen Inhalt und Gegenstand der Erkenntnis liegt den Begriffen Subjekt und Objekt (als präsumptiven Konstituenten der Definition des Begriffs Erkenntnis) bereits voraus (bzw. zugrunde), was ausschließt, das Phänomen Erkenntnis von diesem Ausgangspunkt aus adäquat ergründen zu können.

2.2. Das logische (sowohl als >psychologische<) Bindeglied zwischen Inhalt und Gegenstand der Erkenntnis bildet die *Heuristik,* die notwendig jede Erkenntnistätigkeit begleitet und implizit oder explizit das grundlegende Verständnis dieser Tätigkeit prägt.

An eben diesem Punkt hakt im geläufigen heuristischen Verständnis (und Selbstverständnis) der Erkenntnistätigkeit die ontologische Annahme der unabhängigen Bestimmtheit der Gegenstände (›an sich selbst‹) ein. Sie übernimmt gewissermaßen die Rolle der Heuristik und verdrängt so deren grundlegende Rolle im Rahmen der Erkenntnistätigkeit aus dem Blickfeld der Erkenntnistheorie.

Es ist eben dieser Vorgang, der mit der These vom heuristischen (und in weiterer Folge auch theoretischen, ›epistemo-logischen‹) Kurzschluss des Inhalts mit dem Gegenstand der Erkenntnis gemeint ist, das Denken des Inhalts der Erkenntnis vom Gegenstand her. Er nagelt die Heuristik auf das Ziel der objektiven Beschreibung der Gegenstände (nach dem Maßstab von deren unabhängiger Bestimmtheit) fest. Dem entspricht die Auffassung der Beziehung zwischen Inhalt und Gegenstand der Erkenntnis im Sinne von *Repräsentation* (im idealen Fall von Deckungsgleichheit).

2.2.1. Was zunächst nur einer formalen Einengung des (umfangreichen) heuristischen Spektrums gleichkommt, hat in weiterer Folge allerdings massive Auswirkungen auf die theoretische Konzeption und das Verständnis der Erkenntnistätigkeit. Die Theorie kann sich nicht aus dem Schatten der grundlegenden Annahme lösen.

Mit der ontologischen Annahme der *unabhängigen Bestimmtheit der Gegenstände der Erkenntnis (an sich selbst)*[8] fließt auf logische Weise (nämlich als präsumptive, scheinbar unentbehrliche Grundvoraussetzung des theoretischen Konzepts von Erkenntnis) eine grundlegende *ontologische Annahme* in die Unterscheidung zwischen Inhalt und Gegenstand der Erkenntnis ein, *die Idee der autonomen, an sich selbst bestimmten Substanz.* Epistemologie und Ontologie bedingen einander wechselseitig.

---

8   Man kann darin gewissermaßen ein Residuum des klassischen Universalienrealismus erblicken, die Annahme der definitiven Bestimmtheit jedes einzelnen Gegenstandes, an sich und für sich selbst, also unabhängig vom Zusammenhang. Was der Erfahrung des Denkens widerspricht, dass das Verständnis der Zusammenhänge maßgeblich ist für das Verständnis des Einzelnen.

Die Selbstverständlichkeit mit der diese Annahme in die Erkenntnisvorstellung einfließt, hat allerdings mehrere Wurzeln. Neben dem erwähnten *logischen* Zusammenhang vor allem die *praktische* Erfahrung der Unabhängigkeit der Gegenstände vom erkennenden Subjekt, und auch eine *phänomenologische* Wurzel: Die scheinbare unmittelbare Bestimmtheit der Gegenstände der Wahrnehmung.

2.2.2. Die angesprochene grundlegende Rolle der Heuristik lässt sich an einem einfachen Beispiel illustrieren. Um Etwas als etwas Bestimmtes, z.b. einen *Apfel*, überhaupt identifizieren und wahrnehmen zu können, muss ich bereits wissen, was ein Apfel ist, d.h. über die betreffenden Kriterien der Unterscheidung von Anderem verfügen, die keine anderen sind, als die sprachlichen Kriterien für die korrekte Anwendung des Begriffs.[9] Diese sind aber nicht deckungsgleich mit den Kriterien, über die ich verfügen muss, um einen Apfel als *Obst* zu qualifizieren, und diese wiederum nicht mit den Kriterien, um ihn als *Lebensmittel* zu qualifizieren, oder gar als *gesundes Lebensmittel*. In allen diesen Fällen sind unterschiedliche Heuristiken im Spiel, die auch den jeweils entsprechenden Kontext und Horizont der möglichen Begründung und Argumentation abgeben. Dazu können noch weitere Aspekte treten. Alle diese unterschiedlichen Heuristiken prägen in Summe unser Bild des konkreten Apfels (zu dem übrigens auch die rasche Verderblichkeit seiner prägenden Eigenschaften gehört), was die Frage nach den objektiven Kriterien seiner Beschreibung aufwirft, sofern diese seine unabhängigen Eigenschaften wiedergeben (und sich darüber hinaus inhaltlich auch nicht auf den bloßen Eindruck beschränken) soll.

2.2.3. Wenn dem Subjekt ein systematischer Ort im Gefüge der Beziehung zwischen Inhalt und Gegenstand der Erkenntnis zukommt, dann ist es im Zusammenhang mit der Heuristik. Selbst im Hinblick auf die Selbstwahrnehmung des Subjekts spielt die Heuristik eine aus-

---

9 Wir bewegen uns in unserem Alltag in einem semantisch vollkommen durchstrukturierten Umfeld, was sich oft gerade darin bemerkbar macht, dass uns in einer Situation der richtige Begriff gerade nicht einfällt.

schlaggebende Rolle. Es macht einen Unterschied, ob das Subjekt sich selbst in der Rolle des Erkenntnistheoretikers, oder in der Rolle als Angestellter einer Universität etc. analysiert oder betrachtet. Wobei eben das erkennende Subjekt selbst in keiner dieser Rollen für sich genommen vollständig aufgeht. Erst in der Summe der betreffenden Erkenntnisse ergibt sich ein einigermaßen vernünftiges Bild.

Aus dieser Sicht transzendiert die Unterscheidung zwischen Inhalt und Gegenstand der Erkenntnis diejenige zwischen Subjekt und Objekt der Erkenntnis nicht nur formal, sondern auch in einer theoretisch konkret analysierbaren Weise.

2.3. Die heuristische Vorstellung *objektiver Erkenntnis* und die ontologische Annahme *unabhängiger (autonomer) Eigenschaften der Gegenstände* bedingen einander wechselseitig, und sie bilden eben damit zugleich *das Fundament der Intelligibilität der Erkenntnisvorstellung, ihre meta-logische Prämisse.* Auf dieses *invariable* Fundament bauen – zum Teil in logischer Konsequenz, zum Teil auch anknüpfend an traditionelle Vorstellungen und/oder an introspektive phänomenologische Befunde – weitere *(teilweise variable)* Festlegungen auf, die in ihrem Zusammenhang den Rahmen der *Epistemo-Logik* bilden, also den Rahmen der Deutung des Erkenntnisvorgangs und der (ultimativen) Begründung von Erkenntnisansprüchen.

2.3.1. Symptomatisch für den Kurzschluss des Inhalts mit dem Gegenstand der Erkenntnis auf der Basis der ontologischen Annahme der unabhängigen Bestimmtheit der Dinge an sich ist in formaler Hinsicht die Definition von *Wahrheit* im Sinne von (linearer) *Übereinstimmung.*

Daran knüpfen sich zwei fundamentale Probleme: Zum einen die Frage nach den möglichen Kriterien der Beurteilung der Übereinstimmung zwischen Inhalt und Gegenstand, sofern diese nicht die (intersubjektiv überprüfbaren) sprachlichen Kriterien der Unterscheidung und Beschreibung der Gegenstände sein sollen. Und zum anderen die Frage, von welchem (Meta-)Standpunkt der Beurteilung der jeweils betreffenden Übereinstimmung dabei die Rede ist.

Die Idee der Übereinstimmung stellt eine Verbindung zwischen Inhalt und Gegenstand der Erkenntnis auf einer übergeordneten Ebene her, die offenbar nicht bloß diejenige der gemeinsamen, verbindlichen (normierten) Kriterien der Unterscheidung der sprachlichen (begrifflichen) Bezugnahme auf Gegenstände und Ereignisse ist (die als intersubjektive Ebene Überprüfbarkeit impliziert und gewährleistet), sondern sie suggeriert so etwas wie die Möglichkeit eines transzendenten Standpunkts der Vergleichung als Fluchtpunkt der Erkenntnisreflexion.[10] Die Annahme eines solchen Meta-Standpunkts als Fluchtpunkt der Erkenntnisreflexion zeichnet diese als metaphysische aus.[11]

Das Kriterium der Übereinstimmung bedingt, mangels Überprüfbarkeit der Übereinstimmung in irgendeinem objektiven Sinn, die Postulation der subjektiven Gewissheit als ultimativen Maßstab und Kriterium der Legitimation unseres Wissens. Das ist der Angelpunkt, an dem die Reflexion der traditionellen Erkenntnistheorie ins Spiel kommt, und um den sie sich dreht.

2.3.2. Die unausgesprochene (suggestive) Annahme der (möglichen) Existenz eines transzendenten, absoluten (›göttlichen‹) Standpunkts der Erkenntnis spiegelt sich indirekt wider im klassischen erkenntnistheoretischen Topos der Endlichkeit und Beschränktheit unseres Erkenntnisvermögens. Eben diese ›Endlichkeit‹ wird sich (in der Gestalt der affirmativen Kenntnisnahme des Holismus der realen Erkenntnissituation) nicht als Manko, sondern vielmehr als das Prinzip von Erkenntnis und als Schlüssel zu einem adäquaten Verständnis der Erkenntnistätigkeit erweisen, und zwar in Verbindung mit der Frage der Provenienz des Inhalts der Erkenntnis.

---

10 So schreibt Donald Davidson: »Die objektive Wahrheitsauffassung muß, sofern sie überhaupt einen Inhalt hat, auf dem Begriff der Übereinstimmung beruhen, ... und dieser Begriff der Übereinstimmung kann gar nicht verständlich gedeutet werden.« [Davidson, 2004, 310]

11 Das Problem entspringt offenbar der Deutung der *kommunikativen* Funktion der Sprache (als Vehikel der gemeinsamen vermittelten Bezugnahme) als eine *repräsentative* (in Verbindung mit der ontologischen Annahme der unabhängigen Bestimmtheit der Gegenstände). Diese Unterscheidung bildet übrigens den Kern der semantischen Wahrheitstheorie von Alfred Tarski [siehe Tarski, 1983].

2.4. Eine zwingende – und in theoretischer Hinsicht schwerwiegende – Folge des heuristischen Kurzschlusses des Inhalts mit dem Gegenstand der Erkenntnis auf Basis der ontologischen Annahme der unabhängigen Bestimmtheit der Gegenstände an sich selbst ist die, dass sich die Frage der Provenienz des empirischen Inhalts der Erkenntnis nicht (ernsthaft) stellt, denn sie führt konsequent zur Vorstellung von *passiver Rezeption* als ein Kernkonzept der Erkenntnisauffassung, und in Verbindung damit zur Auffassung von Erkenntnis im Sinne einer *linearen Subjekt-Objekt-Beziehung*. Der empirische Inhalt wird in linearer Weise der Anschauung zugeordnet (die Probleme betreffen primär die Verknüpfungen durch den Verstand).

An die Stelle der fundamentalen Frage der Provenienz des Inhalts der Erkenntnis tritt damit die Frage der Gewissheit als maßgeblicher Punkt der Erkenntnisreflexion.

2.4.1. Mit dieser Basiskonzeption einher geht (in Anknüpfung an die klassische Tradition) die Vorstellung von *Sinnlichkeit* und *Verstand* als getrennte *Erkenntnisvermögen* (bzw. *Quellen der Erkenntnis)*, als Rahmen der Reflexion über die Frage der Gewissheit.[12]

Manifester Ausdruck des logischen Zusammenspiels all dieser Vorstellungen ist *die empiristische Assoziation von Unmittelbarkeit mit Evidenz*, die konsequenter Weise – in Kombination mit Gewissheit als Erkenntnisnorm – zu einer generellen philosophischen *Skepsis gegenüber den Addenda durch den Verstand* führt. Dem gegenüber unterscheidet sich der *Rationalismus* vom Empirismus primär dadurch, dass er den Prinzipien des Verstandes (in der Gestalt von Logik und Mathematik) in puncto Vertrauen in die Gewissheit Vorrang vor der unmittelbaren Erfahrung einräumt (ohne sich bezüglich der Antwort auf die Frage der Provenienz der empirischen Erkenntnisinhalte maßgeblich vom Empirismus zu unterscheiden). Zwar legt er den Schwerpunkt auf die Begriffe, doch deren eigene

---

12 Der Ausdruck ›Erkenntnisvermögen‹ spricht für sich, nämlich eben dafür, dass die Inhalte als vorgegeben angesehen werden.

Provenienz wird wiederum auf unklare Weise mit der Anschauung in Verbindung gebracht.[13]

2.4.2. Auf die dargestellte Weise kommt es also durch den (ersten) heuristischen Kurzschluss des Inhalts mit dem Gegenstand der Erkenntnis konsequent zu einem weiteren (zweiten) heuristischen Kurzschluss, der die eigene Heuristik der traditionellen Erkenntnistheorie betrifft. Die Rede ist vom Kurzschluss der eigentlichen heuristischen Aufgabe einer Erkenntnistheorie als Theorie, nämlich der logischen Rekonstruktion des Erkenntnisvorgangs (respektive der Genese des Inhalts der Erkenntnis) mit der Frage der Gewissheit. Dieser zweite heuristische Kurzschluss (als Konsequenz aus dem ersten) hat also direkte Folgen für die Konzeption der Theorie und ist daher äquivalent einem theoretischen Kurzschluss der Frage der Genese des Inhalts mit der Frage der Gewissheit.

2.4.3. Gewissheit, wenn sie sich auf die Frage der Übereinstimmung des Inhalts mit dem Gegenstand der Erkenntnis (dessen unabhängiger Bestimmtheit) beziehen soll, muss auf nachvollziehbare Weise im Erkenntnisvorgang verankert werden. Sie nimmt unter der Voraussetzung der Rede von Erkenntnis*vermögen* zwingend die Form der Frage der Berechtigung des *Vertrauens* in die postulierten Erkenntnisvermögen an. Diesbezüglich drängt sich hinsichtlich der empirischen Erkenntnis, unter der Voraussetzung der metaphysischen Annahme der Bestimmtheit der Dinge an sich, natürlich die unmittelbare Anschauung als Quelle des Inhalts und Anker der Gewissheit unserer Erkenntnis auf. Die Probleme der Berechtigung des Vertrauens betreffen demzufolge vorwiegend die ›Verknüpfungen‹ des Inhalts durch den Verstand und die Verallgemeinerung der Inhalte via Induktionsschluss.

2.5. Die gegenwärtige Erkenntnistheorie hat sich, unter dem Einfluss der sprachanalytischen Philosophie (und wohl auch aus Respekt vor den Naturwissenschaften), weitgehend von den Fragen im Zusam-

---

13 Siehe Kants Diktum: »Gedanken ohne Inhalt sind leer, Anschauungen ohne Begriffe sind blind.« [Kant, 1975a, B75, A51]. Die Verbindung bleibt rätselhaft.

menhang mit der theoretischen Konzeption des Erkenntnisvorgangs abgewendet, ohne an dem grundsätzlichen Setting der Erkenntnistheorie (und -problematik) zu rütteln. Sie hat die traditionelle Frage >Was können wir wissen?< unter sprachanalytischem Vorzeichen transformiert in die Frage nach den erforderlichen Bedingungen für die korrekte, gerechtfertigte Verwendung des Begriffs *Wissen* (im Sinne seiner geläufigen materialen Definition), womit die Fragen der Begründung und Rechtfertigung in den Mittelpunkt rücken, ebenso wie die unterschiedlichen modalen Wissensformen.

Denn die kolloquiale Verwendung von Ausdrücken wie >Ich weiß, dass ...< schließt den – der Unterscheidung zwischen Inhalt und Gegenstand des Wissen als Kern der Bedeutung geschuldeten – Bezug zu Rechtfertigung logisch mit ein, und damit auch zu modalen Unterschieden. Im Falle des Begriffs der >Überzeugung< ist der Bezug zur Rechtfertigung explizit angesprochen, im Falle des Begriffs >Glauben< hingegen nur schwach ausgeprägt (dafür der Bezug zur Heuristik, die allen Wissensformen zugrunde liegt, umso deutlicher). Die Rechtfertigung selbst stützt sich gewöhnlich auf die Wahrnehmung (via den heuristischen Kurzschluss von Inhalt und Gegenstand) oder auf Autoritäten (Schulwissen).

Der Bezug auf die Wahrnehmung ist im kolloquialen Kontext insofern unproblematisch, als die semantischen Regeln der Bezugnahme auf den Gegenstand des Wissens einen gemeinsamen, normativen Bezugspunkt bilden und der Konnex zur konkreten heuristischen Problemstellung als Rahmen der Argumentation situativ präsent ist. Die Heuristik regelt den konkreten Bedarf an Rechtfertigung in der jeweiligen Situation. Zu dieser gehört in dieser Hinsicht auch das jeweils (präsumptiv) geteilte Vorwissen.

Kinderfragen bringen uns eben deswegen oft in Verlegenheit, weil unsere Heuristik selbst gewöhnlich bereits auf einem Sockel vorhandenen Wissens aufruht, zu dem auch das Schulwissen gehört, über das wir verfügen, ohne es meist anders als durch den Bezug auf Autoritäten rechtfertigen zu können. Einen vergleichbaren Effekt hat die Dekontextualisierung und Formalisierung der Thematik der Rechtfertigung im philosophischen Kontext.

Die konsequente Einsicht, dass die Begründung von Wissen den Horizont des vorhandenen Wissens, resp. der Überzeugungen offenbar nicht überschreiten kann, führt zu grundlegenden Problemen der Rechtfertigung unseres Wissens. Es scheint keinen festen Boden dafür zu geben.[14] Einen solchen könnte allenfalls die Erkenntnistheorie (verstanden als Theorie der Genese des Erkenntnisinhalts) bieten und bilden, aber nicht im Sinne von Gewissheit, sondern von rationaler Klarheit. Das heißt, der mögliche Grad der Gewissheit unseres Wissens im allgemeinen hängt ab von der Klarheit (der logischen Intelligibilität) der Analyse der Erkenntnistätigkeit, die ihren eigenen Maßstab bildet und alle Produkte der Erkenntnistätigkeit umfasst, auch die Theorie selbst.

These 3. Die traditionellen Erkenntnistheorien ordnen den empirischen Inhalt der Erkenntnis (gemäß ihrem heuristischen Kurzschluss des Inhalts mit dem Gegenstand der Erkenntnis) grundsätzlich dem Vermögen der Sinnlichkeit zu und verbuchen ihn unter dem Stichwort der *Gegebenheit* (bzw. der *Erfahrung*). In der Folge konzipieren sie ihre eigene theoretische Aufgabe konsequenter Weise unter dem heuristischen Gesichtspunkt der Frage der *Gewissheit*. Dieser sekundäre heuristische Kurzschluss manifestiert sich daher als *theoretischer Kurzschluss* (nämlich der Frage der Provenienz mit der Frage der Gewissheit des Inhalts), der im Wege des Umstands, dass Gewissheit eine rein subjektive Kategorie ist, einen weiteren, diesmal *methodischen Kurzschluss* nach sich zieht, nämlich den methodisch geforderten Ausschluss des Holismus der realen Erkenntnissituation aus der theoretischen Erkenntnisreflexion in der Form der radikalen Gegenüberstellung von Subjekt und Objekt (Stichwort: >Außenwelt<).

Doch jeder Versuch, die Frage der Gewissheit theoretisch zu klären, wirft die Frage der eigenen Legitimation der Theorie auf, was wie-

---

14 Damit gewinnen rationalistische Wahrheitstheorien, wie die Kohärenztheorie, an Relevanz.

derum bedeutet, dass die Theorie das Problem der Gewissheit nicht lösen kann. So dass zuletzt nur die Berufung *auf,* in der Weise der Zuschreibung *von* Gewissheit übrig bleibt.[15]

Die Theorie kann das Problem der Gewissheit, soweit überhaupt, nur mit Blick auf das skizzierte Gesamtbild lösen, in dem alle Elemente des Bildes von Erkenntnis aufeinander verweisen. Dessen Stimmigkeit ist allerdings durch den methodischen Kurzschluss, die Negation des Holismus der Erkenntnissituation (die auch das Verhältnis der Erkenntnistheorie zu den Naturwissenschaften betrifft) massiv beeinträchtigt, in einer Weise, die auch ihre postulierten Gewissheiten grundlegend in Frage stellt.

3.1. Als Erkenntnis*theorie (im eigentlichen Sinn)* besteht das primäre heuristische Ziel jeder Erkenntnistheorie, und ihr theoretischer Anspruch, logischerweise in der *rationalen Rekonstruktion* der realen Erkenntnistätigkeit im Hinblick auf die Intelligibilität der Beziehung zwischen Inhalt und Gegenstand der Erkenntnis. Das gilt auch für die traditionelle Erkenntnistheorie, die in Betreff der Intelligibilität der Beziehung zwischen Inhalt und Gegenstand der Erkenntnis den ›kritischen‹ Maßstab der Gewissheit zugrunde legt, dem seinerseits der heuristische Kurzschluss des Inhalts mit dem Gegenstand der Erkenntnis zugrunde liegt.

Von *Rekonstruktion* (im Unterschied zu Beschreibung) ist die Rede, *weil die Erkenntnistätigkeit simultan sowohl Gegenstand als auch Medium der Erkenntnistheorie ist.* Das unterscheidet sie von jeder anderen Art von Theorie. Jede Erkenntnistheorie hat daher in Bezug auf ihren Gegenstand unausweichlich den *Charakter und Status der (Selbst-) Deutung und der (Selbst-)Reflexion.* Das impliziert, dass als Anhaltspunkte der Theoriebildung immer nur die Erkenntnistätigkeit als solche, sowie vorhandenes Wissen und Annahmen, sowie rein logische

---

15 So schreibt Wittgenstein in ›Über Gewißheit‹: »Wenn einer sich überzeugt hat, so sagt er dann: ›Ja, die Rechnung stimmt‹, aber er hat das nicht aus dem Zustand seiner Gewißheit gefolgert. Man schließt nicht auf den Tatbestand aus der eigenen Gewißheit. Die Gewißheit ist *gleichsam* ein Ton, in dem man den Tatbestand feststellt, aber man schließt nicht aus dem Ton darauf, daß er berechtigt ist.« [Wittgenstein, 1977, 16f. = #30]

Überlegungen (also allesamt ihrerseits Produkte dieser Tätigkeit) zur Verfügung stehen.[16]

Auch als *Maßstab der Angemessenheit der theoretischen Rekonstruktion der Erkenntnistätigkeit* steht offensichtlich ihrerseits nur *die reale Erkenntnistätigkeit* in all ihren Facetten und Formen zur Verfügung, *deren zentrales Element die (jeweilige) Heuristik bildet.* Von *rationaler Rekonstruktion* ist eben deshalb die Rede, weil jede Form von Erkenntnistätigkeit (auch die der Erkenntnistheorie) einer bestimmten Heuristik folgt, auf die auch die jeweilige Argumentation und Begründung logisch Bezug nimmt. *Heuristik und Tätigkeit bilden eine rationale Einheit.* Wobei *das Spektrum an unterschiedlichen Tätigkeiten* im Einzelfall (z.B. im Falle der dekonstruktiven Heuristik der Physik) ein ziemlich breites sein kann (so u.a. Beobachten, Raisonnieren, Ersinnen von Experimenten, Messen, Berechnen, Aufstellen von Gleichungen, Erstellen von Prognosen, Ziehen oder Revidieren von Schlussfolgerungen, Veränderung der Fragestellung, etc., und das alles auf der Basis bereits vorhandenen Wissens, das damit auch seinerseits mittelbar auf den Prüfstand gestellt wird). Die Ratio dieser Tätigkeiten ist nicht ohne die Beachtung der dekonstruktiven mathematischen Heuristik der Physik angemessen zu verstehen.

Beinahe ebenso breit wie das Spektrum an unterschiedlichen Erkenntnistätigkeiten ist auch *das Spektrum an heuristischen Zielsetzungen und damit verbundenen Maßstäben.* Es reicht von der Einschätzung einer konkreten Situation und der Orientierung, über praktische Bedürfnisse und pragmatische Ziele bis zu objektivem Interesse an der beschreibenden Erschließung von Gegenständen und Zusammenhängen, und von der dekonstruktiven Heuristik der Physik bis zu technischer Anwendbarkeit, und letztlich auch bis zum Streben nach Selbsterkenntnis in Gestalt philosophischer Reflexion und Analyse (z.B.

---

16 Empirische Erkenntnisse können nur insofern als Anhaltspunkte für die Erkenntnistheorie dienen, als man von einer holistischen Erkenntnissituation ausgeht, also vom Erkennenden selbst als einem Element der Klasse der empirischen Erkenntnisgegenstände. Das schließt Gewissheit im strengen Sinne grundsätzlich aus und verändert damit das ganze Setting der Erkenntnisreflexion von Grund auf.

in Form der Erkenntnistheorie), etc.. Die *objektive Beschreibung der Gegenstände (oder Tatsachen)* ist also nur *eine* mögliche heuristische Zielsetzung der Erkenntnistätigkeit unter anderen.

3.1.1. Charakteristisch für die traditionelle Erkenntnistheorie ist in dieser Hinsicht, dass sie das Thema der Heuristik gar nicht als originäres Thema ins Auge fasst, indem sie pauschal – im Sinne des heuristischen Kurzschlusses des Inhalts mit dem Gegenstand der Erkenntnis – alle heuristischen Zielsetzungen dem Ziel der *objektiven Beschreibung* unterordnet. Symptomatisch dafür ist die geläufige Rede von *Erkenntnisvermögen*. Das weist darauf hin, dass sie *ihre ontologische Grundannahme* (die Idee der autonomen Bestimmtheit der Gegenstände der Erkenntnis) von vornherein nicht als eine heuristische Annahme (im Dienste der angestrebten Rekonstruktion der Erkenntnistätigkeit) betrachtet, sondern als eine unentbehrliche metaphysische Prämisse, als Grundstein und Bedingung der Idee von Erkenntnis (und Irrtum).

In Anbetracht dieser Prämisse (die tief in unserer geläufigen Erkenntnisvorstellung verankert ist) steht daher, aus verständlichen Gründen, von allem Anfang an nicht die Analyse der realen Erkenntnistätigkeit als solche im Mittelpunkt der Erkenntnistheorie, sondern die Frage der Gewissheit ihrer Produkte (der Erkenntnisinhalte) von einem *fingierten Meta-Standpunkt der Reflexion und Beurteilung, der dennoch* (gemäß dem Holismus der realen Erkenntnissituation) *im erkennenden Subjekt verhaftet ist. Die Definition von Wahrheit im Sinne von Übereinstimmung mündet so unweigerlich in die Frage der Gewissheit,* und in die heuristische Fixierung der Erkenntnistheorie auf diese Frage.

3.1.2. Es ist die logische Kombination aus heuristischem Kurzschluss, entsprechend passiver Erkenntnisauffassung und Maßstab der Gewissheit, die den Meta-Standpunkt der Reflexion als Standpunkt der Erkenntnistheorie gleichsam verabsolutiert, denn die Reflexion könnte ebensogut auf den Holismus der Erkenntnissituation Bedacht nehmen. In der genannten Kombination jedoch führt sie zu der Auffassung von Erkenntnis als einer linearen Subjekt-Objekt-*Beziehung,* und in letzter Konsequenz zu einer *radikalen Gegenüberstellung von*

Subjekt und Objekt, zur methodischen Negation des Holismus der realen Erkenntnissituation. Und zwar ausgehend von der Prämisse der Selbstgewissheit des Subjekts, ungeachtet des Umstands, dass Selbsterkenntnis, wie schon Begriffe wie ›Subjekt‹ oder ›Sinneseindrücke‹ etc. zeigen, eine höher vermittelte Form von Erkenntnis ist, als gewöhnliche gegenstandsbezogene Erkenntnis.

3.1.3. Der Haken an der heuristischen Fixierung der Erkenntnistheorie auf die Frage der Gewissheit ist, dass diese Frage grundsätzlich unerschöpflich ist. Sie stellt sich ebenso wie in Bezug auf die Inhalte der Erkenntnis selbstverständlich auch in Bezug auf die Erkenntnistheorie selbst, also diejenige Theorie, die die Grundlage der Reflexion über die Gewissheit der Inhalte bildet, und so fort; denn schließlich ist auch die Erkenntnistheorie selbst ein Produkt von Erkenntnistätigkeit, ebenso wie bereits vorweg die Begriffe, mit denen sie hantiert. Die Berufung auf Gewissheiten führt nicht weiter; die Frage der Gewissheit verlagert sich immer nur von einer Ebene auf die nächst höhere, zumindest sofern deren eigene Berufung auf Gewissheit nicht auf rein logische Gründe Bezug nimmt.[17] Inhaltliche Gewissheit im Rahmen dieses Szenarios ist eine Schimäre.

Das heißt, die traditionelle Erkenntnistheorie bürdet sich mit ihrer eigenen Heuristik eine Hypothek auf, die sie grundsätzlich nicht einlösen kann. Das eigentliche Problem ist allerdings, dass sie die Beschäftigung damit von ihrer eigentlichen theoretischen Aufgabe abhält.

3.1.4. Der Kern dieser Aufgabe besteht in der Aufklärung der Beziehung zwischen dem Inhalt und dem Gegenstand der Erkenntnis und der einzige rationale Anhaltspunkt für die Lösung dieser Aufgabe ist die Erkenntnistätigkeit als solche (nicht bestimmte Annahmen über die Gegenstände).

Zur nüchternen Analyse der Erkenntnistätigkeit ist es erforderlich, die nur scheinbar schlichte Erkenntnisbeziehung in verschiedene As-

---

17 Kants Argumentation, die auf die Notwendigkeit der Synthese der Sinneseindrücke repliziert, geht zwar in diese Richtung, vertraut allerdings in Bezug auf die Frage der Provenienz des empirischen Inhalts der Erkenntnis allzu einfach auf deren Unmittelbarkeit.

pekte aufzulösen: In die physikalische Beziehung (als Teil der physikalischen Interaktion) und in die Frage der Provenienz des Inhalts.

Die nüchterne Realität der Erkenntnisbeziehung ist die unilaterale *Bezugnahme* und der Grund (sowohl als die Bedingung der Möglichkeit) ihrer Deutung als *Beziehung* (aus quasi objektiver Sicht) ist das menschliche Selbstbewusstsein (die Selbstwahrnehmung des Subjekts in der Situation). Der angemessene theoretische Rahmen der Analyse der Erkenntnistätigkeit ist daher der Holismus der realen Erkenntnissituation, nicht dessen Negation zum Behufe einer ominösen Gewissheit. Diese Negation steht in diametralem Gegensatz zum heuristischen Ziel der Erkenntnistheorie (als Theorie).

3.1.5. Die heuristische Fixierung auf die Frage der Gewissheit zwingt der Erkenntnistheorie den Meta-Standpunkt der Reflexion als absoluten Standpunkt auf. Dieser entspricht aber in keiner Weise der Position des erkennenden Subjekts und eignet sich daher nicht als Anhaltspunkt der Analyse der Erkenntnistätigkeit. Die Einnahme des Standpunkts der Reflexion ist notwendig im Sinne der Problemstellung der Erkenntnistheorie (der Frage der Beziehung zwischen Inhalt und Gegenstand der Erkenntnis), aber er muss wieder verlassen werden zum Zweck der Lösung des Problems. D.h. wir können die Erkenntnis-Beziehung oder -Situation als solche nur ›von außen‹, in reflektierter Gegenüberstellung, erfassen; eine Perspektive, die aber nur beschränkt als Grundlage der Analyse taugt und daher auch wieder verlassen werden muss.[18] Andernfalls wird aus dem heuristischen

---

18 Hegels dialektische Methode besteht im Kern darin, die nachvollziehende Einnahme des Standpunkts der Reflexion (und Beschreibung) und den Standpunkt der Analyse alterierend einzusetzen. Und zwar sowohl in Anwendung auf wesentliche erkenntnistheoretische Positionen (Thesen), als auch auf die grundlegenden Kategorien unseres Denkens, sowie unter Einbeziehung des Faktors der historischen Entwicklung typologischer Denkweisen im Hinblick auf die eigene Bewusstwerdung von Denken (Erkennen) als originäre Tätigkeit (der Schritt, den Fichte über Kant hinaus gemacht hat). Der Grund dieses Pendelns ist das mittelbare Festhalten an den drei Kurzschlüssen der traditionellen Erkenntnistheorie, die so sukzessive (von innen heraus) unterminiert und überwunden werden, allerdings ohne die Substanzontologie ganz aufzugeben.

Kurzschluss des Inhalts mit dem Gegenstand (wie er der Frage der Gewissheit zugrunde liegt) ein theoretischer und in weiterer Folge konsequent auch ein methodischer Kurzschluss.

3.1.6. Das heuristische Ziel der Analyse der Erkenntnistätigkeit kann daher nur in der rationalen Intelligibilität der Beziehung zwischen Inhalt und Gegenstand der Erkenntnis bestehen, nicht in einer ominösen Gewissheit in Betreff der Übereinstimmung zwischen Inhalt und Gegenstand der Erkenntnis aus einer inexistenten transzendenten Perspektive, die die Reflexion ja nicht liefern kann, weil sie naturgemäß an das erkennende Subjekt als inhaltlicher Teil der Beziehung (auch in Hinsicht auf seine Selbstdeutung) gebunden ist.

Das bedeutet, die reale Erkenntnistätigkeit in ihren unterschiedlichen Formen und Facetten ist nicht nur der einzige logische Anhaltspunkt, sondern auch der einzige Maßstab der Angemessenheit der Erkenntnistheorie. Auf nichts anderes als diese Angemessenheit kann sich die eigene Gewissheit der Erkenntnistheorie beziehen (die sich folglich als Intelligibilität manifestiert). Die eingehende Analyse der Frage der Provenienz des Inhalts der Erkenntnis hat demnach unbedingten theoretischen Vorrang vor der Frage der Gewissheit, und die Grundlage der Analyse kann nur die affirmative Kenntnisnahme der Immanenz des eigenen Standpunkts sein, denn die Angemessenheit der Analyse hängt an der Angemessenheit des Standpunkts.

3.1.7. Die theoretische Analyse der Erkenntnistätigkeit muss folglich auf zwei wesentliche Punkte achten: Inhaltlich auf die Vermeidung des Kurzschlusses des Inhalts mit dem Gegenstand der Erkenntnis, womit automatisch die Rolle der Heuristik für die Erkenntnistätigkeit in den Fokus rückt, und methodisch auf die affirmative Kenntnisnahme des Holismus der realen Erkenntnissituation, ohne die, als Schlüssel zu ihrem Verständnis, keine adäquate Analyse der realen Erkenntnistätigkeit möglich ist (bzw. sein wird).

3.1.8. Zur angesprochenen Rolle der Heuristik lässt sich vorweg sagen, dass sie sich (im Falle der menschlichen Erkenntnis) nicht mit einer natürlichen Disposition des Subjekts (im Sinne eines angeborenen ›Erkenntnisvermögens‹) identifizieren lässt. Die heuristischen Zielsetzungen können vielfältig sein und sie geben zugleich den Maßstab der betreffenden Erkenntnistätigkeit ab (einschließlich des Rahmens der vernünftigen Argumentation).[19] Gewissheit kann ihrerseits entweder ein sekundäres heuristisches Ziel oder ein mögliches Attribut im Rahmen einer bestimmten Heuristik sein, aber sie kann nicht selbst ein Maßstab sein.[20]

3.2. In Anbetracht des begründeten Zweifels an der Sinnhaftigkeit der Frage der Gewissheit stellt sich die Frage nach den Gründen der Glaubhaftigkeit dieser Art der Erkenntnisreflexion. Denn die Frage der Gewissheit im Sinne der Erkenntnistheorie ist offensichtlich grundsätzlich eine Frage der G*ewissheit nach Maßgabe der Erkenntnistheorie*. Schon die bloße Vielzahl an Theorien nährt daher den Zweifel an der Sinnhaftigkeit der Frage. Der Grund dafür, dass sie dennoch unausweichlich scheint, liegt im heuristischen Kurzschluss des Inhalts mit dem Gegenstand der Erkenntnis als Kern der geläufigen Idee von Erkenntnis selbst. Deren Glaubhaftigkeit ist zum einen begründet in ihrer Schlüssigkeit, und zum anderen in ihrer scheinbaren Alternativlosigkeit, bedingt durch den Umstand, dass dieses Bild von Erkenntnis und unser metaphysisches Bild der (unabhängigen) Realität sich – diesem Kurzschluss gemäß – wechselseitig bedingen.

3.2.1. Die Schlüssigkeit dieser Idee von Erkenntnis (als Basis ihrer Glaubhaftigkeit) wird allerdings massiv gestört durch den Holismus der realen Erkenntnissituation, der seinerseits einen Grundstein unserer Vorstellung von Realität darstellt. Die Selbst-Wahrnehmung des erkennenden Subjekts als eines Elements der Klasse der Gesamtheit der natürlichen Erkenntnisgegenstände (in klassischer Diktion: als eines Seienden

---

19 Das heuristische Ziel der objektiven Beschreibung ist eine Heuristik höherer Ebene, deren Grund wohl in der Selbstwahrnehmung des Subjekts als Objekt unter anderen Objekten zu suchen ist. Eine Heuristik noch höherer Ebene ist diejenige der Erkenntnistheorie, eine Heuristik gänzlich anderer Art ist hingegen die dekonstruktive der Physik.

20 Außer im Falle des heuristischen Kurzschlusses des Inhalts mit dem Gegenstand der Erkenntnis.

unter anderem Seienden), führt zu *massiven Unstimmigkeiten im traditionellen Bild von Erkenntnis;* eine Unstimmigkeit, *die alle Elemente des Bildes betrifft.* Denn der Holismus der Erkenntnissituation ist rein formal (>mengentheoretisch<) unvereinbar mit dem heuristischen Leitbild der Objektivität, dem Maßstab der Gewissheit und der Assoziation von Unmittelbarkeit mit Evidenz (im Sinne objektiver Erkenntnis), und er nötigt dazu, die >Erkenntnisbeziehung< theoretisch als >unilaterale Bezugnahme< zu konzipieren, die nur in Kombination mit irgendeiner Art von Heuristik erkenntnistheoretischen Sinn ergibt.

Das erkennende Subjekt ist unvermeidlich selbst ein Stein in dem Puzzle, das es zu lösen versucht. Ohne seine korrekte Einfügung als ein Stein in das Puzzle kann dieses niemals vollständig gelöst werden und Gewissheit bleibt eine Schimäre.

3.2.2. Das zwingt zu einer grundsätzlichen Veränderung der Erkenntnisreflexion im Sinne ihrer Loslösung von dem Thema der Gewissheit, hin zur vorrangigen Aufgabe der logisch-analytischen De- und Rekonstruktion der realen Erkenntnistätigkeit, auf deren Grundlage die Frage der rationalen Legitimation unseres Wissens überhaupt erst sinnvoll gestellt werden kann. Denn die betreffenden Maßstäbe der Legitimation müssen vernünftigerweise der heuristischen Zielsetzung entsprechen, und tun dies gewöhnlich auch. Das metaphysische Verlangen nach einer darüber hinausgehenden Gewissheit unterschreitet selbst – im Wege seiner theoretischen Annahmen – den Standard, den es als Ideal (etwa auch von der Wissenschaft) einfordert.[21] Ohne sich diesen Problemen vollumfänglich und logisch konsequent zu stellen, ist jede Erkenntnistheorie von vornherein fragwürdig und jede Behauptung von Gewissheit offenkundig sinnlos.

3.2.3. Für den vernünftigen Modus und Status der Erkenntnistheorie folgt daraus in Summe ihre notwendige Beschränkung auf den Modus und Status der reinen Reflexion und Analyse, ausgehend von der affirmativen Kenntnisnahme der realen, holistischen Erkennt-

---

21 Der begründete Verzicht auf den Maßstab der Gewissheit entzieht übrigens auch dem Idealismus als philosophische Position seine Grundlage.

nissituation und bezogen auf die reale Erkenntnistätigkeit in allen ihren konkreten Formen und Facetten, von einem (nicht fingierten, sondern) rein immanenten, subjektiven Standpunkt aus. Diese Kenntnisnahme ist auch die offenkundige Bedingung für die Akzeptanz der Relevanz der empirischen, wissenschaftlichen Erkenntnis im Kontext der Erkenntnistheorie (als ein wesentlicher Bezugspunkt der Reflexion und Analyse). Das betrifft schließlich auch die Kenntnisnahme der Relevanz der Ergebnisse der modernen Physik als Grundlagenwissenschaft in Betreff des Konzepts von Realität (in Kontradistinktion zur ontologischen Grundannahme der traditionellen Erkenntnistheorie).

3.2.4. Die scheinbare Alternativlosigkeit der geläufigen Idee von Erkenntnis, die damit zusammenhängt, dass sich die Idee von Erkenntnis und die Idee der Realität – via das Konzept der Substanz als ontologischer Schnitt- und Ankerpunkt beider Ideen – in hohem Maße wechselseitig bedingen (und stützen), wird übrigens von der Erkenntnistheorie selbst, auf Basis rein epistemologischer Argumente, unterminiert.

Denn wenn es so etwas wie eine bleibende Einsicht der Erkenntnistheorie (über alle Differenzen hinweg) gibt, dann die, dass die ontologischen Kategorien bzw. Deutungsschemata (wie *Substanz* und *Kausalität*) nicht der passiven Wahrnehmung (und noch weniger den puren Sinneseindrücken) zu entnehmen sind, sondern vielmehr unbestreitbar eine originäre Zutat des Denkens (eine Interpolation des Verstandes, vulgo ein Produkt von Erkenntnistätigkeit in puncto Selbstdeutung) sind. Das bedeutet, dass es sich bei dem Akt der *Beschreibung von Etwas* genau genommen stets um einen *Akt der Zuschreibung zu Etwas* handelt (einen Akt der *Prädikation*).[22] Nimmt man die bleibende Einsicht der traditionellen Erkenntnistheorie ernst, so handelt es sich bei der Idee der Substanz um ein heuristisches und ideelles (epistemo-logisches) Phantom, das nichtsdestoweniger die Grundlage ihrer Erkenntnisauffassung bildet. Kants Lösung, die Verankerung der logischen und ontologischen

---

22 Das Konzept der Kausalität dependiert auf dem Konzept der autonomen Substanz. Dem entspricht die klassische These vom Primat der Substanz vor den Relationen.

Kategorien – als Bedingungen der Möglichkeit von Erkenntnis – in unserem Verstand, ist in dieser Hinsicht vielsagend.

Das Problem ist tiefgreifender als die skeptische Antwort darauf (so radikal diese auch sein mag), weil es auch dem Skeptizismus den Boden entzieht und, wenn ernst genommen, die heuristische Idee von Erkenntnis (und Wahrheit), auf deren Grundlage der Skeptizismus argumentiert, selbst in Frage stellt. Die traditionelle Erkenntnistheorie ist radikal >kritisch< nur was ihre (skeptischen) Schlussfolgerungen betrifft, nicht jedoch was ihre eigene Idee von Erkenntnis betrifft.

3.3. Die eigene Heuristik der traditionellen Erkenntnistheorie und ihr Verhältnis zu den empirischen Wissenschaften ist von Anfang an vom Eindruck der Erfolge der neuzeitlichen Physik geprägt. Diese wird entsprechend als Inbegriff von empirischer Wissenschaft im allgemeinen verstanden, als Paradigma von sicherer und objektiver Erkenntnis. Die beeindruckenden Erfolge der Physik haben ihrerseits auch wesentlichen Anteil an der Definition der heuristischen Aufgabenstellung der Erkenntnistheorie als *kritische Legitimation* der empirischen Erkenntnis unter dem heuristischen Gesichtspunkt der Norm der Gewissheit. Und zwar mit ursprünglich durchaus apologetischer Intention (wie auch später erneut im Neopositivismus).

Die Intention der *Legitimation* impliziert dabei wie selbstverständlich auch die Projektion der heuristischen Vorstellung von Erkenntnis und der darauf basierenden unterschiedlichen Deutungen des Erkenntnisvorgangs auf die Physik als Wissenschaft. Dieser unangemessene heuristische Zugang führt nicht nur zu einem unangemessenen deskriptiven Verständnis der Physik, und entsprechenden skeptischen Schlussfolgerungen im Hinblick auf die Möglichkeit, den Anspruch physikalischer Gesetze auf Allgemeingültigkeit auf empirischer Grundlage rational zu begründen; er führt überdies, durch die Verquickung des pauschalen epistemologischen Anspruchs der kritischen Legitimation der empirischen Erkenntnis mit dem Maßstab der (per definitonem subjektiven) Gewissheit, konsequent und unumgänglich, zum notwendigen Ausschluss der Erkenntnisse der

Naturwissenschaften aus der Erkenntnisreflexion – bei Gefahr eines methodischen Zirkels, einer Petitio principii.

Dieser konsequente Ausschluss bezieht im Besonderen das wissenschaftliche Wissen über das *empirische Subjekt* mit ein. Auf diese Weise kommt es zu der Deutung der Erkenntnissituation im Sinne einer radikalen Gegenüberstellung von erkennendem (ätherischem) Subjekt und *Außenwelt*, mit den reinen, unmittelbaren Sinneseindrücken als gleichermaßen realem, wie (im Sinne ihrer theoretischen inhaltlichen Aufladung) fingiertem Schnittpunkt. Und zwar als Preis einer zweifelhaften (weil vom Wissen über die *Außenwelt* unberührten) subjektiven Gewissheit.

Die vorweg (im Sinne des Grundkonzepts der *passiven Rezeption*) supponierte Linearität der Erkenntnisbeziehung wird so, durch den Ausschluss der Empirie aus der Erkenntnisreflexion, zu einer veritablen intellektuellen Sackgasse, die nirgendwo anders, als bei ihrer eigenen Prämisse endet: Bei der Annahme der substanzhaft autonomen Selbstgewissheit des Subjekts (inklusive seiner Deutung des Erkenntnisvorgangs auf Basis der getroffenen Annahmen).

Diese Konsequenz hat nicht nur gravierende Folgen für die Erkenntnistheorie selbst (ihr Verharren im virtuellen Diskurs auf der Basis fingierter Annahmen), sondern, wie sich zeigen wird, vor allem auch für das Verständnis der Physik als Wissenschaft. Und zwar zum einen weil die Kenntnisnahme des Holismus der Erkenntnissituation die notwendige Bedingung für ein adäquates Verständnis ihres dekonstruktiven (non-deskriptiven) Erkenntniskonzepts darstellt. Und zum anderen durch das (unauffällige) Einfließen der fingierten metaphysischen Grundannahme der Erkenntnistheorie in die Deutung der Physik als (Grundlagen-)Wissenschaft, mit allen daraus resultierenden Ungereimtheiten, samt weitreichenden Folgen.

3.3.1. Ihren *historischen Ausgang* genommen hat die heuristische Zielsetzung der Erkenntnistheorie im Wesentlichen von einem grundlegenden Missverständnis in Bezug auf *Descartes' Unterfangen*, die neuzeitliche Physik als völlig neuartigen Erkenntnisansatz philosophisch – in Konkurrenz zur damaligen (religiös grundierten) Metaphysik – zu etablieren und zu positionieren. *Er bediente sich dazu des Themas der Gewissheit in zweifacher Funktion.* Es diente ihm zum einen dazu, im Wege des radikalen Zweifels den Erkenntnisanspruch der gesamten Metaphysik seiner Zeit in Klammer zu setzen, um damit, zum anderen, im Gegenzug die Bühne frei zu machen für die Galilei'sche Physik, deren zentrales Element für Descartes der Einsatz der Mathematik als Instrument der Erkenntnis in Anwendung auf die *res extensa* war. Die Reklamation von Gewissheit betreffend die Physik als Wissenschaft bezog sich bei Descartes exklusiv auf die Prinzipien des Verstandes und der Vernunft: Zum einen in der Gestalt der Logik – siehe das logische Raisonnement betreffend die scharfe Trennung von Körper (res extensa) und Geist (res cogitans) im Wege der simultanen Dekonstruktion (General-Substitution) der Körper (gleich welcher Konstitution) durch das Konzept der res extensa – und zum anderen in Gestalt der Mathematik. Der sinnlichen Erfahrung kommt dabei nur eine zweitrangige, keine begründende Rolle zu.

Descartes' Verständnis und Darstellung der Physik als *rationale Metaphysik* hat, wie sich zeigen wird, prinzipielle Grenzen, die mit der Rolle der Empirie, insbesondere der heuristischen Rolle des Experiments zusammenhängen, aber der Punkt, auf den ich hier hinweisen möchte, ist ein anderer. Er besteht darin, dass Descartes mit seiner Postulation von Gewissheit zur Norm *rationaler Erkenntnis* zugleich eine falsche Fährte für die nachfolgende Erkenntnistheorie legte. Und zwar, weil diese bezüglich ihrer Idee von der Physik als Wissenschaft von einem gänzlich anderen, empiristischen, grundsätzlich deskriptiven Verständnis ausging, in dem die Sineserfahrung die grundlegende Rolle der Mathematik als angenommener Bezugspunkt für die Begründung der ›Gewissheit‹ der physikalischen Erkenntnis übernehmen sollte. Der von Descartes hervorgehobene Aspekt der völligen Neuartigkeit des Erkenntnisansatzes der modernen Physik (in betontem Gegensatz zur deskriptiv fundierten traditionellen Metaphysik) geht darin völlig unter (und falsche, unlösbare Probleme türmen sich im Gegenzug auf).

Fazit und Ausblick

1) Der *heuristische Kurzschluss des Inhalts mit dem Gegenstand der Er-kenntnis* auf der Basis der metaphysischen Annahme der unabhängigen Bestimmtheit der Gegenstände an sich selbst bildet den logischen Kern der geläufigen (heuristischen) Erkenntnisauffassung, auf die sich die traditionelle Erkenntnistheorie bezieht, womit aus dem heuristischen Kurzschluss zugleich ein theoretischer, und in weiterer Folge ein epistemo-logischer wird (im Sinne von entsprechenden Problemstellungen).

2) Manifester Ausdruck dieses heuristischen (und in der Folge theoretischen) Kurzschlusses ist die Definition von Wahrheit im Sinne von Übereinstimmung von Inhalt und Gegenstand der Erkenntnis, bzw. des Wissens. Diese Definition führt zu zwei fundamentalen Problemen: Zum einen zur Frage nach den möglichen Kriterien der Beurteilung der Übereinstimmung zwischen Inhalt und Gegenstand. Und zum anderen zur Frage, von welchem (Meta-)Standpunkt der Beurteilung der jeweils betreffenden Übereinstimmung dabei die Rede ist.

3) Es kann sich dabei offensichtlich nur um einen fingierten Meta-Standpunkt der Reflexion und Beurteilung handeln, der dennoch real im erkennenden Subjekt verhaftet ist. Die Definition von Wahrheit im Sinne von Übereinstimmung mündet so unweigerlich in die Frage der Gewissheit (als subjektive Kategorie), und in die heuristische Fixierung der erkenntnistheoretischen Reflexion auf diese Frage.

4) Der heuristische Kurzschluss des Inhalts mit dem Gegenstand der Erkenntnis (als logischer Kern der Erkenntnisauffassung) führt so dazu, dass die eigentliche Kernfrage der Erkenntnistheorie, die Frage der Provenienz des Inhalts der Erkenntnis, mit der Frage der Gewissheit dieses Inhalts verquickt, und kurzgeschlossen wird. Wir sprechen diesbezüglich vom *theoretischen Kurzschluss* der Frage der Provenienz mit der Frage der Gewissheit.

Gleichzeitig wirft diese Problemstellung in Summe die Frage ihrer eigenen Sinnhaftigkeit auf, denn die Frage der Gewissheit verlagert sich damit im Endeffekt ja nur auf eine andere Ebene, die Ebene der

Erkenntnistheorie (so etwa im Falle der Zuordnung von Gewissheit zu bestimmten theoretischen Elementen der Analyse des Erkenntnisvorgangs).

5) Die übliche Lösung dieses Problems durch die Berufung auf die Selbstgewissheit des Subjekts geht ins Leere, weil sie ihrerseits eine vorgefasste, und auf vielfältigen Annahmen beruhende, Auffassung von Erkenntnis und vom Erkenntnisvorgang zugrunde liegen hat, und eine entsprechende Nomenklatur, die für sich genommen keineswegs die notwendige Klarheit besitzt, um inhaltliche Gewissheit (egal auf welcher Ebene) verbürgen zu können. Diese Berufung führt überdies in der Folge konsequent zu einem weiteren, diesmal methodischen Kurzschluss, nämlich zur methodisch begründeten Negation des Holismus der realen Erkenntnissituation.

6) Diese Konsequenz ist im Grunde nur die Kehrseite des Umstands, dass der heuristische Fokus der Erkenntnistheorie auf die Frage der Gewissheit rein formal inkompatibel ist mit der Betrachtung des erkennenden Subjekts als eines Elements der Klasse der Gesamtheit der Erkenntnisgegenstände und der entsprechenden Betrachtung von Erkenntnis als ein (zu analysierendes) Phänomen. Logisch betrachtet kann alleine die Analyse von Erkenntnis als ein Phänomen das notwendige und geeignete Fundament für die Auseinandersetzung mit der Frage der Gewissheit bilden. Die traditionelle Erkenntnistheorie setzt aus dieser Sicht heuristisch gewissermaßen den zweiten Schritt vor dem ersten. Die reale Erkenntnistätigkeit als solche bildet nicht nur den logischen Anknüpfungspunkt der Analyse des Phänomens Erkenntnis, sondern auch den einzigen Maßstab ihrer Angemessenheit.

7) Der Kern des Problems besteht aus methodischer Sicht darin, dass der Maßstab der Gewissheit der Erkenntnistheorie den Meta-Standpunkt der Reflexion als absoluten Standpunkt aufzwingt. Dieser Meta-Standpunkt der Reflexion, der die Bedingung für die Formulierung des Problems ist (die Frage der Beziehung zwischen Inhalt und Gegenstand der Erkenntnis), muss aber verlassen werden zum Zweck der Lösung des Problems. Verlässt man diesen Standpunkt, so bleibt

als Anhaltspunkt der Theoriebildung nur die logische Analyse der realen Erkenntnistätigkeit übrig.

8) Die logische Kernfrage dieser Analyse kann keine andere sein, als die nach der Provenienz des Inhalts der Erkenntnis, und ihr unvoreingenommener Anknüpfungspunkt die affirmative Kenntnisnahme des Holismus der realen Erkenntnissituation, d.h. die Betrachtung des erkennenden Subjekts als Element der Gesamtklasse der Erkenntnisgegenstände. Eine Voraussetzung, die sowohl unserem natürlichen Selbstverständnis entspricht, als auch die notwendige Bedingung für die Anerkennung der Relevanz der empirischen Wissenschaften für die Erkenntnisanalyse bildet.

9) Die Kenntnisnahme der Immanenz uneingeschränkt jedes Erkenntnisstandpunkts zwingt zum Verständnis der Erkenntnisbeziehung als eine unilaterale Bezugnahme auf die Gegenstände. Damit rückt im Hinblick auf die Frage der Provenienz des Inhalts der Erkenntnis die Heuristik als grundlegendes Element der Erkenntnistätigkeit und als logisches Bindeglied zwischen Inhalt und Gegenstand der Erkenntnis in den Blick. Es gibt nicht ein vorgegebenes Erkenntnisziel (das der ›objektiven Beschreibung‹, das überdies durch die Immanenz des Erkenntnisstandpunkts selbst ominös wird), sondern ein Spektrum an Heuristiken, die sich auf markante Weise voneinander unterscheiden und ihren je eigenen Maßstab der Übereinstimmung mit sich führen.

10) Die Ausblendung der Heuristik als grundlegendes Element der Erkenntnistätigkeit (ihre Verwandlung in ein ›Vermögen‹), als logische Konsequenz des heuristischen Kurzschlusses des Inhalts mit dem Gegenstand der Erkenntnis, ist der grundlegende Webfehler der traditionellen Erkenntnistheorie. Und zwar sowohl ihrer Theorie des Erkenntnisvorgangs, als auch ihrer theoretischen Auffassung der Epistemo-Logik. Die Heuristik lässt sich (zumindest auf der Ebene menschlicher Erkenntnis) nicht mit einer Disposition des Subjekts gleichsetzen, und sei es auch ein hypostasiertes ›Erkenntnisvermögen‹.

Teil 2: Logische De- und Rekonstruktion der realen Erkenntnistätigkeit = Vier weitere Thesen (4-7) zur Erkenntnistheorie

»Omnis determinatio negatio est.«

(B. de Spinoza)

Abstract:

Nach der Kritik der traditionellen Erkenntnistheorie, ihrer Heuristik, ihren Annahmen und ihrem Bild von Erkenntnis als Beziehung, im vorausgegangenen ersten Teil dieser Abhandlung (mit den Thesen 1-3) geht es in diesem zweiten Teil um die daraus folgenden Konsequenzen, im Sinne einer radikalen Abkehr von der geläufigen Auffassung von Erkenntnis als Beziehung und der Vorstellung der passiven Rezeption, hin zu ihrer Auffassung als eine Tätigkeit.

Grundlage dafür ist die affirmative Kenntnisnahme des Holismus der realen Erkenntnissituation, was gleichbedeutend ist mit der Kenntnisnahme der grundsätzlichen Immanenz jedes Erkenntnisstandpunkts (ohne jeden Hintergedanken an einen möglichen transzendenten, bzw. absoluten Standpunkt als imaginierter Maßstab von Objektivität und Gewissheit).

Den konkreten Anknüpfungspunkt der logischen De- und Rekonstruktion der Erkenntnistätigkeit bildet das Thema der Provenienz des Inhalts der empirischen Erkenntnis, ausgehend von den Sinneseindrücken als bloße Mannigfaltigkeiten, das ›blinde‹ (undifferenzierte) Material.

Die logische Analyse der Erkenntnistätigkeit wird dabei im Ergebnis zu drei transzendentalen Bedingungen hinführen: Differenzierung als transzendental-logische Bedingung, unilaterale Bezugnahme (als notwendige Bedingung der Möglichkeit von Differenzierung) als onto-logische Bedingung, und schließlich die Verfügbarkeit von heuristischen Kriterien der Differenzierung als trans-logische Bedingung. Diese drei logischen (transzendentalen) Bedingungen von Erkenntnis liefern zusammen mit dem Holismus der Erkenntnissituation die Antwort auf die Frage, was Erkenntnistätigkeit, d.h., was Erkenntnis ist.

These 4. Der einzige epistemo-logische Ausweg, der aus der (im vorangehenden Abschnitt dargelegten) heuristischen Sackgasse der traditionellen Erkenntnistheorie herausführt, ist, wie bereits angedeutet, die *affirmative Kenntnisnahme des Holismus der realen, natürlichen Erkenntnissituation* als Grundlage und Ausgangsbasis der Erkenntnisreflexion (und, wie sich im Folgenden zeigen wird, als unumgängliche Bedingung für ein adäquates logisches, sowohl als theoretisches Verständnis der Erkenntnistätigkeit). Von diesem *realistischen* – d.h. unserem menschlichen Selbstverständnis als Teil der Welt, bzw. der Natur entsprechenden – Standpunkt aus betrachtet, ist das erkennende Subjekt selbst ein Element der Klasse der Gesamtheit der Erkenntnisgegenstände. Das bedeutet, es gibt weder einen transzendenten, noch überhaupt einen objektiven Standpunkt für die Beschreibung des Ganzen (der Welt, der Natur), jeder realistische Erkenntnisstandpunkt ist von Natur aus ein immanenter, vorbehaltlos.[23]

Diese Immanenz (als grundlegendes Faktum und daher als logisch notwendiger Ausgangspunkt der Erkenntnisreflexion) schließt *objektive Erkenntnis* im strengen Sinn als heuristisches Ziel kategorisch aus, indem sie, aus rein formalen (mengentheoretischen) Gründen, der

---

23 In globalem Maßstab entspricht der Holismus der Erkenntnissituation übrigens der Annahme der Geschlossenheit des Systems Universum. In diesem Sinne schreibt z.B. Carlo Rovelli: »Wenn wir uns die Gesamtheit der Dinge vorstellen, stellen wir uns vor, selbst *außerhalb* des Universums zu stehen und es ›von dort aus‹ zu betrachten. Aber ein Außerhalb der Gesamtheit der Dinge gibt es nicht. Jede Beschreibung der Welt findet in der Welt statt.« [Rovelli, 2021, 163].

Vorstellung der *Objektivität* als heuristische Leitidee ihre distinkte Klarheit und damit zugleich ihre Signifikanz als Ankerpunkt der Erkenntnisreflexion entzieht. Wichtig ist aber zu betonen, dass dieser *immanente Standpunkt* eben *kein rein subjektiver* ist, weil das erkennende Subjekt sich selbst (zum Behufe der Selbsterkenntnis) in Bezug auf die Gesamtheit, in der Gestalt des vorhandenen Wissens über die Welt (etwa auch des naturwissenschaftlichen Wissens) transzendieren (objektivieren) kann. Grundlage und Ausgangspunkt dafür ist die Selbstwahrnehmung des Subjekts als Teil der Welt (resp. als Teil der Gesamtheit der Erkenntnisgegenstände).[24] Die affirmative Kenntnisnahme dieses Holismus der realen Erkenntnissituation wird sich als analytischer Ausgangspunkt zugleich als Schlüssel für die logische Analyse der realen Erkenntnistätigkeit erweisen.

4.1. Den Kern der geläufigen heuristischen Vorstellung von der Erkenntnistätigkeit bildet, wie bereits in Teil 1 ausgeführt, die metaphysische Annahme der unabhängigen Bestimmtheit der Gegenstände an sich (d.h. auf eine, der Wahrnehmung analogen manifeste Weise, als je Einzelne). Daraus ergibt sich (alternativlos) die *objektive Beschreibung* der Gegenstände und Phänomene als vorgegebene heuristische Zielsetzung und Norm von Erkenntnis, die konsequenterweise auch den Bezugspunkt für die Analyse des Erkenntnisvorgangs abgibt.

Wir haben diesbezüglich vom heuristischen Kurzschluss des Inhalts mit dem Gegenstand der Erkenntnis gesprochen, der sich in der Definition von Wahrheit als Übereinstimmung manifestiert; und ebenso in der Norm der Gewissheit als Prüfstein dieser Übereinstimmung und als zentraler Anhaltspunkt der epistemologischen Reflexion.

Insofern diese Norm im Rahmen dieser Erkenntnisauffassung selbstbegründend ist, leitet sich aus ihr der Anspruch der Erkenntnis-

---

24 Die Selbst-Objektivierung des erkennenden Subjekts im Rahmen der traditionellen Erkenntnistheorie beruht im Gegensatz dazu auf der fingierten Annahme der Autonomie des Subjekts, losgelöst von jeglichem natürlichen Kontext, noch mehr von dem Gedanken der Evolution. Ohne die Voraussetzung dieser Annahme entbehrt die Frage der Gewissheit im strengen Sinne per se der Verständlichkeit.

theorie auf den Primat gegenüber den empirischen Wissenschaften ab. Und zwar in dem weitgefassten Sinn des Anspruchs der kritischen Legitimation von empirischen Erkenntnisansprüchen im Allgemeinen, was logischerweise den vollkommenen Ausschluss naturwissenschaftlicher Erkenntnisse aus der Erkenntnisreflexion bedingt.

4.1.1. Die metaphysische Grundannahme impliziert aus Sicht der fundamentalen Unterscheidung von Inhalt und Gegenstand des Wissens, dass die Bestimmtheit der Gegenstände an sich das inhaltliche Optimum von Erkenntnis verkörpert. Das inhaltliche Optimum ist also sowohl vordefiniert, als auch als heuristisches Ziel (›objektive Erkenntnis‹) vorgegeben. Das bedingt die Grundauffassung von Erkenntnis als eines inhaltlichen Transfervorgangs, dem auch das Verständnis von Sinnlichkeit und Verstand als ›Erkenntnisvermögen‹ im Sinne von inhaltlichen Schnittstellen entspricht, mit entsprechenden Problemstellungen (betreffend Verlässlichkeit).

All das führt in Summe dazu, dass die grundlegende erkenntnistheoretische Frage nach der Provenienz des empirischen Inhalts der Erkenntnis von allem Anfang an nicht als genuine Frage behandelt, sondern vielmehr unter den bloßen Aspekten des Transfers und der Verallgemeinerung abgehandelt wird.

Der unvermeidlichen Immanenz jedes Standpunkts der Erkenntnis kommt in diesem Szenario explizit die Rolle eines *Störfaktors* zu. Das kommt auch in Thomas Nagels Charakterisierung des ›Ideals objektiver Erkenntnis‹ zum Ausdruck, und zwar in der Weise seiner Formulierung als das Problem, »how limited beings like ourselves can alter their conception of the world so that it is no longer just the view from where they are but in a sense a view from nowhere«. [Nagel, 1986, 70]

4.2. Der metaphysisch fundierte Maßstab der Gewissheit bedingt generell, dass sich die Erkenntnistheorie im Kern auf Reflexion beschränken muss (und sich daher letztlich im Diskurs erschöpft). Denn jeder begründete Anspruch auf Gewissheit ist logischerweise ein konditionaler Anspruch (nach Maßgabe der Erkenntnistheorie) und deshalb prinzipiell limitiert. Eine limitierte Gewissheit ist aber streng genommen keine Gewissheit. Der radikale Skeptiker behält in diesem Setting argumentativ letztlich immer die Oberhand.

Das spricht aber nicht für den radikalen Skeptizismus, im Gegenteil: Die Einsicht in die prinzipelle Limitiertheit der Gewissheit zwingt logisch dazu, diesen Maßstab als Ankerpunkt der erkenntnistheoretischen Reflexion preiszugeben. Denn er bezieht sich bloß auf die Erkenntnisinhalte, ohne zugleich auch die Erkenntnistheorie zu umfassen. Geht man aber davon aus, dass diese auch ihrerseits ein Produkt von Erkenntnistätigkeit, also ein Erkenntnisinhalt ist, geht im Grunde jeder Anhaltspunkt der Reflexion verloren. Sie geht streng genommen ins Leere, sie ist eine intellektuelle Sackgasse.

4.2.1. Dieser Schluss zwingt die Erkenntnistheorie, will man vorankommen, zu einer grundsätzlichen Änderung ihrer Vorgangsweise, zum Schritt zurück von der Reflexion über die Frage der Gewissheit hin zur Analyse der realen Erkenntnistätigkeit als originärer Gegenstand und zugleich eigener heuristischer Maßstab der Erkenntnistheorie.

Den Anknüpfungspunkt dafür bietet der *theoretische* Kurzschluss der Frage der Genese des Inhalts der Erkenntnis mit der Frage der Gewissheit. Dieser (zweite) Kurzschluss (der direkt an den ersten, den *heuristischen* Kurzschluss des Inhalts mit dem Gegenstand der Erkenntnis anschließt) führt traditionell zur unseligen Verquickung der beiden Fragen und zum Fokus auf die zweite zum Nachteil der ersten. Seine Revision befreit die Analyse von dieser analytisch untragbaren Hypothek.

4.2.2. Den konkreten Ansatzpunkt für die Analyse der Erkenntnistätigkeit bietet die Revision des *methodischen* Kurzschlusses, die heuristisch (im Sinne der traditionellen Erkenntnistheorie) konsequente Negation des Holismus der realen Erkenntnissituation. Diese Revision bedeutet im Gegenzug die affirmative Kenntnisnahme des Holismus der realen Erkenntnissituation, also die Betrachtung des Erkennenden als eines Elements der Gesamtklasse der Erkenntnisgegestände.[25] Das impliziert die Anerkennung der radikalen Immanenz jedes Standpunkts der Erkenntnis,[26] und folglich die Konzeption der Erkenntnis*beziehung* als eine *unilaterale Bezugnahme*, als Anhaltspunkt der Analyse der realen Erkenntnistätigkeit, die dadurch in der Folge im Hinblick auf die Grundannahmen der traditionellen Erkenntnistheorie den Charakter einer logischen De- und Rekonstruktion annehmen wird.

Man kann diesbezüglich in Anspielung auf Kant sagen: So wenig wie Kopernikus mit seiner Idee, dass die Sonne das Zentralgestirn ist, das letzte Wort hatte, so wenig reicht Kants Kopernikanische Wende aus, um das Phänomen Erkenntnis adäquat zu analysieren. Sie vollzieht eben jenen Schritt, den Newton über Kopernikus hinaus gemacht hat, nämlich die (Logik der) Bewegungen aller Himmelskörper auf der Basis ihrer gleichrangigen Betrachtung als Körper zu analysieren und zu begreifen, nicht nach.

4.2.3. Mit der Anerkennung der radikalen Immanenz jedes Standpunkts der Erkenntnis als einzig angemessener Anhaltspunkt der Analyse der realen Erkenntnistätigkeit rückt allererst Erkenntnis als Phänomen in den Blick und die Frage ›Was ist Erkenntnis‹ ins Zentrum der Erkenntnistheorie. Sie stellt die Erkenntnistheorie gewissermaßen vom Kopf zurück auf die Beine. Den konkreten Anhaltspunkt zur Antwort auf diese Frage kann nichts anderes, als die Frage nach der Provenienz des Inhalts der Erkenntnis bilden. Sie impliziert zugleich

---

25 Wenn übrigens im Rahmen der Erkenntnistheorie in irgendeinem unzweifelhaften Sinn von *Gegebenheit* die Rede sein kann, dann sicherlich in Bezug auf den Holismus der Erkenntnissituation, der Gewissheit als Maßstab im Sinne der traditionellen Erkenntnistheorie grundsätzlich ausschließt. Das demonstrative Scheitern dieses heuristischen Maßstabs ist, als positive Einsicht aufgefasst, ein wesentliches Verdienst der traditionellen Erkenntnistheorie, die zugleich impliziert, dass die Erkenntnistheorie durch die Anerkennung der radikalen Immanenz jedes Standpunkts der Erkenntnis als Anhaltspunkt ihrer theoretischen Analyse der Erkenntnistätigkeit nichts zu verlieren hat.

26 Diese Immanenz ist in der traditionellen Erkenntnistheorie grundsätzlich negativ konnotiert und firmiert dort unter dem (seinerseits religiös konnotierten) Topos der ›Endlichkeit unseres Erkenntnisvermögens‹, bildet aber, radikal ernst genommen, den Schlüssel für eine adäquate Analyse der Erkenntnistätigkeit.

die Revision des ursprünglichen, heuristischen Kurzschlusses des Inhalts mit dem Gegenstand der Erkenntnis und führt so notwendig zu einem Wandel im Verständnis der Erkenntnistätigkeit, weg von der Repräsentation hin zur Erschließung.

4.2.4. Klar ist übrigens, dass das heuristische Ziel der Analyse der realen Erkenntnistätigkeit und zugleich der einzige Maßstab ihres Erfolgs nicht Gewissheit sein kann, sondern schlicht die Angemessenheit des Ergebnisses der Analyse in Hinblick auf die reale Erkenntnistätigkeit; und insofern dieses Ergebnis selbst ein Produkt von Erkenntnistätigkeit ist, bedeutet diese Angemessenheit als Erfolgskriterium nichts anderes, als rationale Klarheit bezüglich der realen Erkenntnistätigkeit in allen ihren Formen und Facetten.

Der analytische Ansatz bedeutet daher im Hinblick auf die Wissenschaftstheorie nicht weniger als eine komplette Kehrtwende. Nicht die Wissenschaftstheorie gibt der Wissenschaft die Norm vor, sondern sie muss primär ihrerseits an der konkreten wissenschaftlichen Erkenntnistätigkeit Maß nehmen. Die Angemessenheit des Verständnisses dieser Tätigkeit in concreto bildet den Maßstab und Test der Analyse. Das heißt, nichts anderes, als das epistemo-logische Verständnis der Ratio dieser konkreten Tätigkeit kann ihr Ziel und ihr Verdienst sein.[27] Diese betrifft sowohl die Generierung des empirischen Inhalts der Erkenntnis als auch dessen Geltungsanspruchs, inklusive seines Bezugs zu Argumentation und Begründung.

4.3. Die traditionelle Auffassung von den Sinneseindrücken als Antwort auf die Frage der Provenienz des empirischen Inhalts der Erkenntnis entspricht zwar der metaphysischen Grundannahme der traditionellen Erkenntnistheorie und der Logik des heuristischen Kurzschlusses des Inhalts mit dem Gegenstand der Erkenntnis, und liegt überdies auch auf der Linie der Auffassung der Erkenntnisbezie-

---

27 Der Grund, warum dies überhaupt nötig ist, liegt darin, dass unsere naive Vorstellung von der Erkenntnistätigkeit auf die scheinbare Unmittelbarkeit der Wahrnehmung (als passiver Vorgang) aufbaut, und dem erkennenden Subjekt die Grundlagen dieser scheinbaren Unmittelbarkeit ebensowenig bewusst sind, wie dem Hungernden die physiologische Grundlage seines Hungers.

hung als Subjekt-Objekt-Beziehung, im Sinne einer Gegenüberstellung von erkennendem Subjekt und Welt, hält aber der Analyse nicht stand.

Denn Fakt ist, dass nichts von den empirischen Inhalten unserer Wahrnehmung unmittelbar aus den Sinneseindrücken stammt. Sei es, dass ich ein Haus, einen Menschen, einen Berg oder was auch immer wahrnehme, in allen Fällen sind Kategorisierungen im Spiel, die weder unmittelbar den Sinneseindrücken zu entnehmen sind, noch den Dingen an sich selbst anhaften.

Die Frage der Provenienz des empirischen Inhalts der Erkenntnis lässt sich auf dieser Ebene überhaupt nicht klären (und der Verstand ist ja traditionell nur für die Verknüpfung der Inhalte zuständig).

4.3.1. Die Gegebenheit der Sinneseindrücke beinhaltet aus der (dem Terminus ›Sinneseindrücke‹ gemäßen) objektiven Sicht des erkennenden Subjekts zunächst einmal nicht mehr, als die Gegebenheit einer schlichten Mannigfalt von Punkten, Reizen oder Impulsen, die von sich aus (für sich genommen) keinerlei Bezug zu irgendeinem bestimmten Inhalt (oder einer Bedeutung) aufweisen, und schon gar nicht zu etwas anderem, als sie selbst sind.

Aus physikalischer Sicht sind die Sinneseindrücke nichts anderes, als ein Segment der kausalen Interaktion zwischen (körperlichem) Subjekt und seiner Umwelt (anderen Körpern, bzw. physikalischen Entitäten). Aber eine kausale Wirkung ist per se kein Datum, kein Träger einer möglichen Information über etwas von der kausalen Interaktion Unabhängiges. Und selbst bei einer summarischen Betrachtung dieser Wirkungen als uninterpretiertes Datenmaterial ergibt sich daraus noch längst kein Erkenntnisinhalt, keine Information. Es gibt keine uninterpretierten Fakten.

4.4. Aus logischer Sicht liegt das Problem der traditionellen Auffassung von den unmittelbaren Sinneseindrücken als *eigenständiger Quelle des Inhalts* von Erkenntnis an der inhärenten Widersprüchlichkeit der Annahme, es gebe so etwas wie *unmittelbare Bestimmtheit*. Sie ist so etwas wie *ein logisches Unding*. Die Zweifelhaftigkeit dieser Auffassung manifestiert sich bereits in Kants bekanntem Diktum:

»Gedanken ohne Inhalt sind leer, Anschauungen ohne Begriffe sind blind.« [Kant, 1975a, B75, A51]. Denn *der Inhalt der Gedanken* (die ja selbst *leer* sind) kann nicht den *Anschauungen* zugeordnet werden, wenn diese ihrerseits *blind* sind. D.h. die Lösung des Rätsels der Provenienz des empirischen Inhalts bleibt irgendwie in der Schwebe, weil eben auch die Gedanken (Begriffe) ohne Inhalt *leer* sein sollen. Die *blinde* Anschauung kann diese Leere der Gedanken nicht füllen und das Zusammenspiel (der entscheidende Punkt) bleibt vollkommen unklar.

Die *Blindheit der Anschauungen* hat ihren Grund offensichtlich in der Undifferenziertheit der Sinneseindrücke. Diese können folglich nicht selbst die Quelle des Inhalts der Erkenntnis sein, sondern nur das blinde Material der Erkenntnistätigkeit. »Man kann«, so schreibt Whitehead, »den Charakter, der dem Datum im Erfahrungsakt zuzusprechen ist, nicht sorgfältig genug untersuchen. Auf ihm beruht das ganze philosophische System.« [Whitehead, 1987, 294]

4.4.1. Kants eigene Lösung beruht auf dem Begriff der *Synthesis*. Er schreibt: »*Verstand* ist, allgemein zu reden, das Vermögen der *Erkenntnisse*. Diese bestehen in der bestimmten Beziehung gegebener Vorstellungen auf ein Objekt. *Objekt* aber ist das, in dessen Begriff das Mannigfaltige einer gegebenen Anschauung *vereinigt* ist. Nun erfordert aber alle Vereinigung der Vorstellungen Einheit des Bewußtseins in der Synthesis derselben.« [Kant, 1975a, B137]. Und an anderer Stelle: »Zuvörderst merke ich an, daß ich unter der *Synthesis der Apprehension* die Zusammensetzung des Mannigfaltigen verstehe, dadurch Wahrnehmung, d.i. empirisches Bewußtsein derselben (als Erscheinung), möglich wird.« [Ebenda, B160]. Als die Bedingung der Möglichkeit der Synthesis betrachtet Kant die reinen Verstandesbegriffe, die angeborenen Kategorien des Verstandes. Die Kategorien »sind nur Regeln für einen Verstand, dessen ganzes Vermögen im Denken besteht, d.i. in der Handlung, die Synthesis des Mannigfaltigen, welches ihm anderweitig in der Anschauung gegeben worden, zur Einheit der Apperzeption zu bringen.« [Ebenda, B145]. Diese Regeln für den Verstand (die Kategorien) sind allerdings rein formaler (logischer und ontologischer) Art.

Kant ordnet damit den Inhalt der empirischen Begriffe letztlich doch wieder der unmittelbaren Anschauung (der passiven Rezeption) selbst zu, und lässt dabei außer Acht, dass die Synthese notwendig auf einer vorgängigen Differenzierung (nach Kriterien) beruht. Dieser grundlegende Aspekt der Erkenntnistätigkeit fällt dabei gewissermaßen unter den Tisch, sofern er nicht implizit unter dem Begriff der Synthese mitgedacht ist. Dieser bietet aber per se keine Antwort auf die entscheidende Frage nach den Prinzipien der Synthese des Mannigfaltigen, abgesehen von den rein formalen Verstandeskategorien.

Kant versteht unter der Synthese wohl so etwas wie ein aktives Nachvollziehen der in der Anschauung gegebenen Formen.[28] Der Grund für die Missachtung des genannten Problems liegt wohl zum einen in Kants Befangenheit in der metaphysischen Grundannahme der Erkenntnistheorie (der unabhängigen Bestimmtheit der Dinge an sich), und zum anderen in Kants Fixierung auf die Physik als Paradigma von ›objektiver Erkenntnis‹ und deren Betrachtung der Dinge als bloße Körper (res extensa).

---

28 Siehe sein eigenes Beispiel mit der Linie. [Kant, 1975a, B137/138]. So wie aber schon die Wahrnehmung von Formen nicht ohne Differenzierung denkbar ist, setzt erst recht die Unterscheidung von Formen (etwa Linie und Kreis etc.), oder die zwischen Farbe und Form, weitere Differenzierung voraus, die nicht aus der bloßen Synthese hervorgehen kann. Differenzierung ist auf allen Ebenen die Grundlage von möglicher Synthese. Auch das Eingangszitat von Spinoza bezieht sich übrigens auf diesen Kontext: »As then figure is nothing else than determination, and determination is negation.« [Spinoza, 1955, 370]. Dem Begriff der Synthese fehlt der heuristische Tiefgang. Im Gegenzug benötigt Kant die Einführung des Vermögens der *Einbildungskraft* [siehe Kant, 1975a, A115ff.]. Das Sprachverstehen ist übrigens selbst ein gutes Beispiel dafür, in welchem Ausmaß Unmittelbarkeit (in Form der gegebenen Laute) vermittelt ist. Laut-Differenzierung, Synthese (zu Wörtern und Sätzen) anhand von erlernten Schemata, (verbindende) Heuristik im Rahmen der jeweiligen Situation als Verständnishintergrund, all das hängt dabei unmittelbar zusammen (im Dienste der gemeinsamen vermittelten Bezugnahme auf die betreffenden Gegenstände).

These 5. Die Sinneseindrücke bilden zwar das *(blinde) Ausgangsmaterial* der Erkenntnis, *aber nicht sie selbst bilden die Quelle des Inhalts der Erkenntnis (der empirischen Begriffe), sondern ihre Distinktion, bzw. ihre Differenzierung.* Diese bildet das logische Bindeglied zwischen den unmittelbaren Sinneseindrücken und den Begriffen. Sie bildet den logischen Kern der realen Erkenntnistätigkeit.[29] Und indem sie zugleich die Bedingung der Möglichkeit konkreter Bezugnahme bildet, bildet sie zugleich die Wurzel für den bereits angesprochenen heuristischen Kurzschluss des Inhalts mit dem Gegenstand der Erkenntnis, der den Kern der geläufigen Idee von Erkenntnis bildet.

Die mangelnde Beachtung dieses Umstands ist der *blinde Fleck* im Auge der traditionellen Erkenntnistheorie(n). Denn mit dieser Feststellung verbunden sind logisch unausweichlich *zwei Fragen:* Zum einen die nach der *Provenienz der Kriterien der Differenzierung* (der Heuristik), und zum anderen die nach der *Logik der Differenzierung* selbst.

5.1. Das Verfügen über Kriterien der Differenzierung ist offenbar ganz allgemein die notwendige *(transzendentale)* Bedingung für die Gewinnung von Information aus *blinden Daten*, die inhaltliche Schnittstelle. Es ist die Frage der Provenienz des Inhalts der Erkenntnis – und damit, bezogen auf das Konzept der Sinneseindrücke, die Frage der Provenienz der Kriterien ihrer Differenzierung –, bei der die Fäden der Epistemologie zusammenlaufen.[30]

5.2. Doch selbst wenn man die Frage der Provenienz der Kriterien der Differenzierung zunächst hinten an stellt, entzieht *die Logik der*

---

29 *Differenzierung* ist (in deutlichem Unterschied zu Begriffen sie ›Subjekt‹ und ›Objekt‹ etc.) ein epistemo-logisch elementarer Begriff, der ausschließlich mit Bezug auf sich selbst erläutert werden kann. Sein logisches Gegenteil (und einziger Bestimmungsgrund) ist die blanke *Un-Differenziertheit.*

30 Das konvergiert auch mit den Einsichten der modernen Kognitionswissenschaft. So schreibt Donald D. Hoffman: »The thing-in-itself is ontological baggage, not useful for the scientific enterprise.« [Hoffman, 2020, 44]. Und er propagiert statt dessen ›the interface theory of perception‹, indem er schreibt: »I invite you to explore a new metaphor of perception: each perceptual system is a user interface, like the desktop of a laptop. This interface is shaped by natural selection; it can vary from species to species, and even from creature to creature within a species.« [Ebenda, 75f.]

Differenzierung dem Basiskonzept der *passiven Rezeption* prinzipiell seine Grundlage. Denn während die geläufige Vorstellung von unmittelbarer Wahrnehmung und mentaler Repräsentation auf der Idee einer 1:1-Relation aufbaut, ist die Differenzierung oder Distinktion logisch eine 1:m-Relation (*m* für Mannigfaltigkeit oder die Gesamtmenge an Eindrücken), für die die Bedingung gilt: m>1. Sie involviert m.a.W. immer ein Spektrum, bzw. einen Rahmen, der Minimum zwei *Gegenstände* umfassen muss, wobei genau genommen der jeweils referierte *Gegenstand* auch selbst ein (herausgegriffener) Teil der Mannigfaltigkeit, also Element oder Teilmenge (*tm*) von *m* im übergreifenden Sinne ist. Die angeführte Relation müsste daher genauer lauten: tm:(m-tm), oder des weiteren: $(tm_a:tm_b:...):(m-tm_a...)$, in Richtung des potentiellen heuristischen Zieles einer Ausdifferenzierung von *m*. Der Rahmen der Differenzierung (*m*) ist (auf summarische Weise flexibel vor-) gegeben, nicht die einzelnen Sinneseindrücke als inhaltlich bestimmte.

Zu beachten ist, dass dabei nicht nur *tm*, sondern auch *(m-tm)* mittelbar eine Qualifizierung (eine Differenzierung im Rahmen von *m*) erfährt, als ≠*tm* (etwa im Falle einer groben Unterteilung auf Basis eines einfachen Kriteriums).[31]

5.2.1. Geht man daher von dem Verständnis von Sinneseindrücken als einer per se undifferenzierten Mannigfaltigkeit von *Qualia* aus, was sowohl ihrer naturwissenschaftlichen Auffassung (als Segment der kausalen Interaktion des Subjekts mit seiner Umwelt), als auch Kants Diktum von der *Blindheit der Anschauungen* entspricht, so kommt man jedenfalls aus rein logischen Gründen nicht umhin, ihre *Differenzierung* als die notwendige *(transzendentale)* Bedingung der Möglichkeit (und zugleich als logisches Kernelement) von Erkenntnisgewinnung anzuerkennen. Und somit in Summe als *die* elementare Erkenntnistätigkeit und Grundlage aller übrigen Verstandestätigkeiten.

---

31 Im anschaulichen Fall einer Linie auf einem Blatt Papier kann ich qua Differenzierung zum einen die Linie wahrnehmen, zum anderen aber auch zwei geteilte Flächen.

5.2.2. Wichtig ist, dass jede Differenzierung (wenn begrifflicher Art) nicht nur den Bezugspunkt für Subsumtion, sondern auch selbst wiederum den Anknüpfungspunkt für weitere Differenzierungen (im Sinne von Distinktion ebenso wie von Aggregation) abgeben kann, ebenso wie für Verknüpfungen, also in Summe für die Herstellung von Relationen aller Art: semantischen, logischen und (unter Berücksichtigung raum-zeitlicher Veränderungen, auch) kausalen. Zu bemerken ist ferner auch, dass Begriffe für konkrete Dinge nichts weiter als Bündel multipler Differenzierungen sind.

5.2.3. Praktische Angemessenheit und Kohärenz sind die beiden Kriterien, die in Bezug auf die Differenzierung als elementare Erkenntnistätigkeit ganz allgemein als heuristische Maßstäbe in Betracht kommen. In Betreff der *Angemessenheit* (der Zusatz *praktische* verweist auf die variable Rolle der Heuristik) ist in Hinsicht auf die mögliche heuristische Zielsetzung (und den Anspruch) der Objektivität zu sagen, dass Differenzierungen einerseits grundsätzlich (logisch) kontingent und in gewissem Maße beliebig sind, aber andererseits (faktisch) an die Gegebenheiten gebunden sind.

Das Kriterium der *Kohärenz* kommt hingegen durch den und in Bezug auf den hintergründigen Aspekt der gegebenen Mannigfaltigkeit als bleibender Bezugspunkt der Differenzierung ins Spiel, letztlich in Gestalt des Horizonts der Welt. Die Rede vom *Horizont* der Welt trägt dem Umstand Rechnung, dass dieser Rahmen der Differenzierung (vulgo Erkenntnis) nur bedingt ein *gegebener* ist: Denn er ist einerseits *vorgegeben,* insofern die Welt (als Gesamtheit der Gegenstände und Ereignisse) einfach da ist, unabhängig, und das erkennende Subjekt selbst (vergänglicher) Teil derselben ist (und sich als solcher wahrnimmt), andererseits ist diese *Gesamtheit* nie in der Erfahrung als solche *gegeben,* und zwar weder in ihrem Umfang, noch in ihren Zusammenhängen. *Die Welt* als Ganzes ist kein Gegenstand der Erfahrung (sie ist vielmehr stets nur in Gestalt einer Mannigfaltigkeit präsent); sie hat in dieser Hinsicht stets konzeptuellen Charakter *(Weltbild)*.[32] Dieses ist insofern *selbst-transformativ.* Es übt zwar einerseits, als mehr oder minder feststehender Rahmen und als Vehikel der Referenzierung und Differenzierung, meist einen bestimmenden Einfluss auf die laufende Erkenntnistätigkeit aus, es setzt sich aber andererseits gerade dadurch mittelbar (als Bedingung für die Feststellung von Abweichungen) auch möglicher Kritik aus.[33]

5.2.4. Grundsätzlich ist der Akt oder Vorgang der Differenzierung nicht an die Verfügung über Selbstbewusstsein, d.h. nicht an menschliches Bewusstsein, gebunden. Vielmehr bildet Differenzierung auf den unterschiedlichen Stufen der biologischen Entwicklung erst die Grundlage und Bedingung für die Möglichkeit der Genese von Selbstbewusstsein. Das Phänomen Erkenntnis lässt sich nicht angemessen verstehen und analysieren, wenn man es auf die Vorstellung objektiver Erkenntnis festlegt.

Sehr wohl eine wesentliche Rolle spielt die Genese von Selbstbewusstsein allerdings für den Übergang von der bloßen *Umwelt* zur *Welt* in dem Sinne, dass die Selbstwahrnehmung als Objekt im Kontext des umgebenden Ganzen konstitutiv für die Vorstellung von Welt ist (und ein wesentlicher Motor des heuristischen Interesses an objektiver Erkenntnis). Darüber hinaus ist die Genese von Selbstbewusstsein natürlich auch die Bedingung der Möglichkeit dafür, anderes Seiendes überhaupt als unabhängig *von sich* wahrnehmen zu können (und somit auch Bedingung der Möglichkeit für das heuristische Ziel objektiver Erkenntnis). Das greift der gegenwärtigen Analyse aber weit voraus. Der Versuch, das Phänomen Erkenntnis (im menschlichen Sinne) aus sich selbst zu verstehen, und so gleichsam ad hoc, in einem Schritt, zu erklären, muss fehlschlagen.

---

32 Darin liegt auch der mögliche Ansatzpunkt für ihre Transzendierung als Horizont der Erkenntnis im Sinne religiöser Vorstellungen (anknüpfend an die Deutung von Ereignissen als Wirkungen von Mächten). Diese religiösen Vorstellungen üben ihrerseits wiederum – im Sinne der Annahme der möglichen Existenz eines transzendenten, absoluten Standpunkts der Erkenntnis – einen andauernden Einfluss auf die Erkenntnisvorstellung aus.

33 An diesem Punkt kann natürlich das soziologische Phänomen der sozialen (oder auch der akademischen) Deutungshoheit ins Spiel kommen.

5.2.5. Aus dem Blickwinkel der Differenzierung als Kern der Erkenntnistätigkeit ist es übrigens grundsätzlich gleichgültig, ob es sich beim Ausgangsmaterial um undifferenzierte Sinneseindrücke oder um bereits konstituierte Gegenstände (gleich welcher Art) oder um dynamische Phänomene handelt. Der Vorgang der Differenzierung ist ontologisch indifferent, er bleibt in seiner logischen Struktur auf den unterschiedlichen Stufen der Erkenntnistätigkeit gleich. Er ist insbesondere nicht gebunden an die Substanzontologie, an die Annahme der unabhängigen Bestimmtheit der Dinge an sich (als je Einzelne), ohne diese Annahme per se auszuschließen. Sie ist logisch kompatibel mit, aber nicht relevant für den Akt oder Vorgang der Differenzierung.

Die Substanzontologie hat aber wohl eine ihrer Wurzeln in der logischen Gebundenheit des Akts der Referenzierung an den Akt der Differenzierung. Die andere Wurzel liegt in der oben bereits angesprochenen Genese von Selbstbewusstsein. Denn dieses ist Voraussetzung dafür, um anderes überhaupt als unabhängig *von sich* wahrnehmen zu können.

5.2.6. Der Aspekt der gegebenen Mannigfaltigkeiten als Anknüpfungspunkt und (hintergründig bleibender) Bezugspunkt der Differenzierung impliziert und bedeutet, dass jede einzelne begriffliche Bestimmtheit (qua Differenzierung) *über sich hinausweist* auf eine gewisse kontingente Ganzheit (ein Spektrum, bzw. einen Rahmen). Dieser Umstand führt in der klassischen Metaphysik in Verbindung mit der Substanzontologie, d.h. mit der Annahme der Bestimmtheit der Dinge an sich, zum Gedanken der *Dialektik* der Begriffe als eines objektiven Merkmals der Realität.

Die Metaphysik betrachtet es traditionell als ihre Aufgabe, systematische Ordnung in die begrifflichen Strukturen zu bringen, und sie benützt den (pyramidenförmigen) hierarchischen Aufbau ihrer systematischen begrifflichen Klassifikation als Anhaltspunkt (und gleichsam als *Leiter),* um *spekulativ* über die kontingenten Unterscheidungen der einzelnen *(endlichen)* Substanzen (die qua Unterscheidung *dialektisch* stets über sich hinaus, auf etwas anderes, einen größeren Zusammenhang, verweisen) hinaus zu gelangen, zur Überwindung der Kontingenz im Sinne der Idee einer *absoluten Substanz* (die nicht über sich selbst hinausweist).

Diese Gedankenfigur spannt sich in unterschiedlichen Variationen von Aristoteles über die christliche Metaphysik bis zu Descartes, Spinoza und Hegel.

5.3. Die Differenzierung kann in der Folge – gleichsam *habituell* verfestigt zu Schemata – zu einer Art von *präformierter* (oder/und sprachlich pränormierter) Codierung der Sinneseindrücke führen, also zu einer (prä-)konditionierten Differenzierung, die damit (weitgehend entkoppelt von ihrem generativen *Rahmen)* zu einer mehr oder minder automatisiert ablaufenden Schematisierung der Sinneseindrücke führt, mithin zum Eindruck ihrer unmittelbaren Bestimmtheit.

Die Kriterien der Differenzierung sind simultan die Kriterien der Referenzierung, egal ob in begrifflicher Form oder nicht. Die Sprache ist primär ein Vehikel der gemeinsamen, vermittelten Bezugnahme auf die Gegenstände (im Dienste der Interaktion und Kooperation), nur sekundär (abgeleiteter Weise) auch eines der mentalen Repräsentation.

5.4. Im Hintergrund der scheinbaren unmittelbaren Bestimmtheit der Sinneseindrücke steht dabei stets die Logik der Differenzierung, die sich in größerem Rahmen als *begrifflicher Holismus* manifestiert, oder in moderner Ausdrucksweise, in Gestalt *semantischer Netze.* Denn die logische Voraussetzung, um etwas *als bestimmt* wahrzunehmen, oder es überhaupt *als etwas* zu identifizieren, besteht in seiner Unterscheidung auf Basis selektiver Kriterien, bzw. seiner Zuordnung zu einem etablierten Schema nach dem Muster $(x{=}A){\neq}B$. Wobei das $=$ für einen Fall von Subsumtion steht, durch den ein beliebiges x zu einem Fall von A (einem a) wird. Insofern kann – bezogen auf den Inhalt der Erkenntnis – von einem logischen Primat der Differenzierung gegenüber den unmittelbaren Qualitäten (oder *Sinnesdaten*) gesprochen werden.[34] In klassischer Ausdrucksweise: Wahrnehmung und Verstand sind nicht voneinander

---

34 Man kann daher – in Analogie zum Gebrauch des betreffenden Terminus in der Wissenschaftstheorie – von einer prinzipiellen *Unterbestimmtheit* der Wahrnehmung, bzw. Beobachtung durch die unmittelbaren Sinneseindrücke sprechen.

zu trennen. Ihre geläufige Trennung liegt an der Wurzel der meisten erkenntnistheoretischen Probleme. Das liegt daran, dass die Differenzierung der Sinneseindrücke im Normalfall so tief im Wahrnehmungsvorgang verankert ist, dass wir sie nicht mehr als eigenen Akt oder Vorgang registrieren. Sie liegt an der Wurzel der Wahrnehmung und ist die Bedingung dafür, überhaupt etwas gewahr werden zu können.

5.4.1. Das bedeutet, dass die *unmittelbare sinnliche Gegebenheit,* und damit auch die Idee von *sinnlicher Gewissheit* im strengen Sinne der traditionellen Erkenntnistheorie, soweit sie sich auf den Inhalt der Erkenntnis bezieht, eine *Schimäre* ist. Eine skeptische Schlussfolgerung würde daraus aber nur dann folgen, wenn man davon ausginge, die Realität setzte sich aus einer Ansammlung einzeln an sich selbst bestimmter Gegenstände zusammen.

Insofern die Identifikation von etwas *als* etwas (inhaltlich so-und-so) Bestimmtes kein passiver Vorgang ist, handelt es sich auch bei dem logischen Satz der Identität *(A=A)* nicht um eine bloße Tautologie, sondern um eine (der Differenzierung als Grundlage der Identifikation logisch nachgeordnete) Affirmation. Die formale Gewissheit, die darin zum Ausdruck kommt, erschöpft sich im Akt der Affirmation, dem rein performativen Aspekt, sie erstreckt sich nicht auf den Inhalt.[35]

5.5. Die These von der Distinktion, bzw. Differenzierung der Sinneseindrücke als Quelle des Inhalts unserer Erkenntnis bildet den zentralen Punkt der logischen Dekonstruktion der traditionellen Auffassung von Erkenntnis (inklusive der unterschiedlichen Varianten der Deutung des Erkenntnisvorgangs) und zugleich den ersten Schritt zur logischen Rekonstruktion der realen Erkenntnistätigkeit. Die beiden folgenden Schritte, bzw. Thesen, knüpfen ihrerseits rein logisch an diesen ersten Schritt an und bilden in ihrem Zusammen-

---

35 Das trifft natürlich auch auf Descartes' Sentenz *Cogito ergo sum* zu. D.h. die subjektive Gewissheit umfasst nicht die *inhaltliche* Vorstellung von *Denken,* sondern nur den *Akt* des Denkens, und in der Folge den rein performativen Aspekt der Existenz als Vollzug, ohne darüber hinausgehende *substanzielle* ontologische Implikationen.

hang das logische Grundgerüst für alle weiteren Analysen der realen Erkenntnistätigkeit.

These 6. Distinktion, bzw. Differenzierung ist die Schnittstelle zwischen der physikalischen Ereignisebene der *reinen* (undifferenzierten) Sinneseindrücke (als Segment der physikalischen Interaktion zwischen dem Subjekt und seiner Umwelt) und der Inhaltsebene der Erkenntnis. Sie ist die logische (transzendentale) Bedingung der Möglichkeit jeglicher Beschreibung von Wirklichkeit auf der Basis von Sinneseindrücken. Hinter die Differenzierung (als Grundphänomen) führt daher kein Weg der Erkenntnis zurück, zumindest kein beschreibender. Allerdings ein logischer Schritt (und wie sich später zeigen wird, das dekonstruktive Erkenntniskonzept der Physik). Denn Differenzierung ist logisch nur möglich unter der Bedingung einer unilateralen Bezugnahme (auf eine gegebene undifferenzierte Mannigfaltigkeit).

6.1. Die Existenz von Unterschieden (oder Relationen) impliziert nicht ihre Existenz *als manifeste Unterschiede (und Relationen)*. Es existieren Unterschiede (oder Relationen) ohne Zahl, ohne dass irgendjemand davon auch nur in geringster Weise Notiz nähme. Sie existieren auch nicht *als Unterschiede (oder Relationen) für* die betreffenden Entitäten selbst, es sei denn als rein *effektive (immanente) Unterschiede, resp. Relationen* in der Weise ihrer physikalischen (oder chemischen) Interaktion (oder Interferenz). Das heißt, *blinde Interaktion* ist die einzige Form in der effektive Unterschiede als solche auf der grundlegenden physikalischen Ebene existieren und sich manifestieren.[36] Wobei u.U. schon kleine (kaum merkbare) Unterschiede große Effekte auslösen können. Die betreffende Interaktion ist zwar ein Effekt ihrer effektiven Verschiedenheit, aber sie ist nur ein Ereignis, eine Veränderung der betreffenden Konstellation oder des Aggregatzustands, nicht die Manifestation der jeweiligen Unterschiede *als Unterschiede*. Darin

---

36 In diesem Sinne, also insofern sie versucht, den effektiven Unterschieden und Relationen auf die Spur zu kommen, handelt die Physik von den Dingen an sich.

besteht die totale Immanenz der physikalischen Ebene.[37] Differenzierung *ist* die notwendige Bedingung für die Registrierung von Unterschieden *als* (manifeste) Unterschiede. Voraussetzung dafür wiederum
ist die *unilaterale Bezugnahme*, d.h. die Einnahme eines gegenüber
dem Differierenden externen Standpunkts.

6.1.1. Das Konzept der Gravitation, der Massenanziehung, beruht
auf der mathematischen Analyse der Beziehungen von Körpern (m_1,
m_2, ...) *als Beziehungen,* die *effektiv* (realiter, ohne die externe Bezugnahme) aber nur in der Form des blinden Verhaltens der betreffenden
Körper existieren, und zwar im Rahmen der jeweiligen Gesamtkonstellation, die dem Versuch der exakten Analyse in Form manifester
singulärer Beziehungen enge Grenzen setzt.[38] In analoger (aber eben
nicht ganz blinder) Weise bestimmt die Schwerkraft (als Manifestation der effektiven Beziehungen der Körper) auch das Verhalten (und
die körperliche Konstitution) sämtlicher Lebewesen, ohne dabei anders als in der Form von *Widerstand* präsent zu sein (hierin besteht
auch der Schnittpunkt zum Thema *Körperliches Wissen*).

6.1.2. Zusammengefasst: Die Existenz effektiver Unterschiede
und entsprechender blinder Interaktion ist die Grundlage und Voraussetzung von Differenzierung, so wie vice versa Differenzierung
die logische Bedingung für die Existenz manifester Unterschiede
und Relationen ist (weshalb eine Analyse oder gar der Versuch einer

---

37 Auf der Ebene der organischen (d.h. im Sinne der Selbstregulation bis zu einem
   gewissen Grad autarken und selbst-identen) Entitäten manifestieren sich die
   unabhängig von ihrer Wahrnehmung bestehenden physischen Unterschiede
   (z.B. ein bestimmter Blutzuckergehalt) *als* merkliche Unterschiede in Form
   von irgendwie manifesten Zuständen (d.h. *als* bestimmter Wert, *als* Hunger).
   Darin liegt der Ursprung einer neuen Art von physischer Beziehung, nämlich
   Dependenz, der primären Quelle von Differenzierung. Manifeste Relationen
   sind hergestellte Relationen von einem bestimmten Standpunkt aus (auf
   Basis vorangegangener Differenzierung). Die menschliche Form des Selbst-
   Bewusstseins ermöglicht die Herstellung von Relationen zwischen beliebigen
   Punkten.
38 Man könnte bezüglich des bestimmenden Einflusses der Konstellation auf das
   Verhalten der Gegenstände von ontischen Koordinaten sprechen, die mit denen
   der gegenstandsbezogenen Analyse nur bedingt kommensurabel sind.

Erklärung des Phänomens Erkenntnis im Modus der Beschreibung nicht zielführend ist, da die Beschreibung den grundlegenden Faktor Bezugnahme uneinholbar außer sich hat). Logisch notwendige Bedingung für Differenzierung ist andererseits die unilaterale Bezugnahme, anders gesagt die Einnahme eines (gegenüber dem Unterschiedenen) *externen Standpunkts.*[39]

6.1.3. Die Auffassung von Erkenntnis als Subjekt-Objekt-*Beziehung,* die zur Auffassung von Wissen als Repräsentation und zur Vorstellung von Wahrheit im Sinne von Übereinstimmung führt, wird der Immanenz der realen Erkenntnissituation nicht gerecht und sie schließt zugleich aus, die unilaterale Bezugnahme als elementare Bedingung analytisch überhaupt in den Blick zu bekommen. Der Grundfehler liegt darin, die *Beziehung* zwischen Inhalt und Gegenstand der Erkenntnis auf die Ebene der Subjekt-Objekt-Beziehung zu übertragen. Denn die *Erkenntnisbeziehung* ist in Wahrheit eine *unilaterale Bezugnahme* (im konkreten Setting der Erkenntnissituation). Das bedeutet, dass jede Form von Erkenntnistätigkeit grundsätzlich den Charakter der Exploration hat. Repräsentation ist eine bloß abgeleitete, sekundäre, fluide Funktion.

Die (unilaterale) Bezugnahme (im Wege der Reflexion) ist übrigens ihrerseits auch die notwendige Voraussetzung für die Konzeption von Erkenntnis als Subjekt-Objekt-Beziehung und aus der Sicht dieser Erkenntnisauffassung als Voraussetzung daher prinzipiell nicht einholbar.

6.1.4. *Das menschliche Selbstbewusstsein* (die Selbstwahrnehmung als Objekt im Rahmen der Welt und zugleich, im Wege der Selbsterhaltung und der Erkenntnistätigkeit, als ihr Gegenüber) ist die

---

39 Das betrifft auch die Messung als kognitive Grundoperation der Physik. Anders als bei der begrifflichen (deskriptiven) Differenzierung ist die Messung jedoch kein Selbstzweck, sondern dient dem Ziel der Feststellung von effektiven Relationen, die als solche unabhängig von der Bezugnahme sind. Durch die Dimensionslosigkeit der physikalischen Gleichungen wird zudem nicht nur die Beliebigkeit und Heterogenität der Maßstäbe eliminiert, sondern mittelbar auch der Faktor Bezugnahme (Stichwort: Immanenz der physikalischen Ebene).

manifeste Form des (externen) Standpunkts der Bezugnahme, und so die Bedingung der Auffassung der Bezugnahme *als eine Subjekt-Objekt-Beziehung*.[40]

Bezugnahme auf elementarer Ebene ist nicht an Selbstbewusstsein im menschlichen Sinne gebunden; (die Genese von) Selbstbewusstsein ist aber die Bedingung für bewusste Bezugnahme und bewusste Differenzierung (und zwar gleichermaßen in phylogenetischer wie in ontogenetischer Hinsicht). Es ist außerdem die logische Bedingung dafür, anderes überhaupt als unabhängig (von sich) wahrnehmen zu können.

6.1.5. Im Falle des menschlichen Selbstbewusstseins sind Inhalt und Gegenstand zwar formal identisch, aber es taugt aus zwei Gründen nicht als Anhaltspunkt der Analyse des Phänomens Erkenntnis: Zum einen umfasst die betreffende Gewissheit nur den performativen Aspekt der Selbst-Identifikation, nicht den inhaltlichen, denn sie involviert vorweg Unterscheidungen, die nicht vom formalen (affirmativen) Akt der Selbst-Identifikation mit umfasst sind (d.h. sie umfasst nicht ihre eigene Bedingung). Zum anderen ist der primäre Horizont der Unterscheidung und Selbst-Identifikation, wie sich zeigen wird, derjenige der menschlichen (sozialen) Interaktion und Kooperation, nicht der umfassende Horizont der Welt (bzw. der Natur). Vielmehr bildet diese Selbst-Identifikation und Selbst-Wahrnehmung erst den Anstoß für den Drang nach objektiver Erkenntnis (im Sinne der Exploration des Gesamthorizonts).

Die Frage der Genese von Selbstbewusstsein wird sich als empirische Frage nur vor einem analytischen Hintergrund sinnvoll stellen lassen, ausgehend von Bezugnahme und Differenzierung als elementare Erkenntnistätigkeiten. Die Genese von unilateraler Bezugnahme und von Selbstbewusstsein sind zwei Stufen einer (phylogenetischen sowohl als ontogenetischen) Entwicklung des Phänomens Erkenntnis,

---

40 Helmuth Plessner hat dafür den Begriff *exzentrische Positionalität* geprägt. Ein einfaches Beispiel dafür ist die Selbstdefinition als Mitglied einer bestimmten Gruppe oder Gemeinschaft, oder generell als Mensch.

die klar zu unterscheiden, und sowohl auf analytischer, als auch auf evolutionärer Ebene in Beziehung zu setzen sind.

6.1.6. Ausgangspunkt jedes erkenntnistheoretischen Ansatzes mit grundlegendem Anspruch muss dabei zwingend die totale Immanenz der physikalischen Ebene sein, und die entsprechende Frage, auf welche Weise unilaterale Bezugnahme und Differenzierung ins Spiel kommen können. An diesem Punkt mündet die logische Analyse der Erkenntnistätigkeit heuristisch in eine empirische Fragestellung (und bildet so, nebenbei bemerkt, selbst ein Exempel für die grundlegende Bedeutung der Heuristik auf allen Ebenen der Erkenntnis, wovon gleich die Rede sein wird).

6.1.7. Der Versuch, das Phänomen Erkenntnis von der Stufe des menschlichen Selbstbewusstseins ausgehend in der Weise der Introspektion und Selbstreflexion (überdies in Verbindung mit dem problematischen Topos der Gewissheit) zu ergründen und zu verstehen, impliziert von sich aus nicht nur jede Menge Voraussetzungen, sondern führt auch kaum über diese hinaus.

6.2. Geht man vom Holismus der Erkenntnissituation und von Differenzierung als notwendige Bedingung und als Basisoperation von Erkenntnis aus, so führt jedenfalls kein Weg an der genetischen Frage der natürlichen Konstitution von unilateraler Bezugnahme als Grundfrage der Erkenntnistheorie vorbei. Dieser transzendental-logische Status der Bezugnahme betrifft auch die erkenntnistheoretische Deutung der Erkenntnisbeziehung *als* eine Subjekt-Objekt-Beziehung (und erweist diese Deutung somit als eindeutig unterkomplex). Bezugnahme ist auf allen Ebenen der möglichen Erkenntnis und der Erkenntnisreflexion ursprünglicher als manifeste Beziehungen.

Die traditionelle Erkenntnistheorie ist sich m.a.W. über ihre eigene Bedingung der Möglichkeit nicht im Klaren, und ist daher auch nicht in der Lage, in ihrem eigenen Rahmen Rechenschaft über ihre eigene Erkenntnistätigkeit abzulegen. Sie greift statt dessen auf subjektive Evidenz als Basis ihrer eigenen Legitimation zurück; eine Art von Rechenschaft, die nicht nur diesen (selbstgesetzten) Rahmen (in Form von Grundannahmen), sondern eben selbstverständlich auch Differenzierung bereits involviert und voraussetzt. Eine Erkenntnistheorie im eigentlichen Sinne kann – abgesehen von rein logischen Überlegungen – nur auf der Ebene der ontisch-ontologischen Reflexion ansetzen, nicht auf der epistemischen Ebene.

6.2.1. Die Deutung der Erkenntnisbeziehung als eine Subjekt-Objekt-Beziehung (auf Basis der Selbstwahrnehmung) verführt zu der Vorstellung der unabhängigen Bestimmtheit der Dinge an sich und hat zur Folge, dass sich die bedingende unilaterale Bezugnahme im Rahmen der Analyse des Phänomens Erkenntnis (als Phänomen) konstant der Aufmerksamkeit und so auch der Analyse entzieht.

Subtrahiert man jedoch die Bezugnahme auf Phänomene (als Bedingung von Differenzierung) von eben diesen Phänomenen (egal welcher Art oder welcher Ebene der Erkenntnis), so verschwinden sie damit als manifeste Phänomene, d.h. es verschwindet damit in Summe jede manifeste Relation, Unterscheidung und Bestimmtheit. Was effektiv (unabhängig von der Bezugnahme) bleibt, ist nur das autonome (blinde) physikalische Geschehen auf der Basis rein effektiver Unterschiede.[41] Dieses Geschehen ist unabhängig vom erkennenden Subjekt; das Umgekehrte ist jedoch nicht der Fall.

6.2.2. Das heuristische Ziel der *Objektivität,* im Sinne von *objektiver Beschreibung,* ist ein Konzept, das sich, ausgehend von der konkreten (subjektiv-manifesten) *Vorstellung* der Dinge, in der Weise der ideellen Subtraktion des Subjekts von der betreffenden Vorstellung auf eben diese bezieht, d.h. diese in einer der manifesten analoge Weise als bestimmte vorstellt. Dem korrespondiert die geläufige Auffassung von Wahrheit als (ihrer Natur nach unerforschliche) Übereinstimmung. Die heuristische Idee der subjektiven Gewissheit ist gewissermaßen

---

41 Zu diesem *blinden Geschehen* gehören auch die funktionalen Zusammenhänge auf biologischer Ebene (etwa auch die Vorgänge im Gehirn). Sie entziehen sich der unmittelbaren Wahrnehmung, sie werden nur mittelbar im Falle ihrer Dysfunktionalität manifest.

das erkenntnistheoretische Surrogat für diese Art von Übereinstimmung.[42]

6.2.3. Die Frage der Gewissheit unseres Wissen als heuristischer Anhaltspunkt der traditionellen Erkenntnistheorie (ver)führt zur logisch-theoretischen Rekonstruktion der Erkenntnistätigkeit im Ausgang vom Produkt dieser Tätigkeit, nicht von der Tätigkeit selbst. Kant nimmt demgegenüber (vermöge seiner Kopernikanischen Wende) erstmals (allerdings auf eher periphäre Weise) die Erkenntnistätigkeit sui generis (als Phänomen) in den Blick, indem er sie zum Prinzip der Einheit der Apperzeption, und damit indirekt zu einem grundlegenden Aspekt der ›natürlichen‹ Konstitution des Subjekts (als einer kontinuierlichen Einheit) in Verbindung setzt. [Kant, 1975a, A117/118].

Es ist Fichte, der, daran anknüpfend, Erkenntnis erstmals grundlegend als Tätigkeit begreift, allerdings im Rahmen des Subjekt-Objekt-Beziehungsschemas; was in weiterer Folge (bei Schelling und Hegel) wiederum zum Anhaltspunkt für den spekulativen Versuch der Überwindung des Subjekt-Objekt-Hiatus durch die Bildung einer theoretischen Brücke zwischen der Konstitution des erkennenden Subjekts und ›der Natur‹ (als Gegenstand der Naturphilosophie) führt, der dann schließlich von der rasanten Entwicklung der Naturwissenschaften überrollt wird, woraufhin die Wissenschaftstheorie wieder zum alten heuristischen Muster der Erkenntnisreflexion zurückkehrt.

Eine andere Linie der Entwicklung, die von diesem Punkt bei Kant ausgeht (allerdings ohne – im Unterschied zum Deutschen Idealismus – den Subjekt-Objekt-Hiatus auf theoretische Weise in Frage zu stellen), führt von Schopenhauers Willensmetaphysik über Nietzsche bis hin zu Heidegger, und auch zum Pragmatismus.

6.2.4. Die Vorstellung von Erkenntnis im Sinne von Repräsentation geht grundsätzlich am Kern der Erkenntnistätigkeit vorbei. Diese ist ihrem Wesen nach nicht Abbildung (Repräsentation), sondern Erschließung (Exploration) von einem Standpunkt innerhalb

---

42 Siehe dazu auch Quines These von der »Unerforschlichkeit der Bezugnahme«. [Quine, 1991, 33].

der umgebenden, unabhängig existierenden Totalität.[43] Die mentale Repräsentation ist ein sekundäres Erkenntnisphänomen im Zusammenspiel mit Sprache als Vehikel der Kommunikation. Als solches Vehikel dient sie der gemeinsamen, vermittelten Bezugnahme. Die Bedeutung von Begriffen besteht in den Regeln ihrer Verwendung, als Regeln der gemeinsamen vermittelten Bezugnahme. Siehe Wittgensteins Diktum »Die Bedeutung eines Wortes ist sein Gebrauch in der Sprache.« [Wittgenstein, 2009, § 43].[44]

Der einzige rein *logische*, und daher intelligible Anhaltspunkt, auf den die Erkenntnistheorie aufbauen kann, ist das Phänomen der Unterscheidung, bzw. der Differenzierung als solches, als rein *formales*. In ihm hängen alle grundlegenden Aspekte des Phänomens Erkenntnis auf intelligible Weise zusammen.

6.3. Differenzierung als Bedingung von Wahrnehmung und Erkenntnis ist nicht als einfache Beziehung denkbar und darstellbar, sondern sie ist logisch nur möglich unter der Bedingung einer unilateralen Bezugnahme auf eine gegebene Mannigfaltigkeit. Und zwar gänzlich unabhängig davon, um welches *Material* es dabei geht (ob um Sinneseindrücke als Ausgangsmaterial oder um Gegenstände oder sonstige Entitäten). Das bedeutet, dass das Prinzip und Verfahren der Differenzierung grundsätzlich uneingeschränkt iterativ und flexibel (nämlich auch – gleichsam in der Gegenrichtung – in der kumulierenden Weise der Abstraktion) auf die Produkte vorgängiger Differenzierungen anwendbar ist. Abstraktion nimmt, ebenso wie die Reflexion, Bezug auf Differenzierungen und setzt Differenzierung daher immer schon als ihre Bedingung voraus. Das heißt, das Produkt der Erkennt-

---

43 Diesen aus konstruktivistischer Sicht naheliegenden Punkt nicht zu würdigen, sondern stattdessen (in kritischer Absicht) von der traditionellen Vorstellung einer unabhängigen Realität im Erkenntnissinn auszugehen, ist aus unserer Sicht der grundlegende Konstruktionsfehler des Konstruktivismus.

44 Im Unterschied dazu ist der dekonstruktive Erkenntnisansatz der Physik gänzlich unabhängig von dieser Art sprachlicher Bezugnahme. Messung als die physikalische Form der Bezugnahme auf Gegenstände und Phänomene ist per se, auf sprachunabhängige Weise, intersubjektiv.

nistätigkeit wird (auf unterschiedliche Weisen) selbst zur Grundlage und zum Ausgangspunkt weiterer Erkenntnistätigkeit.

Das Limit der Differenzierung kann (ebenfalls flexibel) durch ganz unterschiedliche heuristische Ziele (vor-)definiert sein. Abstraktion und Reflexion haben wohl darin ihre Wurzeln. Das führt aber schon zur nächsten These, betreffend die Heuristik.

6.3.1. Die Auffassung der Erkenntnisbeziehung als unilaterale Bezugnahme entspricht vollumfänglich dem Holismus der realen Erkenntnissituation, d.h. der unaufhebbaren Immanenz jedes Standpunkts der Erkenntnis (darauf zielt der Terminus *unilateral*). Sie ist aus dieser Sicht, nämlich der Betrachtung (und Selbst-Wahrnehmung) des Erkennenden als eines Teils der Welt (bzw. der Natur), verstanden als umfassende Totalität der Gegenstände, Beziehungen und Ereignisse, grundsätzlich alternativlos. Und somit insbesondere auch alternativlos als logischer sowohl als natürlicher Ansatzpunkt für jeden naturalistischen Ansatz der Erkenntnistheorie.

Aus der Kenntnisnahme des Holismus der Erkenntnissituation folgt auch, dass das vorhin angesprochene heuristische Konzept und Ziel der *Objektivität*, sinnvoll nur im Sinne von fortschreitender *Objektivierung* im Hinblick auf das umfassende Ganze verstanden werden kann, wozu als ein wesentlicher Schritt, schließlich auch die Selbst-Transzendierung im Rahmen des vorhandenen Wissens über die Welt gehört, die Überschreitung der rein subjektiven, resp. menschlichen Perspektive. Denn nur die Transparenz des Erkenntnisvorgangs kann Objektivität und Gewissheit gewährleisten. Diese erfordert eine Objektivierung des Erkenntnisvorgangs.[45] Der einzige Rahmen (oder besser gesagt Horizont) der dafür in Frage kommt, ist das Weltwissen. Die

---

45 Thomas Nagel spricht diesbezüglich, wie im Titel seines Buches, vom ›View from Nowhere‹, und er schreibt: »The pursuit of objective knowledge requires a much more developed conception of the mind in the world than we now possess: a conception which will explain the possibility of objectivity.« [Nagel, 1986, 78]. Und er bringt den Holismus der realen Erkenntnissituation auf den Punkt, wenn er weiters schreibt: »A theory of reality with pretensions of completeness would have to include a theory of the mind. But this too would be a hypothesis generated by the mind, and would not be self-guaranteeing.« [Ebenda, 85]

angesprochene Objektivierung steckt somit zugleich den Horizont für die Antwort auf die Frage der Gewissheit ab.[46] Unabhängig davon bildet die Objektivierung in der Weise der zunehmenden Einbeziehung der Bedingungen der jeweiligen Phänomene in ihre Beschreibung einen wesentlichen Aspekt der wissenschaftlichen Vorgangsweise.

6.3.2. Die Objektivierung in der angedeuteten Weise als wesentlicher Aspekt und Element von Erkenntnis rückt zwar die Bezugnahme als fundamentalen Akt der Erkenntnistätigkeit in dezidierter Form ins theoretische Blickfeld, kann diesen Akt selbst aber nicht einholen, er entzieht sich (als ihre Bedingung, d.h. aus einem rein formalen Grund) der Objektivierung. Thomas Nagel schreibt diesbezüglich: »The aim of objectivity would be to reach a conception of the world, including oneself, which involved one's own point of view not essentially, but only instrumentally, so to speak: so that the form of our understanding would be specific to ourselves, but its content would not be.« [Nagel, 1986, 74].

Als Weg zu einer Erklärung des Phänomens Bezugnahme (als Bedingung von Erkenntnis) stößt die objektivierende Vorgangsweise daher an eine klare Grenze. Bezugnahme als dasjenige elementare Phänomen, das jedem einzelnen Schritt der Objektivierung und Differenzierung iterativ (auch in der Selbst-Reflexion) immer schon zugrunde liegt, lässt sich nicht in der Weise der Objektivierung ergründen oder erklären. Ebenso wenig wie sich das Phänomen Differenzierung im Ausgang von bestimmten, bereits vorweggenommenen Differenzierungen ergründen lässt, und seien es auch bestimmte physikalische Entitäten oder beobachtete Vorgänge. Beide Phänomene, Bezugnahme und Differenzierung, sind auf der Ebene, bzw. im Modus der Beschreibung und der Reflexion unhintergehbar. Bezugnahme kann nicht in Beziehung aufgelöst werden. Es bleibt stets ein unaufgelöster Rest, ohne dessen Auflösung es kein Weiterkommen in der Erkenntnistheorie gibt.

---

46 Auch die Unterscheidung von Geist (oder Bewusstsein) und Materie ist ein Resultat von Selbst-Transzendierung und repräsentiert (nicht anders, als z.B. auch der Animismus) einen bestimmten (nicht notwendig unumstrittenen) Wissensstand über die Welt. Das Verhältnis des Einzelnen zum umfassenden Ganzen ist ein zentrales Motiv und Beweggrund des menschlichen Denkens.

Als gangbare Möglichkeit der Überschreitung dieser Grenze bietet sich nur der Versuch einer De- und Rekonstruktion der Genese von Bezugnahme an, ausgehend von einer geeigneten Basis, nämlich der Physik als Grundlagenwissenschaft. Voraussetzung dafür wird aber eine sorgfältige Analyse des dekonstruktiven (dezidiert non-deskriptiven) Erkenntniskonzepts der Physik sein, unter den Gesichtspunkten der spezifischen Form ihrer Bezugnahme auf die Gegenstände und der entsprechenden Art ihrer Differenzierung (der Messung) und, entscheidend, ihrer mathematischen (rein beziehungstechnischen) Heuristik.

6.4. Die unilaterale Bezugnahme bildet so etwas wie den *archimedischen Punkt* der Analyse von Erkenntnis, in dem die rein logische Erkenntnisanalyse mit konkreten ontischen Phänomenen und ihrer ontologischen Analyse vor dem Hintergrund der Physik als Grundlagenwissenschaft (als möglicher Schlüssel für deren analytische Erklärung) zusammenhängt. Denn sie ist zum einen eine logische Bedingung von Differenzierung und zum anderen ein manifestes konkretes Phänomen mit einem breiten Spektrum unterschiedlicher Erscheinungsformen. Und sie ist dabei weder als logische Bedingung, noch als Phänomen an vorgängige Kategorisierungen gebunden: Weder an eine vorgängige Auffassung von Erkenntnis, noch an daraus abgeleitete Annahmen über den Erkenntnisvorgang, noch an etwaige bestimmte Vorstellungen von Bewusstsein etc.

Und sie ist wesentlich ein ontisches Phänomen, das losgelöst von der Vorstellung des *menschlichen Bewusstseins* auf verschiedensten Ebenen der evolutionären Entwicklung anzutreffen ist, und sich auch auf der menschlichen Ebene in unterschiedlichen Formen und Ausprägungen manifestiert, von denen die heuristische Zielsetzung objektiver Erkenntnis nur eine ist. Und als ontisches Phänomen bietet es des Weiteren – in concreto gleichermaßen wie in abstracto – auch einen Anhaltspunkt für seine ontologische Analyse in Kontradistinktion zu den Phänomenen auf rein physikalischer Ebene, und somit einen analytischen Ansatzpunkt für die Konkretisierung der Frage seines möglichen Ursprungs auf physikalischer Basis.

6.5. Einen anderen wesentlichen Aspekt in diesem Zusammenhang

bildet der Umstand, dass das Konzept der *unilateralen Bezugnahme* –
im Gegensatz zur Auffassung von Erkenntnis als *Beziehung* – nicht an
die ontologische Annahme der *unabhängigen* (autonomen) Bestimmtheit der Dinge (*an sich*) gebunden ist, die für das gängige Verständnis
von Erkenntnis und Wissen (die Heuristik der *objektiven Beschreibung*)
grundlegend ist. Diese ist somit *epistemo-logisch* entbehrlich. Das eröffnet überhaupt erst die Möglichkeit einer affirmativen Kenntnisnahme
der dekonstruktiven *physikalischen Sicht der Dinge*, respektive der diesbezüglichen ontologischen Schlussfolgerungen. Carlo Rovelli schreibt
in diesem Zusammenhang: »Sämtliche Eigenschaften (Variable) eines
Objekts sind letztlich solche in Bezug auf andere Objekte. Ein isoliertes
Objekt hat für sich genommen, unabhängig von jeder Wechselwirkung,
keinen besonderen Zustand. Wir können ihm höchstens eine Art pro-
babilistische Disposition zuschreiben, auf die eine oder die andere Art
in Erscheinung zu treten. ... Die Schlussfolgerung ist radikal: Sie sprengt
den Gedanken, dass die Welt aus einer Substanz bestehen müsse, die
Attribute hat, und zwingt uns, alles mit Blick auf Relativa zu denken.«
[Rovelli, 2021, 130]. Und zwar effektive Relativa.

Während die Deutung der Erkenntnissituation als eine *Beziehung*
per se eine Substantivierung ihrer Relata impliziert, ist die *unilaterale
Bezugnahme* im holistischen Rahmen nicht an ontologische Prämis-
sen gekoppelt. Sie ist vielmehr ihrerseits ein ontisches, sowohl als – in
Kontradistinktion zur physikalischen Ebene – ein ontologisches Phänomen (das seinen Grund in der physischen Konstitution des *Subjekts*
haben muss), und sie ist zugleich die logische Bedingung von Differenzierung, und damit auch von Erkenntnis in allen ihren Facetten.

6.6. So wie Differenzierung die *transzendental-logische* Bedingung
der Möglichkeit von Erkenntnis bildet, so bildet die unilaterale Bezugnahme in weiterer logischer Konsequenz die *onto-logische* Bedingung
der Möglichkeit von Differenzierung, und insofern eine weitere *transzendentale Bedingung* von Erkenntnis im Kantischen Sinn. Unilaterale Bezugnahme (von einem – gegenüber den betreffenden Gegenständen – transzendenten Standpunkt) ist allgemein die Bedingung

von Differenzierung, und Differenzierung ist ihrerseits die Bedingung für konkrete Bezugnahme. Beide bedingen einander also wechselseitig, dazwischen existiert allerdings noch eine logische Lücke.

These 7. Wie soeben angesprochen, besteht zwischen den beiden bereits erwähnten Bedingungen der Möglichkeit von Erkenntnis, der Differenzierung (als *transzendental-logische* Bedingung) und der unilateralen Bezugnahme (als *ontische/onto-logische* Bedingung), eine logische Lücke, nämlich die Frage nach der Provenienz der Kriterien der Differenzierung. Es geht dabei also um die dritte transzendental-logische Bedingung von Erkenntnis, das fehlende, *trans-logische* Bindeglied zwischen Bezugnahme und Differenzierung: die Heuristik.

Unilaterale Bezugnahme, Heuristik und Differenzierung bilden zusammen die logisch notwendigen und hinreichenden Bedingungen der Möglichkeit für die Gewinnung von Erkenntnis. Im Unterschied zu Kants transzendentalen Bedingungen der Möglichkeit von Erkenntnis beinhalten sie keinerlei inhaltliche Elemente, sondern sind als solche Bedingungen rein formaler, logisch abgeleiteter Natur.

7.1. Die Frage nach der Provenienz der Kriterien der Differenzierung weist über die rein logische Analyse hinaus auf die natürlichen Grundlagen der unilateralen Bezugnahme, d.h. auf die Frage nach ihrem möglichen gemeinsamen (natürlichen) Ursprung in der physischen Konstitution des *erkennenden Subjekts*.[47] In eben diesem Sinne handelt es sich um eine trans-logische Bedingung von Erkenntnis, die von selbst zur Frage der Genese von unilateraler Bezugnahme (auf physikalischer Grundlage) und im weiteren Verlauf zur Frage der Genese von Selbstbewusstsein (im Zuge der Evolution) hinführt. Im

---

47 Wobei daran zu erinnern ist, dass der Terminus *Subjekt* in diesem Fall sehr weit aufzufassen ist, insofern die beiden bisher spezifizierten Bedingungen der Möglichkeit von Erkenntnis in keiner Weise an menschliches Bewusstsein, resp. Selbstbewusstsein gebunden sind, und eine naturalistische Erkenntnistheorie prinzipiell nicht ohne den Gedanken, bzw. Aspekt der Evolution auskommen kann. Die Existenz von Wahrnehmungsorganen, gleich welcher Art, ohne die simultane Existenz einer Heuristik ist ein lebender Widerspruch.

gegenwärtigen Kontext der logischen De- und Rekonstruktion der Erkenntnistätigkeit geht es jedoch ausschließlich um eine analytische Bestandsaufnahme der verschiedenen Arten der unilateralen Bezugnahme auf die Gegenstände und ihrer unterschiedlichen Heuristik, auch wenn es dabei um trans-logische Faktoren (wie Dependenz oder Kooperation) geht. Sie können und sollen in diesem Rahmen nur kursorisch behandelt werden.

7.2. Zwei Arten der unilateralen Bezugnahme, die unmittelbar vertraut sind und elementaren Charakter haben, sind die beiden Formen des Verzehrs von Nahrung und des praktischen Umgangs mit den Dingen. Beide sind verbunden mit spezifischen, *körper- bzw. egozentrischen* Kriterien der Unterscheidung. Im Falle des Verzehrs von Nahrung sind sie weitgehend vorgegeben von der physischen (resp. physiologischen) Konstitution, den körperlichen Bedürfnissen, als Bedingungen der Selbsterhaltung. Diese bilden das Fundament der diesbezüglichen Heuristik.[48] Im Falle des praktischen Umgangs mit den Dingen sind sie verbunden mit *praktischen Zielen* und deren zweckmäßiger Umsetzung. Die Rede ist hier von der *pragmatischen Alltagserkenntnis* mit ihren heuristisch maßgebenden Kriterien des Gebrauchs bzw. des Nutzens der Gegenstände. Es handelt sich in beiden genannten Fällen um eine Art der Bezugnahme auf Gegenstände, deren heuristisch maßgebliche Kriterien der Unterscheidung wiederum eindeutig dem *Subjekt* zuzurechnen sind.[49]

---

48 Die Kriterien der Differenzierung in Betreff der Nahrung sind die einzigen, die dem *erkennenden Subjekt* tatsächlich inhärent, d.h. *angeboren* sind. Diese Kriterien sind damit zugleich unmittelbar ihr eigener definitiver Maßstab der *Übereinstimmung*: Sie *bewahrheiten* sich im Anwendungsfall mehr oder minder ohne Umschweife.

49 Zu denken ist hier natürlich an Heideggers Terminus der *Zuhandenheit* oder an Russells *Knowledge by acquaintance*. Auf einer noch tieferen *(unmittelbareren)* Ebene liegt das sog. *körperliche Wissen (embodied knowledge)*. Dieses ist aber im Grunde ein *Nebenprodukt* der heuristischen Zielgerichtetheit im Wege der Interaktion auf der physischen Ebene der effektiven Relationen. Die physische (körperliche) Konstitution ist grundsätzlich die Bedingung der Möglichkeit jeglicher Erfahrung. Die *unmittelbare Erfahrung* ist daher primär (gesamthaft) körperlicher, nicht bloß (objekt-bezogen) wahrnehmender Natur.

7.3. Charakteristisch für das, was wir im Allgemeinen unter Erkenntnis im eigentlichen Sinn verstehen, ist hingegen eine grundsätzlich andere Art der heuristischen Bezugnahme, die differenzierend *in objektiver Weise* an den *Gegenständen* per se Maß nimmt. Gleichwohl im holistischen Rahmen, basierend auf dem *Material* der Sinneseindrücke, das durch die (jeweils angelegten) Kriterien ja niemals definitiv *ausgeschöpft* wird.

Das Verfahren der Differenzierung ist, wie bereits gesagt, grundsätzlich iterativ und flexibel anwendbar. Dem korrespondiert eine gewisse logische Beliebigkeit der Kriterien. Insofern spielen neben den logisch möglichen Kriterien der Differenzierung auch Relevanzkriterien bzw. -fragen, und damit in Verbindung Abstraktion und Reflexion als Erkenntnistätigkeiten, eine maßgebliche Rolle.[50] Die Bezugspunkte der Reflexion sind dabei vorwiegend holistischer Natur: Fragen der Einteilung, bzw. der Einordnung, und systematischer Zusammenhänge. Ein fundamentaler Aspekt der Iterativität besteht ferner darin, dass der holistische Rahmen der Differenzierung maßgeblich von dem im Einzelfall bereits vorhandenen (in der Regel sprachlich normierten) Vor-Wissen gebildet wird, nach dem Grundsatz (frei nach Goethe): Man sieht nur, was man weiß.

Diese Art der Differenzierung und gegenstandsbezogen objektiven Beschreibung, respektive Klassifikation und Reflexion, entspricht dem Erkenntniskonzept der klassischen Metaphysik (die darauf auch ihre spekulativen Schlussfolgerungen aufbaut) und den verschiedenen deskriptiven Wissenschaften.

7.3.1. Die Sprache ist aus dieser Sicht nichts anderes, als ein Vehikel der gemeinsamen vermittelten Bezugnahme auf Gegenstände auf der Basis von, in begrifflicher (gebündelter) Form, fixierten Kriterien der Differenzierung (im Dienste der Interaktion und Kooperation). »Die

---

50 Ein Beispiel dafür ist die taxonomische Vorgangsweise in der Biologie, d.h. der Differenzierung in der reflektiven Weise der Entwicklung vernünftiger Kriterien der Differenzierung im Hinblick auf das Ziel einer verbindlichen Nomenklatur (als Vehikel einer einheitlich normierten Bezugnahme).

Bedeutung eines Wortes ist sein Gebrauch in der Sprache.« [Wittgenstein, 2009, § 43].

Die nur scheinbar selbstidentische Bedeutung von Begriffen (ein Schein, der dadurch entsteht, dass Differenzierung die Bedingung der Möglichkeit der konkreten Bezugnahme auf Gegenstände bildet ... der Zusammenhang mit der Metaphysik) ist in Wahrheit fraktaler Natur und Dimension. Jeder Begriff weist über sich hinaus auf eine Ganzheit, die iterativ im Wege der Differenzierung begrifflich erschlossen wird. Er ist bestimmt im Spektrum eines mehr oder minder vorgegebenen (oder erlernten) Begriffsumfeldes, und ist eben deshalb auf unterschiedliche (integrale, iterative oder explorative) Weisen rational anschlussfähig. Solche Weisen sind z.B. die Zählung, die syllogistische und die formale Logik, die kausale-empirische Exploration (im Hinblick auf das Verhalten oder die Funktion der zugeordneten Entitäten), und auch die Dialektik.[51] Auch die elementaren Begriffe der Erkenntnistheorie bilden diesbezüglich keine Ausnahme.

7.4. Von gänzlich anderer Art, als die (meist sprachbasiert vermittelte) Form der Bezugnahme auf die Gegenstände in der Weise der unmittelbar (sinnlich, qualitativ) gegenstandsbezogenen Differenzierung, ist (auch in puncto rationaler Anschlussfähigkeit) die Form der Bezugnahme auf die Gegenstände in der Weise der Messung. Die Differenzierung nimmt in diesem Falle Bezug auf einen einheitlichen, *externen* (und sprachunabhängigen) Maßstab als ›objektives‹ Medium der Bezugnahme. Durch diese Mediatisierung der Bezugnahme, des externen Standpunkts (der für jede Form von manifester Bestimmtheit oder Relation konstitutiv ist), wird der resultierende Inhalt zu

---

51 In diesem holistischen Rahmen der unilateralen Bezugnahme und Differenzierung, verliert auch die Logik ihren transzendenten Anstrich, und die logischen Wahrheitsbedingungen: Kongruenz, Konsistenz und Kohärenz (als formale Bedingungen von Argumentation und Begründung) erhalten einen Status als rationale Prinzipien (im Dienste des Zieles von Klarheit als übergeordnetes Erkenntnisziel, notabene: von Erkenntnis im Sinne von Erschließung, nicht von Repräsentation), und folglich deutlich abgegrenzt von der Auffassung ihres Status als vorgegebene Gesetze, – hinter die deshalb die Dialektik aus guten Gründen auch zurückgehen kann.

einem (auf zeit- und ortsungebundene Weise) eindeutigen Ergebnis, das standpunkt-unabhängig nachvollziehbar und überprüfbar ist.[52] Die rationale Anschlussfähigkeit der Ergebnisse beschränkt sich mehr oder minder auf exakte Komparation und Korrelation.

Die Messung ist im Falle der Physik allerdings nicht Selbstzweck (es geht nicht um die jeweiligen Abmessungen),[53] sondern sie steht vielmehr im Dienste der De- und Rekonstruktion des dynamischen Verhaltens der Gegenstände im Wege der Quantifikation und der Herstellung exakter quantitativer (streng allgemeiner) Korrelationen zwischen den maßgeblichen physikalischen Parametern in Form von mathematischen Gleichungen. Die Physik unterscheidet sich also sowohl in ihrer Art der Bezugnahme auf die Gegenstände und ihrer Art der Differenzierung, als auch in ihrer (mathematischen) Heuristik grundlegend von anderen Erkenntnisformen.

7.5. Zu bedenken ist allerdings, dass die erwähnten unterschiedlichen Arten der heuristischen Bezugnahme in der Praxis und in unserem Alltagswissen nicht nur simultan, sondern auch in vielfältiger Weise durchmischt vorkommen, und die Grenzen teilweise fließend sind. So wie das pragmatische Denken alle anderen Arten von Erkenntnis durchdringt, und sich damit auch selbst mit diesen vermischt, so dominiert generell die (scheinbare) unmittelbare Gegenstandsbezogenheit in Form der Vorstellung von der Wahrnehmung als passiver Rezeption unser Denken und unsere Vorstellungsweise, selbst wenn es um die Physik geht. Deshalb werden die Ergebnisse der physikalischen Forschung, ungeachtet ihrer mathematischen Formulierung, in unserem Denken gewöhnlich in deskriptiv fundierte Kategorien *gekleidet* (Kausalität und Substanz), und finden in dieser Form auch Eingang in das Allgemeinwissen. Und so wird im Falle der

---

52 Es handelt sich sowohl bei der Sprache, als auch bei der Messung um eine mediatisierte Form der Bezugnahme auf die Gegenstände. Das Ausmaß der Normierbarkeit ist in den beiden Fällen aber ebenso verschieden wie die rationalen Anschlussmöglichkeiten.

53 Kurz gesagt: Es geht nicht um das Eigengewicht eines Gegenstandes, sondern vielmehr um sein Spezifisches Gewicht.

Mikrophysik aus der *Dekonstruktion* (der dynamischen Phänomene) meist unreflektiert eine schlichte *Dekomposition* (in einzelne theoretische Entitäten, nach dem Muster von unabhängigen Gegenständen).

7.6. Klar ist jedenfalls, dass ein adäquates Verständnis der (dekonstruktiven, mathematischen) Heuristik der Physik als Grundlagenwissenschaft eine *conditio sine qua non* für jeden Versuch einer naturalistischen *Erklärung* des Phänomens Erkenntnis bildet, und zwar im Sinne seiner De- und Rekonstruktion auf naturwissenschaftlicher Basis (nicht im Sinne einer *Reduktion* auf beobachtete Vorgänge). Das setzt aber, wie klar geworden sein sollte, seinerseits ein adäquates logisch-analytisches Verständnis der realen Erkenntnistätigkeit voraus.

Die skizzierte logische De- und Rekonstruktion des Phänomens Erkenntnis (ausgehend vom Holismus der realen Erkenntnissituation als Grundlage) bildet, wie sich zeigen wird, den angemessenen Rahmen für ein adäquates epistemologisches Verständnis der Physik als Wissenschaft. Dieses verändert sich dadurch auf grundlegende Weise. Beinahe überflüssig zu erwähnen, dass diese Aufgabe zugleich den eigentlichen Maßstab der Angemessenheit der Erkenntnistheorie bildet, so etwas wie ein *experimentum crucis* für die Erkenntnistheorie.

Fazit und Ausblick

1) Die Kenntnisnahme des Holismus der realen Erkenntnissituation, die gleichbedeutend ist mit der Kenntnisnahme der grundsätzlichen Immanenz des Erkenntnisstandpunkts, entzieht der Vorstellung objektiver Erkenntnis die Grundlage und mit ihr der Vorstellung und Norm der Gewissheit im strengen Sinn ihre Funktion als vernünftiger heuristischer Maßstab der Erkenntnisreflexion. Objektivität im strengen Sinn ist ein Unsinn, und mit ihr die Norm der Gewissheit.

2) Dadurch rückt die Kernfrage jeder Erkenntnistheorie, die Frage der Quelle (Provenienz) des (empirischen) Inhalts der Erkenntnis selbst ins Zentrum. Dieser Inhalt wird traditioneller Weise (unter Voraussetzung der fingierten Annahme der Bestimmtheit der Dinge

an sich) den passiven Sinneseindrücken zugeordnet. Auch die betreffende Annahme ändert aber nichts an dem Umstand, dass die Sinneseindrücke, als Segment der physikalischen Interaktion zwischen dem Subjekt und seiner Umwelt, per se undifferenziert sind. Das Scheitern der genannten Zuordnung bildet den Anknüpfungspunkt für die logische Analyse der Erkenntnistätigkeit, ihre De- und Rekonstruktion.

3) Zentraler Punkt der logischen Analyse der Erkenntnistätigkeit, ausgehend von der Betrachtung der Sinneseindrücke als Material der Erkenntnis, ist der logische Umstand, dass definitive Bestimmtheit (ebenso wie Referenzierung) nicht denkbar ist ohne Unterscheidung. Das heißt, die unmittelbaren Eindrücke sind nicht selbst die Quelle des Inhalts der Erkenntnis, sondern ihre Differenzierung (im jeweils gegebenen Rahmen). Sie sind die physikalische Schnittstelle, nicht die inhaltliche.

4) Zwei wichtige Punkte am Rande (deren Bedeutung sich erst später erweisen wird) bestehen in diesem Zusammenhang zum einen darin, dass die Differenzierung als Grundoperation im Wahrnehmungsvorgang nicht an ontologische Annahmen, im speziellen nicht an die Annahme der unabhängigen Bestimmtheit der Dinge an sich (die Substanzontologie), gebunden ist; sie ist ontologisch indifferent. Und zum anderen darin, dass Differenzierung als logischer Vorgang per se nicht an Annahmen über das Subjekt, insbesondere nicht an die Vorstellung des menschlichen (Selbst-)Bewusstseins gebunden ist.

5) Differenzierung bildet, wie gesagt, die Grundlage von Erkenntnis. Sie ist die notwendige Bedingung für jeden Akt der konkreten Bezugnahme. Gleichzeitig ist aber auch klar, dass der Akt der unilateralen Bezugnahme (der Terminus *unilateral* verweist auf den Holismus der Erkenntnissituation) die logisch notwendige Bedingung für Differenzierung ist. Und als dritte notwendige Bedingung ergibt sich schließlich die Verfügung über Kriterien der Differenzierung, die Heuristik.

Daraus ergibt sich die rein formale logische Feststellung von drei notwendigen *(transzendentalen)* Bedingungen der Möglichkeit der

Gewinnung von Erkenntnis aus Sinnesdaten, nämlich: Distinktion und Differenzierung der unmittelbaren Eindrücke (als rein *logische* Bedingung von Erkenntnis), unilaterale Bezugnahme (als *onto*-logische Bedingung von Distinktion und Differenzierung) und die Verfügung über Kriterien der Distinktion und Differenzierung, die Heuristik (als *trans*-logische Bedingung).

Darin zeigt sich, dass die Kenntnisnahme des Holismus der realen Erkenntnissituation nicht nur die *Bedingung* für ein adäquates Verständnis des Phänomens Erkenntnis ist, sondern auch der *Schlüssel* zu seinem prinzipiellen Verständnis.

6) Ein zentraler Punkt des Ergebnisses dieser Analyse ist die Einsicht in die zentrale Stellung und grundlegende Bedeutung der Heuristik im Erkenntnisprozess (als inhaltlicher Schnittpunkt zwischen Input und Output). In ihrem logischen Zusammenhang bilden die genannten drei Bedingungen, bzw. Elemente, eine alternative, nicht an die Grundannahmen der traditionellen Erkenntnistheorie gebundene Grundlage für die differenzierte Analyse der Erkenntnistätigkeit, auch diejenige der Physik.

7) Diese unterscheidet sich sowohl durch ihre Art der Bezugnahme auf die Gegenstände, als auch durch ihre dekonstruktive Heuristik grundlegend von allen anderen Arten von Erkenntnis. Die differenzierte Analyse der Methode der Physik als Wissenschaft bildet zugleich ihrerseits einen Test für die Angemessenheit des Ergebnisses der vorangegangenen rein logischen Analyse als Grundlage für die Rekonstruktion der realen Erkenntnistätigkeit.

8) Besondere Bedeutung kommt der Analyse der Methode der Physik vor allem durch ihre Stellung als Grundlagenwissenschaft zu. Denn das klare Verständnis ihrer dekonstruktiven Heuristik bildet die notwendige Voraussetzung für das Verständnis der originären ontologischen Relevanz ihrer Forschungsergebnisse. Deren Bedeutung reicht weit über die Physik selbst hinaus.

9) So wie die Analyse der Methode der Physik als Wissenschaft einen Test der Angemessenheit für das Resultat der logischen Analyse

der realen Erkenntnistätigkeit darstellt, so stellt umgekehrt das angemessene epistemologische Verständnis der Physik als Grundlagenwissenschaft die notwendige Voraussetzung für die weitere Aufgabe der Erklärung (resp. De- und Rekonstruktion) des Phänomens Erkenntnis (als natürliches Phänomen) in naturwissenschaftlichem Rahmen dar, also für die Aufgabe einer *Naturalisierung* der Erkenntnistheorie. Die logische De- und Rekonstruktion der realen Erkenntnistätigkeit bietet dafür ihrerseits den Anknüpfungspunkt für diese Aufgabe (in Gestalt der Frage der möglichen Genese von unilateraler Bezugnahme und Heuristik). Sie betrifft in dieser Hinsicht das Explanandum wie das Explanans gleichermaßen.

10) Das Ziel und den Test der Angemessenheit der solcherart naturalisierten Erkenntnistheorie bildet selbstverständlich die analytische Rekonstruktion des Phänomens Erkenntnis in allen seinen Formen und Facetten (inklusive seiner normativen Aspekte), auf dieser Grundlage. Das beinhaltet selbstverständlich auch die geläufige heuristische Idee von Erkenntnis.

Den Bezugspunkt dieser analytischen Rekonstruktion bildet naturgemäß die evolutionäre Entwicklung, und schließlich auf menschlicher Ebene die Notwendigkeit der Kooperation zum Zweck der Selbsterhaltung, die zu vermittelter differenzierender Bezugnahme (Sprache) und zur Selbstwahrnehmung als Objekt im Kontext der eigenen Umgebung und letztlich des Gesamtzusammenhangs führt.

Teil 3: Die Wissenschaftstheorie der Physik = Fünf (weitere) Thesen (8-12) zur Erkenntnistheorie, betreffend die Applikation der Ergebnisse der logischen Rekonstruktion der realen Erkenntnistätigkeit auf die Physik als Wissenschaft

> »Wenn ihr von den theoretischen Physikern etwas lernen wollt
> über die von ihnen benutzten Methoden, so schlage ich euch vor,
> am Grundsatz festzuhalten: Höret nicht auf ihre Worte, sondern
> haltet euch an ihre Taten!«
>
> (A. Einstein)

Abstract:

Die Physik als Wissenschaft unterscheidet sich in vielerlei Hinsichten von allen anderen Wissenschaften. Allen voran in der zentralen Rolle der Messung und der Mathematik, sowie in ihrer Erkenntnissicherheit, ihrer Prognosefähigkeit und der beständigen Art ihres Erkenntnisfortschritts. Den Kern, in dem alle diese Facetten auf intelligible Weise zusammenhängen, bildet die dekonstruktive Heuristik der Physik.

Das (Miss-)Verständnis der Physik als Wissenschaft in deskriptivem Sinne, das tief in den (scheinbar alternativlosen) Grundannahmen der traditionellen Erkenntnistheorie verankert ist, spiegelt das epistemologische Paradigma der geläufigen Wissenschaftstheorie wider und bildet den Grund ihres Scheiterns an dem Ziel, zu einem angemessenen epistemologischen Verständnis der Physik, das all diesen Facetten in ihrem systematischen Zusammenhang gerecht wird, zu gelangen. Denn die angesprochenen Grundannahmen, vor allem die Vorstellung von der Erkenntnisbeziehung als einer linearen Subjekt-Objekt-Beziehung und die Annahme der unabhängigen Bestimmtheit der Dinge an sich, lassen im Grunde keine andere als eine deskriptive Erkenntnisauffassung zu, ebenso keinen anderen heuristischen Maßstab, als den der Gewissheit. Dekonstruktion ist in diesem Szenario nur als Dekomposition zu verstehen.

Der dekonstruktive Erkenntnisansatz der Physik ist hingegen nur angemessen verstehbar im Kontext des Holismus der realen Erkenntnissituation (und dem korrespondierenden Verständnis der ›Erkenntnisbeziehung‹ als ›unilaterale Bezugnahme‹), die ihrerseits Gewissheit als Maßstab von vornherein ausschließt. Die in Teil 2 vorgetragene logische Analyse der Erkenntnistätigkeit nimmt eben darauf Bezug. Sie bildet die Grundlage der folgenden Explikation der Erkenntnistätigkeit der Physik, die damit zugleich ihrerseits einen Test der Angemessenheit der Ergebnisse dieser logischen Analyse der Erkenntnistätigkeit darstellen wird.

These 8. Was die Physik ganz generell von der Metaphysik ebenso wie von den meisten anderen Wissenschaften unterscheidet, ist ihr ausschließlicher Fokus auf die dynamischen Phänomene, von dem sich ihre gesamte, dekonstruktive Vorgangsweise ableitet. So z.B. im Falle der klassischen Mechanik, ihr Fokus nicht auf die Gegenstände, sondern auf das *Verhalten* der Gegenstände.

Damit in Verbindung unterscheidet sich auch der methodische Erkenntnisansatz der Physik in grundlegender Weise von allen anderen Erkenntnisformen – nämlich im Hinblick auf alle drei oben genannten transzendentalen Bedingungen von Erkenntnis: unilaterale Bezugnahme, Differenzierung und Heuristik. 1) In der Art ihrer Bezugnahme auf die Gegenstände und Phänomene. Diese erfolgt nicht unmittelbar (qualitativ) differenzierend, sondern mittelbar, im Wege der Messung. 2) Die betreffende, spezifische Art der Differenzierung hat den Charakter und Zweck der (durchgängigen) Quantifizierung auf der Basis grundlegender physikalischer Konzepte (Basisgrößen), und damit unter Absehung von eben jenen qualitativen Unterschieden, die für die beschreibende Differenzierung der Gegenstände wesentlich sind. 3) Die Quantifizierung ist im Unterschied zur Beschreibung nicht heuristischer Selbstzweck, sondern sie dient ausschließlich dem Ziel der Dekonstruktion der dynamischen Phänomene im Wege der mathematischen Heuristik der Physik, d.h. der Herstellung exakter und streng allgemeiner Korrelationen zwischen den betreffenden (experimentell ermittelten) gegenständlichen und dynamischen (raum-zeitlichen) Parametern.

Die mathematische Heuristik bildet den Kern der Methode der Physik als Wissenschaft und damit zugleich ihr normatives Element, den Ankerpunkt der Begründung physikalischer Theorien. Sie ist der Schlüssel zu einem adäquaten Verständnis der Methode der Physik, und zugleich derjenige Erkenntnisfaktor, der sie von allen anderen Wissenschaften grundlegend unterscheidet. Den inhaltlichen Kern der physikalischen Heuristik aber bilden die quantitativ (als unabhängige Parameter) definierten physikalischen Konzepte als Vehikel der mathematischen De- und Rekonstruktion der dynamischen Phänomene.[54]

8.1. Der Grund des Primats der Erkenntnistheorie, respektive der Wissenschaftstheorie, gegenüber der Physik ist, wie wir in These 1 festgestellt haben, dass die Physik ein Produkt von Erkenntnistätigkeit ist. Der Umstand, dass die traditionelle Erkenntnistheorie aber vorschnell (ohne sachlich angemessene analytische Grundlage) die Frage der Gewissheit stellt, und dabei wie selbstverständlich auf die geläufige heuristische Idee von Erkenntnis im Sinne von objektiver Beschreibung Bezug nimmt, führt in der Konsequenz dazu, dass die grundlegende Rolle der Heuristik als bestimmender Erkenntnisfaktor ausgeblendet wird, d.h. in der Erkenntnisreflexion nicht mehr vor-

---

54 Wobei sich diese Unabhängigkeit der physikalischen Parameter im Laufe der Entwicklung der Physik in zunehmendem Maße als Illusion herausstellt (was seinerseits eine grundlegende Einsicht mit ontologischer Dimension darstellt).

kommt. Das betrifft in besonderem Maße die dekonstruktive, mathematische Heuristik der Physik.

Diese Ausblendung manifestiert sich in der gedanklichen Translation bzw. Konvertierung der dekonstruktiven in eine deskriptive Heuristik, mit der mathematischen Ausdrucksweise als einem bloßen Akzidens. Diese Translation bildet eine Quelle zahlreicher Probleme (allen voran das sog. Induktionsproblem) und tiefgreifender Missverständnisse, denn Deskription und Dekonstruktion sind heuristisch sowohl als praktisch vollkommen unterschiedliche Erkenntnisbestrebungen; was jedoch nicht ausschließt, dass die Resultate der Dekonstruktion ihrerseits (mit Einschränkungen) auf deskriptive (vorstellungsnahe) Weise interpretiert und dargestellt werden können. Paradigmatisch dafür ist die Interpretation physikalischer Gesetze (in der originären mathematischen Gestalt von Größengleichungen) als Resultate von induktiven Schlussfolgerungen in propositionaler Form (obgleich in mathematischer Ausdrucksweise),[55] sowie, im Hinblick auf die theoretischen Entitäten der Mikrophysik, die Interpretation der phänomenbezogenen Dekonstruktion im Sinne einer gegenstandsbezogen beschreibenden Dekomposition (was im Grunde einer ontologischen Depotenzierung der Physik als Grundlagenwissenschaft gleichkommt).

Dennoch ist es das Verdienst der Wissenschaftstheorie – im Vergleich zum hochgradig virtuellen Diskurs der traditionellen Erkenntnistheorie – dass ihre Fokussierung auf die Vorgangsweise der Physik und deren markante Erkenntnissicherheit (in Gestalt ihrer Prognosefähigkeit und der Beständigkeit ihres Erkenntnisfortschritts) zu einer konstruktiven und fruchtbringenden epistemologischen Auseinandersetzung führt, die indirekt und unintendiert die Schranken der traditionellen Erkenntnistheorie vor Augen führt.

---

55 Siehe Popper: »Wissenschaftliche Theorien sind allgemeine Sätze.« [Popper, 1976, 31]. Ähnlich Quine: »Es sind Gelegenheitssätze, die die Beobachtungen wiedergeben, auf denen die Wissenschaft beruht. Die Resultate der Wissenschaft haben ebenfalls Satzform: Es sind – hoffentlich – wahre Sätze, Wahrheiten über die Natur.« [Quine, 1991, 34]

8.1.1. Die historische Entwicklung der Wissenschaftstheorie (vom Logischen Empirismus bis zu Kuhns Paradigmatheorie) lässt sich nicht anders, denn als die Geschichte eines sukzessiven und in Summe geradezu plakativen Scheiterns der ursprünglichen Idee und Intention charakterisieren, die Physik (ihre Theoriebildung, oder wenn schon nicht diese selbst, dann doch ihre markante Erkenntnissicherheit) direkt oder indirekt (Stichwort: Falsifikation) auf die zentrale Rolle der empirischen Beobachtung zu gründen. Gerade in dem umfassenden *Scheitern* dieser Ideen, d.h. in dem demonstrativen Scheitern der Versuche, die wesentlichen und markanten Facetten der Physik als Wissenschaft aus epistemologischem Blickwinkel mit den Mitteln der traditionellen Erkenntnistheorie angemessen zu verstehen, liegt letztlich das bleibende Verdienst der Wissenschaftstheorie.

Thomas Kuhn fasst die epistemologische Quintessenz der Entwicklung der Wissenschaftstheorie folgendermaßen zusammen: »Sind Theorien einfach menschliche Interpretationen gegebener Daten? Der erkenntnistheoretische Standpunkt, der die westliche Philosophie während dreier Jahrhunderte so oft geleitet hat, verlangt ein sofortiges und eindeutiges Ja! In Ermangelung einer ausgereiften Alternative halte ich es für unmöglich, diesen Standpunkt völlig aufzugeben. Und doch, er fungiert nicht mehr wirksam, und die Versuche, ihn durch die Einführung einer neutralen Beobachtungssprache wieder dazu zu bringen, erscheinen mir hoffnungslos.« [Kuhn, 2017, 137f.]

8.1.2. Die anschließende Entwicklung der Wissenschaftstheorie lässt sich charakterisieren als Abkehr von der eigentlichen epistemologischen Reflexion bei gleichzeitigem Festhalten an der metaphysischen Grundannahme der Erkenntnistheorie (die *Realismus-Debatte*), an der deskriptiven Heuristik in Bezug auf das Verständnis der Physik (das *No-Miracles-Argument* im Kontext der Realismus-Debatte) und an der eigenen Heuristik der traditionellen Erkenntnistheorie (der *Bayesianismus*). Es ist wohl in diesem Zusammenhang, dass Erhard Scheibe schreibt: »Since the middle of the century the remaining epistemological problems [of physics] have fallen into the hands of specialized philosophers of science. What they did with these problems, and whatever else moved philosophy of science in general, has left physicists for the most part indifferent.« [Scheibe, 2001, 71]

8.2. Der Kern des deskriptiven Missverständnisses der Physik als Wissenschaft besteht in der Auffassung der physikalischen Konzepte als Begriffe. Als *Begriffe* sind *Ruhe* und *Bewegung* zur Gänze durch ihre Unterscheidung, also wechselseitig mit Bezug aufeinander definiert. Sie sind demnach nicht aufeinander reduzierbar. Von beiden Begriffen wiederum unterschieden ist der Begriff der *Geschwindigkeit* (in der qualitativen Form von Schnelligkeit oder Langsamkeit) zur differenzierenden Beschreibung von Bewegungen. Die Physik dagegen betrachtet *Ruhe* als bloßen Sonderfall von *Bewegung*, d.h. sie *dekonstruiert* die beiden *Begriffe* (und auch den der Geschwindigkeit), indem sie sie durch das rein quantitativ (auf einer Skala von 0 bis ∞) definierte *Konzept* Geschwindigkeit *substituiert*, als einheitliche Basis der Differenzierung der Bewegungsphänomene (mit Ruhe als Grenzfall). Wobei im Dienste der Dekonstruktion auch Axiome zur Anwendung kommen.

Auf die gleiche Weise der *Substitution* macht sie z.B. auch den metaphysisch nur durch seinen Gegensatz zum Begriff *Relation* bestimmten *Begriff der Substanz* durch das quantitativ definierte *Konzept Masse* (als dessen leidliches Synonym) relational differenziert fassbar.

8.2.1. Ob ein Gegenstand unter einen *Begriff* fällt (oder ob bestimmten Begriffen überhaupt Gegenstände entsprechen) ist eine Frage der Übereinstimmung mit den betreffenden Kriterien und erfordert unter Umständen Expertenwissen. Diese qualitativen Kriterien der Unterscheidung bilden auch die Grundlage für die mögliche Formulierung von Urteilen mit Allgemeingültigkeitsanspruch (von der Art 'Alle Schwäne sind weiß').

Die *physikalischen Konzepte* hingegen beziehen sich nicht in der deskriptiven Weise der Anwendung von Kriterien der Unterscheidung (auf der Basis von Sprachkenntnis oder Expertenwissen) auf die Gegenstände, sondern dienen im Gegenteil dazu, alle Gegenstände, ungeachtet ihrer spezifischen qualitativen Eigenschaften, über einen gemeinsamen Leisten zu schlagen.[56] Und zwar im Hinblick auf das heuristische Ziel einer (mathematischen) Analyse ihres Verhaltens unter allgemeinen, gegenstandsübergreifenden Gesichtspunkten.

Man kann die Vorgangsweise der *klassischen Mechanik* aus gegenstandsbezogen beschreibender Sicht als *Abstraktion* auffassen, aber das geht am Kern der Vorgangsweise vorbei. Dieser besteht vielmehr in der unterschiedslosen Betrachtung der Gegenstände als reine *Körper*, die (auf positive Weise) *definiert* sind durch die physikalischen Konzepte (Masse, Ausdehnung, etc.). Das impliziert den thetischen Anspruch auf universale Subsumierbarkeit aller denkbaren Gegenstände (unabhängig davon, ob sie jemals als Gegenstand der empirischen Erfahrung in Erscheinung treten) und bildet so die Basis für den universalen Geltungsanspruch der darauf aufbauenden Erkenntnisse, d.h. der physikalischen Gesetze im Sinne effektiver Relationen in Gestalt von Größengleichungen.[57] Das heißt, die mathematische Größengleichung (die Korrelation quantitativ definierter physikalischer Konzepte) ist der manifeste Ausdruck effektiver physikalischer Relationen. In eben diesem Sinne gelten die betreffenden Variablen als physikalische Parameter.

8.2.2. Die Physik schlägt den umgekehrten Weg ein, gegenüber der begrifflichen Alltagserkenntnis und der Metaphysik. Sie transzendiert nicht das Einzelne auf eine spezifische (begriffliche) Allgemeinheit hin, sondern sie substituiert alles Einzelne durch universelle, quantitativ definierte Konzepte (und knüpft damit an die vor-aristotelische Denktradition der sog. Vorsokratiker an).[58]

Im Gegenzug begnügt sie sich hinsichtlich der Erklärung des Ver-

---

56 So schreibt I. Bernard Cohen über das Konzept *Masse*: »The *Principia* opens with a set of ›Definitions‹, of which the first is ›mass‹, a new concept formally introduced into physics by Newton and a fundamental concept of all physical science ever since. In the actual statement of the definition, Newton does not use the word ›mass‹. Rather, he states what he means by the then-current expression ›quantity of matter‹ (›quantitas materiae‹).« [Cohen, 2002, 58]

57 Man könnte diesen thetischen Aspekt, um den Unterschied zur Abstraktion zu betonen, auch als *Blanko-Verallgemeinerung* bezeichnen. Die quantitative Definition ist überdies auch nicht durch Abstraktion zu gewinnen.

58 Siehe dazu Carlo Rovelli: Die Geburt der Wissenschaft [Rovelli, 2019]

haltens der Gegenstände nicht mit dem allgemeinen (opaken) Konzept der Kausalität, sondern sie ›individuiert‹ dieses Verhalten, bzw. allgemein die dynamischen Phänomene, indem sie sie mathematisch auslotet. Sie löst das opake, deskriptiv fundierte Konzept der Kausalität damit in transparente Relationen auf. Genau in dieser mathematischen Heuristik besteht der springende (innovative) Punkt der dekonstruktiven Vorgangsweise der Physik (der sie auch grundlegend von derjenigen der Vorsokratiker unterscheidet).[59]

8.2.3. Das heißt, der ideelle Ausgangspunkt dieser Vorgangsweise ist nicht die Abstraktion, sondern die präsumptive (thetische) *Substitution* der mannigfaltigen Gegenstände durch universelle Konzepte in (eingeschränktem) heuristischem Kontext, nämlich dem Ziel der Erklärung des Verhaltens der Gegenstände. Und zwar – das ist der entscheidende Punkt, ohne den die gesamte Vorgangsweise unverständlich bleibt –, auf rein mathematischem Wege, d.h. durch den experimentellen Nachweis der Fungierung dieser Konzepte als physikalisch wirksame Basisgrößen (in Bezug auf das betreffende Verhalten) in Form einer Größengleichung. Deren universeller Geltungsanspruch beruht einzig auf der präsumptiven Substitution der Gegenstände durch die quantitativ definierten physikalischen Konzepte, die wiederum ihrerseits eben darin zum Ausdruck kommt, dass die Gegenstände ausschließlich in Form der Messergebnisse Eingang in die physikalische Theorie finden. So wie die Substitution als methodische Vorgangsweise nicht ohne die mathematische Heuristik verstehbar ist, so umgekehrt auch diese nicht ohne die Idee und Maßnahme der Substitution. Die Rede von *Abstraktion* macht hingegen nur Sinn im Kontext einer beschreibenden Heuristik, von der in der Physik nicht die Rede sein kann.

8.2.4. *Präsumptiv* ist diese Substitution deshalb, weil sie an die mathematische Heuristik und den Erfolg des experimentellen Nachweises gebunden ist und bleibt. Zugleich bildet sie (und nicht ein Induk-

---

59 Die – im heuristischen Kurzschluss als Fundament der Erkenntnisvorstellung verankerte – gegenstandsbezogene Betrachtungsweise und ihre Deutungsschemata sind das exakte Gegenteil der physikalischen Heuristik.

tionsschluss) die Grundlage für den universellen Geltungsanspruch der betreffenden Gleichungen.

Der Schritt der Verallgemeinerung geht konzeptuell der Differenzierung (durch die Messung) voraus. Der Vorgang der Messung selbst unterscheidet sich nicht, ob es um die Bestimmung des Gewichts als Beschreibung eines Gegenstandes geht, oder um Quantifizierung im Sinne der Physik. Es ist einzig die Heuristik, die den Unterschied macht. Der Gegenstand ist im Falle der Physik beliebig, das Ergebnis der Messung ist wichtiger als der Gegenstand (dieser ist aus dem Blickwinkel der Quantifizierung eine bloße Instanz des allgemeinen Konzepts *Masse*).

8.2.5. Der physikalischen Vorgangsweise eignet daher von Anfang an ein elementarer *thetischer* (kontra-deskriptiver) Grundzug, der den Grund der stringenten heuristischen Anwendbarkeit mathematischer Methoden bildet, die Physik zugleich aber (via seinen Konnex zum Experiment) von der reinen Mathematik unterscheidet. Seine Bedeutung erschließt sich nur in seinem heuristischen Zusammenhang mit dem Ziel der mathematischen Analyse (sprich: der De- und Rekonstruktion) der dynamischen Phänomene auf der Basis der quantitativ (durch Basisgrößen) definierten physikalischen Konzepte. Diese sind die tragenden Säulen der Physik (resp. ihrer mathematischen Heuristik). Der Dualität von Gegenstand und Begriff entspricht hier die Dualität von Konzept und Instanz (die metaphysisch zweifelsfrei ist).

Man kann in dieser Hinsicht etwas überspitzt sagen, die Physik abstrahiert nicht und sie induziert auch nicht, sondern sie postuliert. Der Rest ist Experiment und Mathematik. Die Physik *reduziert* die reale, bunte Mannigfaltigkeit der Gegenstände nicht abstrakt auf ihre Konzepte, sondern sie *substituiert* sie in jeweils beschränktem heuristischem Kontext durch ihre Konzepte. Auch die Vorgangsweise der klassischen Mechanik hat in diesem Sinne (ideell sowohl als experimentell) also den Charakter einer methodisch kontrollierten *Intervention*. Deskription und Dekonstruktion sind zwei grundsätzlich verschiedene, miteinander inkommensurable Erkenntniszugänge, die ohne Widerspruch koexistieren können. Sie beziehen sich in unterschiedlicher Weise auf die phänomenale Welt.[60]

8.2.6. Man kann das Verständnis der physikalischen Konzepte im Sinne von Begriffen auch als *metaphysisches Missverständnis* der Physik bezeichnen. Denn während Begriffe (als Bündel von multiplen qualitativen Differenzierungen) gleichermaßen der Bezugnahme und der Beschreibung (als heuristisches Ziel) dienen (woran die Metaphysik in ihrer Weise der Ordnung und der Spekulation teilhat und anknüpft), dienen die (quantitativ definierten) physikalischen Konzepte mittelbar (via Quantifizierung) der De- und Rekonstruktion der dynamischen Phänomene im Wege der daran anknüpfenden mathematischen Heuristik. Diese De- und Rekonstruktion entspricht einer Erklärung des betreffenden Verhaltens der Gegenstände auf zugleich allgemeinst mögliche und exakte Weise.

Begünstigt wird das metaphysische Missverständnis durch den Umstand, dass die physikalischen Konzepte der klassischen Mechanik (wie Masse und Ausdehnung oder Volumen) ohne Umschweife in beschreibendem Sinne als Begriffe für *individuelle Eigenschaften* der Gegenstände (neben anderen) aufgefasst werden können. Darüber hinaus neigen wir generell dazu, Erkenntnis und Wissen von der Seite der Objekte aus zu interpretieren und zu verstehen. Wohl weil wir uns selbst aktiv als Teil der so strukturierten Welt wahrnehmen.

Das bedeutet in Summe, der Unterschied zwischen der Physik und der Metaphysik liegt nicht auf der Ebene der (vermeintlich durch den Faktor Beobachtung verbürgten) Erkenntnissicherheit, sondern auf einer viel grundlegenderen Ebene, der Heuristik. Unabhängig davon gilt die Erkenntnissicherheit zurecht als herausragendes Merkmal der Physik, die allerdings auf einer ganz anderen Grundlage als der unmittelbaren Beobachtung ruht, nämlich auf der Messung als ihre

---

60 Im Unterschied zum deskriptiven Erkenntniszugang, bei dem die thetische Komponente (die Behauptung) den Schlusspunkt einer Erkenntnistätigkeit bildet, bildet sie beim dekonstruktiven Erkenntniszugang die analytische Grundlage und den Ausgangspunkt der Erkenntnistätigkeit. Darauf gründet der hypothetische Status der Theorie.

spezifische Form der mittelbaren Bezugnahme auf die Gegenstände und Phänomene und deren Rolle als grundlegender Beweisfaktor der Theorie.

8.3. Der hypothetische Status physikalischer Theorien ist durch seine Rückbindung an die thetische Vorgangsweise (in Kombination mit der mittelbaren Form der Bezugnahme auf die Gegenstände in der Weise der Messung) ein methodisch kontrollierter Status. Er korrespondiert dem thetischen (und daher grundsätzlich nach rationalen Kriterien begründet revidierbaren) Anspruch auf universelle Gültigkeit; er ist nicht dem Ungenügen des Induktionsschlusses geschuldet und hat daher nichts mit dem erkenntnistheoretischen Topos des grundsätzlichen Mangels an Gewissheit unserer Erkenntnis (nach Maßgabe der Erkenntnistheorie!) zu tun.[61] Die thetische Vorgangsweise ist nicht nach dem deskriptiven Schema wahr/falsch zu beurteilen, sondern sie dient in erschließender Funktion der (mathematischen) Analyse der Phänomene und ihre Elemente (Konzepte oder Axiome) können im weiteren Verlauf Bestand haben oder auch nicht.[62] Es sind die betreffenden Konzepte und Axiome selbst, die im empirischen Experiment mittelbar auf dem Prüfstand stehen. Die Revision von Postulaten oder Axiomen ist ein wesentlicher Grundzug des kontinuierlichen Erkenntnisfortschritts der Physik. Dabei bildet

---

61 Der heuristische Maßstab der Gewissheit (in Betreff wissenschaftlicher Erkenntnisse), und zwar (wie nicht anders denkbar) nach Maßgabe der jeweiligen Erkenntnistheorie, die selbst aber eben dessen entbehrt, was sie als Maßstab an anderes Wissen anlegt, ist in Anbetracht des Holismus der realen Erkenntnissituation eine petitio principii und mündet daher letztlich in einen fruchtlosen virtuellen Diskurs. Das Einzige, was die Erkenntnistheorie sinnvoll anstreben kann, ist Klarheit (im Sinne von Hegels Diktum >Das Wahre ist das Ganze<). Denn wenn von einem hypothetischen Status unseres Wissens zu sprechen ist, dann schließt dieser jedenfalls die Erkenntnistheorie vollumfänglich mit ein und das Kriterium der Gewissheit als Maßstab unseres Wissens damit aus Vernunftgründen grundsätzlich aus. Die epistemologische Vorgangsweise der Physik zeichnet sich demgegenüber gerade durch ihren kontrollierten Umgang mit dem Holismus der Erkenntnissituation aus.

62 Es ist in Bezug auf physikalische Konzepte und Axiome immer der thetische Aspekt, der in heuristischer Hinsicht überwiegt, selbst wenn empirische Argumente ins Treffen geführt werden.

das jeweilige Axiom selbst die heuristische Bedingung für seine eigene Revision.[63]

Das Maß des Fortschritts der Physik besteht nicht in der ominösen >Annäherung an die Wahrheit< (im Sinne einer >objektiven Beschreibung< der Wirklichkeit), sondern in der schieren Anzahl der auf intelligible Weise auf einheitlicher Basis rekonstruierbaren Phänomene, und der damit verbundenen Klärung ihrer Zusammenhänge.

8.3.1. Die mathematische Heuristik der Physik erlaubt (vermöge ihrer Rückbindung an diese thetische Grundlage) die Formulierung von Gleichungen mit (sowohl *rational begründetem,* als auch prinzipiell *revisionsfähigem*) *universellem Gültigkeitsanspruch,* ohne Widerspruch zu ihrem hypothetischen Status, gleichsam *auf Kredit,* der durch die experimentelle Bestätigung und die exakte Prognosefähigkeit bedient wird. Die Sicherheit, die sie dafür anbieten (bzw. *hinterlegen*) kann, ist folglich die ubiquitäre, kontrollierte (experimentelle) und objektive (weil messende) Überprüfbarkeit (auch in prognostischer Hinsicht), nicht die Zahl der überprüften Fälle.

Ein auf bloße Beobachtung aufbauender Induktionsschluss von der vielzitierten Art >Alle Schwäne sind weiß< spielt nirgends in der Physik eine *theoretisch begründende* Rolle. Deshalb sind physikalische Theorien auch nicht unmittelbar durch einzelne Beobachtungen zu falsifizieren.

Kein Element und Aspekt der Vorgangsweise der Physik lässt sich daher adäquat verstehen, ohne die Beachtung des fundamentalen

---

63 Auf diesen Aspekt weist aus anderem Blickwinkel auch Erhard Scheibe in seinem Aufsatz mit dem Titel »Coherence and Contingency. Two Neglected Aspects of Theory Succession« hin. Er betrachtet dabei »the development of science as being characterized by an *increase of both coherence and contingency.*« [Scheibe, 2001, 232]. Der Kern dieser These ist die Beobachtung, »that there is an unidirectional shift of the borderline between what is still assumed to be a timeless structure and what is already recognized as being capable of change. ... More generally, the frequent concomitant of the replacement of one theory by another one is the emergence of a new contingency in the sense that some part of the old theory ... for the first time is recognized and explicitly admitted to have genuine *alternatives,* not only in the sense of possible change, but also in the more general sense of logical alternatives.« [Ebenda, 237f.]

funktionalen Unterschieds zwischen deskriptiven Begriffen und physikalischen Konzepten.

8.4. Es ist das nach wie vor Faszinierende am Logischen Empirismus – und zwar gerade im Scheitern seiner ursprünglichen Intention –, dass er das deskriptive, metaphysische (Miss-) Verständnis der Physik konsequent auf den Punkt bringt, und zwar durch den kompromisslosen Versuch, den Geltungsanspruch physikalischer Theorien erkenntnistheoretisch (unter rein empiristischem Vorzeichen) zu begründen.[64] Und zwar unter dem heuristischen Gesichtspunkt ihrer Erkenntnissicherheit (verstanden im Sinne fundamentaler Unbezweifelbarkeit), die zugleich als das Kriterium ihrer Abgrenzung gegenüber der Metaphysik angesehen wird.

Gerade das Scheitern dieses Versuchs führt schließlich (maßgeblich unter dem Einfluss von Karl Poppers Idee und Maxime der Falsifikation) zum folgenschweren Schritt der Unterscheidung und Entkopplung der so genannten ›Tatsachenfragen‹, d.h. den epistemologischen Fragen im Zusammenhang mit der Theoriebildung (die als Thema aus der Erkenntnislogik ausgeschieden und der ›empirischen Psychologie‹ zugeordnet werden) von den ›Geltungsfragen‹ (als ausschließliches Thema der ›Erkenntnislogik‹, bezogen auf die Heuristik der Gewissheit) [siehe Popper, 1976, 6]. Popper wirft damit aber, dem unreflektierten Festhalten an der deskriptiven Heuristik geschuldet, die Flinte der Rationalität in puncto Theoriebildung und Geltungsanspruch physikalischer Theorien zu früh und aus den falschen Gründen ins Korn. Ihre Rationalität ist von einer ganz anderen Art als die der Induktion. Denn das dekonstruktive Erkenntniskonzept der Physik unterscheidet sich in allen drei Punkten, sowohl hinsichtlich seiner Weise der Bezugnahme auf die Gegenstände und Phänomene und der Art ihrer Differenzierung, als auch hinsichtlich seiner mathematischen Heuristik grundlegend von jeder kausalen oder anderen Form

---

64 Rudolf Carnaps kleine Schrift mit dem Titel »Physikalische Begriffsbildung« führt dies auf exemplarische Weise vor. [Carnap, 2019]

von Beschreibung. Werfen wir nun einen genaueren Blick auf diese Vorgangsweise.

These 9. *Die De- und Rekonstruktion der dynamischen Phänomene* erfolgt im Falle der klassischen Mechanik im Wege der Quantifizierung der räumlichen und zeitlichen Faktoren des Verhaltens der Gegenstände. *Die Dekonstruktion der Gegenstände* erfolgt dabei im Wege ihrer generellen *Substitution* durch quantitativ definierte physikalische Konzepte im Dienste der De- und Rekonstruktion der dynamischen Phänomene. Sie hat daher eher beiläufigen Charakter, denn sie erfolgt ausschließlich mit Bezug auf diesen heuristischen Kontext (nicht mit Bezug auf ihre sonstigen Eigenschaften).[65]

Die Dekonstruktion der dynamischen Phänomene selbst erfolgt in einem ersten Schritt vermöge der Annahme eines absoluten Raumes und einer absoluten Zeit als Bezugsrahmen der Messung, sowie durch die thetische Annahme bestimmter Axiome (wie etwa dem Trägheitsgesetz).[66]

Diese beiderseitige Quantifizierung bildet die Grundlage und Ausgangsbasis für das Kernelement des physikalischen Erkenntniskonzepts, die mathematische Heuristik, mit dem Ziel der Entdeckung exakter Korrelationen zwischen bestimmten Parametern in Form von Größengleichungen. Eine zentrale Rolle kommt in diesem Kontext der heuristischen Funktion des Experiments zu, aus der Vielzahl der kontingenten Faktoren, die das Verhalten der Gegenstände (unter unterschiedlichen Bedingungen) beeinflussen (können), die (vorweg nach Maßgabe der mathematischen Heuristik vermuteten) universal verhaltensbestimmenden Parameter durch sorgfältige Präparation (ein

---

65 Dieses heuristische Szenario der Dekonstruktion wandelt sich, wie sich zeigen wird, noch einmal grundlegend auf der Ebene der Mikrophysik. Bei der klassischen Mechanik handelt es sich gewissermaßen um eine Dekonstruktion der Objekte ohne entsprechende Rekonstruktion.

66 Die Annahme eines absoluten Raumes und einer absoluten Zeit ist, losgelöst von der ontologischen Frage, ein schlichtes Erfordernis der Messung.

bestimmtes Setting) einer quantitativen Analyse ihres Zusammenhangs zugänglich zu machen.[67]

Charakteristisch für diese Vorgangsweise ist zum einen ihre *Mehrstufigkeit,* die Tatsache, dass die Dekonstruktion (und Rekonstruktion) in mehreren, einzeln nachvollziehbaren und kontrollierbaren (sowie repetierbaren), Schritten erfolgt, und zum anderen die *Durchgängigkeit* des Bezugs auf die mathematische Heuristik in Betreff sämtlicher Schritte.

9.1. Den Ausgangspunkt bildet gewöhnlich eine heuristische Vermutung (die Rolle der Intuition, mit der mathematischen Heuristik im Hinterkopf), die im Wege der Messung (Quantifizierung) unter experimentellen Bedingungen (im Sinne einer sorgfältigen Präparation), einer Prüfung unterzogen (und gegebenenfalls adaptiert) wird, die schließlich im Erfolgsfall zur tentativen Formulierung einer Theorie in Form einer Größengleichung führt, die wiederum im Sinne ihrer Bestätigung experimentellen Prüfungen unterzogen werden kann. Denn maßgeblich ist ausschließlich der nachvollziehbare Erfolg der mathematischen Rekonstruktion der dynamischen Phänomene auf der thetischen Grundlage, mithilfe des Experiments.[68] Dem Experiment kommt in dieser Hinsicht also eine doppelte empirische Mittler-Funktion, als eine Art Scharnier zwischen dem thetischen Ausgangs-

---

67 Norman R. Campbell schreibt dazu: »Measurement is so distinctive of physics because it is almost always the aim of the physicist to find a method of experiment which will enable him to establish a mathematical relation between two measurable concepts.« [Campbell, 1957, 106]. Es ist dieser empirische Aspekt der heuristischen Rolle des Experiments, der in Descartes' Darstellung der Physik als rationale Metaphysik weitgehend fehlt.

68 Es ist wohl das, wovon Newton gesprochen hat, als er seine eigene Vorgangsweise bekannterweise als ›deduction from the phenomena‹ beschrieb, nämlich die *Ableitung* der Theorie vermittels der Substitution der Gegenstände (im Wege der Quantifizierung) in Verbindung mit der mathematischen Heuristik, verstanden im Sinne der Bestätigung einer heuristischen Vermutung mittels der heuristischen Rolle des Experiments (inklusive der Übereinstimmung mit Keplers Berechnungen der Planetenbahnen). Auch Einstein schreibt diesbezüglich klar: »An die Stelle vorwiegend induktiver Methoden der Wissenschaft, wie sie dem jugendlichen Stande der Wissenschaft entsprechen, tritt die tastende Deduktion.« [Einstein, 2019, 160f.]

punkt und der mathematischen Heuristik zu: zunächst heuristisch (im Zuge der Konzeptfindung) und sodann konfirmativ.[69] In der heuristischen Bindung an die thetische Grundlage via die duale Funktion des Experiments besteht der *hypothetische Status* physikalischer Theorien.

9.1.1. In dieser mehrstufigen Vorgangsweise besteht die strikte *Rationalität* der Physik als Wissenschaft. Kein einziger Schritt darin ist rational verständlich ohne Zusammenhang mit der handlungsleitenden mathematischen Heuristik, die den Kern der Physik bildet. Ihre *Intelligibilität* im Hinblick auf die Beziehung zwischen Inhalt und Gegenstand der Erkenntnis wird aber erst sichtbar im Wege der differenzierten Analyse dieser Vorgehensweise im Kontext der Ergebnisse der vorangegangenen logischen Analyse der Erkenntnistätigkeit vor dem Hintergrund des Holismus der Erkenntnissituation (in Teil 2), d.h. der drei transzendentalen Bedingungen von Erkenntnis: unilaterale Bezugnahme, Differenzierung und Heuristik. Wobei es in allen Fällen die Heuristik (das heuristische Ziel) ist, die maßgeblich ist für die Kriterien der Differenzierung und die betreffende Art der Bezugnahme.

9.2. Die physikalische *Erklärung* besteht nicht in der Herstellung und Verallgemeinerung von Kausalzusammenhängen auf der Basis unmittelbarer Beobachtung, sondern in der Formulierung physikalischer Gesetze in ihrer dezidiert mathematischen, nicht-propositiona-

---

69 In diesem Sinne schreibt wiederum Einstein: »Erfahrung bleibt natürlich das einzige Kriterium der Brauchbarkeit einer mathematischen Konstruktion für die Physik. Das eigentlich schöpferische Prinzip liegt aber in der Mathematik.« [Einstein, 2019, 130]. Und an anderer Stelle: »Es scheint, daß die menschliche Vernunft die Formen erst selbständig konstruieren muß, ehe wir sie in den Dingen nachweisen können. Aus Keplers wunderbarem Lebenswerk erkennen wir besonders schön, daß aus bloßer Empirie allein die Erkenntnis nicht erblühen kann, sondern nur aus dem Vergleich von Erdachtem mit dem Beobachteten.« [Ebenda, 168]. Der Verstand geht (im Wege der mathematischen Heuristik auf der Basis von Vermutungen) gewissermaßen in Vorleistung. Die Rolle der heuristischen Vermutung im Kontext der mathematischen Heuristik der Physik kommt auch zum Ausdruck, wenn Richard Feynman mit folgenden Worten zitiert wird: »Feynman used to say that we should never do a calculation without first knowing the result.« [Zitiert nach Rovelli, 2017, 141]

len Form, als Größengleichungen.[70] Deren universaler Geltungsanspruch beruht formal auf der thetischen Grundlage der Substitution der Gegenstände durch die quantitativ definierten physikalischen Konzepte, sowie auf der Gültigkeit der Mathematik und der Bestätigung durch das Experiment.

Der normative Aspekt, der im Terminus *Naturgesetze* enthalten ist, wird erst in der Analyse der ontologischen Dimension der Physik, d.h. des ontologischen Aspekts ihrer Vorgangsweise (in Teil 4) nachvollziehbar werden, der sich logisch (von sich aus) aus dem Aspekt der Dekonstruktion ergibt und erschließt.[71]

9.2.1. Der universale Geltungsanspruch physikalischer Gesetze hat absolut nichts mit einer inhaltsbezogenen induktiven Schlussfolgerung auf Basis der regelmäßigen Beobachtung von Regelmäßigkeiten zu tun. Das *Induktionsproblem* in Bezug auf die Physik ist ein Scheinproblem, das aus dem deskriptiven Missverständnis der Physik als Wissenschaft resultiert.[72]

Die metaphysische Seite dieses Missverständnisses ist die kausale Deutung der physikalischen Gesetze in der Terminologie von Ursache und Wirkung, die unserem Denken in metaphysischen Kategorien, d.h. in der Weise der Zuschreibung, geschuldet ist. Darüber schreibt Bertrand Russell: »The law of gravitation will illustrate what occurs in any advanced science. In the motions of mutually gravitating bodies, there is nothing that can be called a cause, and nothing that can be

---

70 Siehe dazu Thomas Kuhns Darstellung in: »Concepts of Cause in the Development of Physics« [Kuhn, 1977, insbesondere 25-29]

71 Der zentrale Punkt dieser Analyse wird die Einsicht betreffen, dass die dekonstruktive Vorgangsweise der Physik den Gegenständen (sukzessive) ihre scheinbare Autonomie entzieht. Es ist dieser Punkt, der dem normativen Anspruch der Naturgesetze zugrunde liegt und damit auch die Idee des universalen Determinismus rechtfertigt.

72 Das bedeutet nicht, dass dieses Problem nicht in Bezug auf einen großen Teil aller anderen, überwiegend deskriptiven Wissenschaften besteht. Es ist ein Grundproblem der Wissenschaftstheorie, dass sie (im Gefolge der Erkenntnistheorie) heuristisch alle Wissenschaften über einen Kamm schert.

called an effect; there is merely a formula.« [Russell, 1912/13, 13f.].[73] Und Norman R. Campbell schreibt: »The substitution of numerical quantitative laws for merely qualitative laws is an excellent example of the increase in the value of a law due to increase in generality and definiteness.« [Campbell, 1957, 70]. Darin besteht auch der Grund der Prognosefähigkeit der Physik.

9.2.2. Die Physik baut also keineswegs auf die unmittelbaren Sinneseindrücke auf, sondern geht vielmehr von den (epistemologisch wie auch immer vor-konstituierten) Gegenständen der gewöhnlichen Alltagserkenntnis aus (und zwar ihrer qualitativen Eigenschaften weitestgehend entkleidet, als bloßen Körpern). Die Messung, bzw. Quantifizierung als epistemische Grundoperation der Physik bezieht sich logischer Weise nicht auf die Sinneseindrücke (diese können daher auch nicht für ihre Erkenntnissicherheit bürgen; sie leisten sozusagen nur Hilfsdienste), sondern auf konkrete Gegenstände (Körper) und ihr dynamisches Verhalten. Die verbreitete Ansicht von den Sinneseindrücken als ultimativem Bezugspunkt der Physik als Wissenschaft ist allein dem Narrativ der traditionellen Erkenntnistheorie und ihrer beschreibenden Heuristik geschuldet.[74]

These 10. Was die Physik in epistemologischer Hinsicht gegenüber allen anderen, beschreibenden, Arten von Erkenntnis am markantesten unterscheidet, ist ihre spezifische Art der *Bezugnahme auf die*

---

73 Der harte Kern der verbreiteten Überzeugung von der Unverzichtbarkeit des Begriffs der Kausalität im physikalischen Kontext besteht in der (der beschreibenden Erkenntnisauffassung geschuldeten) Identifikation von Determinismus mit Kausalität. Dem gegenüber verrät gerade der Aspekt der Zuschreibung noch den atavistischen Ursprung des Begriffs der Kausalität.

74 Ich zitiere erneut Einstein, der (gegen die geläufige Erkenntnistheorie gerichtet) schreibt: »Wenn ihr von den theoretischen Physikern etwas lernen wollt über die von ihnen benutzten Methoden, so schlage ich euch vor, am Grundsatz festzuhalten: Höret nicht auf ihre Worte, sondern haltet euch an ihre Taten!« [Einstein, 2019, 126] Physiker sind keine Erkenntnistheoretiker und bedienen sich selbst daher gewöhnlich (mangels Alternativen) bei der Beschreibung ihrer Tätigkeit der Schemata der geläufigen Erkenntnistheorie. Allerdings nicht selten begleitet von einem weitläufigen Unbehagen.

Gegenstände und Phänomene im Wege der Messung. Die Erkenntnissicherheit der Physik ruht nicht auf der *sinnlichen Gewissheit der empirischen Beobachtung,* sondern ausschließlich auf der *Eindeutigkeit
der Messergebnisse.* Denn Messergebnisse sind zwar für sich genommen von marginalem Erkenntniswert, aber sie sind im Unterschied
zu Sinneseindrücken eindeutig. Die *Differenzierung der Gegenstände*
erfolgt nicht mit Bezug auf die (grundsätzlich subjektiven) qualitativen Sinneseindrücke, sondern ausschließlich mit Bezug auf einen unabhängigen (wenngleich, im Sinne bloßer Konvention, willkürlichen)
und ubiquitär verfügbaren Maßstab.[75] Es ist die eindeutige Nachvollziehbarkeit und ubiquitäre Reproduzierbarkeit der Messergebnisse,
die nicht nur den Grund der Erkenntnissicherheit der Physik bildet,
sondern auch den Grund für die Möglichkeit ubiquitärer und kon-
tinuierlicher Zusammenarbeit (auch über lange Zeiträume hinweg).

10.1. Die *Quantifizierung* unterscheidet sich von der einfachen (sin-
gulär gegenstandsbezogenen) *Messung* durch den Aspekt der gegenstandsübergreifenden (nivellierenden) Generalisierung. Grundlage der
Quantifizierung sind die physikalischen Konzepte (Basisgrößen), die
im Sinne der mathematischen Heuristik der Physik als analytische
Grundlage für die Ergründung der dynamischen Phänomene fungieren. D.h. die *technische Schnittstelle* der Bezugnahme auf die Gegenstände ist die Messung, die *inhaltliche Schnittstelle* sind die angewen-
deten physikalischen Konzepte. Doch ihre theoretische, physikalische
Bedeutung erhält die Quantifizierung erst durch die Herstellung von
exakten Korrelationen, d.h. durch die mathematische Heuristik.

Der Verweis auf die Notwendigkeit der Ablesung der Messergebnisse als vermeintliches Argument für die Sinneseindrücke als ultimative Schnittstelle verfängt übrigens nicht, aufgrund ihrer rein dienst-
baren Rolle. Es ist das Messergebnis, nicht die Ablesung, die in diesem
Falle in begründender Funktion in die Argumentation eingeht. Die

---

75 In dieser Beziehung ändert sich die Situation in der Mikrophysik maßgeblich,
    aber in einer Weise, die erneut nur unter dem Aspekt der Dekonstruktion
    adäquat zu verstehen ist.

traditionelle Erkenntnistheorie bietet keine brauchbare Handhabe zum Verständnis der Physik als Wissenschaft.

10.2. Eine weitere, ebenfalls mit der Messung als ihrer spezifischen Art der Bezugnahme auf die Gegenstände zusammenhängende Besonderheit der Physik als Wissenschaft ist der methodische *Primat der Relationen*. Denn während Relationen im Modus der Beobachtung und der Beschreibung grundsätzlich (epistemisch sowohl als ontologisch) sekundärer Natur gegenüber den Relata (den Substanzen) sind, vergleichbar der Beschreibung einer Linie als Verbindung zwischen zwei Punkten, ist die gemessene Distanz zwischen zwei Punkten grundsätzlich unabhängig von den beiden Punkten. Sie ergibt, ausgehend von einem beliebigen Punkt, vielmehr einen Umkreis. Die nächste Stufe dieser Unabhängigkeit der Relationen von konkreten Bezugspunkten ist die Proportion, das abstrakte Verhältnis unterschiedlicher Abmessungen (Distanzen etc.), losgelöst von den konkreten Abmessungen. Die Quantifizierung der konkreten (kontingenten) Gegenstände und dynamischen Phänomene im Kontext der mathematischen Heuristik der Physik entspricht in methodischer Hinsicht diesen beiden Stufen der Relationierung.

Eine weitere Stufe bildet die Korrelation unterschiedlicher physikalischer Basisgrößen (Parameter). Die Essenz dieser Korrelation ist eine reine (per se dimensionslose) Verhältniszahl, im Idealfall eine physikalische Konstante (resp. Naturkonstante). Es ist dieser Punkt, der die Beliebigkeit der Messeinheiten (Skalen) und die Heterogenität der Basisgrößen eliminiert, und damit auch den Faktor unilaterale Bezugnahme (in Form der Messung) egalisiert, womit die Größengleichung der totalen Immanenz der physikalischen Ebene entspricht.

Diese Vorgangsweise bedeutet im Ergebnis aus Sicht der Beobachtung eine ungeheure Reduktion von Kontingenz (was einer kausalen Deutung entgegenkommt), bildet aber zugleich auch die Grundlage für das Verständnis der enormen Komplexität wechselseitiger Beziehungen im Rahmen dynamischer Konstellationen, die nur eingeschränkt exakt analysierbar sind, und damit der Beschreibung in kausalen Termini von Ursache und Wirkung enge Grenzen setzen (wie schon das sog. Dreikörperproblem zeigt).

10.3. Dieser Primat der Relationen spiegelt auf methodischer Ebene den bereits früher (in These 6) angesprochenen Unterschied zwischen manifesten (von außen beobachteten) und effektiven (unabhängigen, für sich bestehenden) Unterschieden und Relationen wider. Manifeste Unterschiede und ebenso manifeste Relationen involvieren notwendigerweise einen externen Standpunkt, d.h. einen Standpunkt gegenüber dem betreffenden Unterschiedenen, bzw. der betreffenden Relation.

Sie sind aus diesem Grund (gedanklich) hergestellte Relationen. Das gilt auch für kausale Relationen. Sie beziehen sich (in der Weise der Zuschreibung) auf bereits vorgenommene Unterscheidungen, die ihrerseits notwendig einen externen Standpunkt gegenüber dem Unterschiedenen voraussetzen. *Die Unterscheidung ist die Bedingung der Möglichkeit von konkreter Bezugnahme und Wahrnehmung, weshalb wir sie selbst (als Tätigkeit) in der Regel gar nicht bewusst registrieren.*

Subtrahiert man diesen externen Standpunkt der Beobachtung, so bleiben logischer Weise nur effektive Unterschiede und effektive Relationen übrig. Diese sind es, denen die Physik mit ihrer ausschließlichen Orientierung an den dynamischen Phänomenen und ihrer mathematischen Heuristik auf der Spur ist.

Die Vorgangsweise der Dekonstruktion der Gegenstände und Phänomene im Wege der Quantifizierung, d.h. ihrer Substitution durch (quantitativ definierte) physikalische Konzepte, mit dem Ziel der Rekonstruktion der dynamischen Phänomene im Wege der mathematischen Heuristik führt im Erfolgsfall zu einer Größengleichung mit universellem Geltungsanspruch. Diese ist Ausdruck einer effektiven Relation in manifester (abstrakter, mathematischer) Gestalt, die sich im beobachteten (›blinden‹) Verhalten der Gegenstände manifestiert. Sie ist jedoch nicht Ausdruck einer manifesten (unmittelbar beobachtbaren ›kausalen‹) Relation. *Die Gegenstände und Phänomene gelten der Physik in heuristischem Zusammenhang vielmehr als bloße Instanzen der quantitativ definierten (und effektiv wirksamen) Konzepte.*

Die kausale Deutung der Methode der Physik geht demgegenüber – im Gefolge der deskriptiven Auffassung von Erkenntnis – von der (scheinbar) unmittelbaren Beobachtung von manifesten Unterschieden und Relationen (als vermeintlicher Grundlage der Physik) aus und hält daher gedanklich an dem externen, beschreibenden Standpunkt des Beobachters fest, den sie auf die ungenügende Weise der bloßen Abstraktion durch das Attribut ›blind‹ in Bezug auf das manifeste Verhalten der Gegenstände auszublenden versucht. Sie bleibt so der Methode der Zuschreibung verpflichtet, und damit auch dem Primat der Substanz (bzw. der Wahrung ihrer Autonomie), was auch in der Rede von ›kausalen Eigenschaften‹ zum Ausdruck kommt. Die kausale Deutung ist eine natürliche Folge der passiven Erkenntnisauffassung. Im Verhältnis dazu gleicht die physikalische Methode einer Ergründung der effektiven Relationen von innen, und zwar durch die Bezugnahme der mathematischen Heuristik auf die quantitativ definierten Konzepte, nicht unmittelbar auf die Beobachtung.

These 11. Von zentraler Bedeutung für das epistemologische Verständnis des physikalischen Erkenntniskonzepts ist die fundamentale Rolle der quantitativ (als Basisgrößen) definierten physikalischen Konzepte im Dienste der Dekonstruktion der dynamischen Phänomene (soweit es um die klassische Mechanik geht). Sie dienen – im Gegensatz zu qualitativ (als Bündel multipler Kriterien der Differenzierung) definierten Begriffen – nicht der *Beschreibung*, sondern der *Substitution* der Gegenstände im heuristischen Kontext. Es ist *die Substitution der konkreten Gegenstände durch physikalische Konzepte* (die physikalischen Basisgrößen), nicht die bloße Messung als solche, die den Bezugs- und Anknüpfungspunkt der mathematischen Heuristik bildet (und zugleich den zentralen Unterschied zum deskriptiven Erkenntniskonzept der Metaphysik darstellt). Die Messung dient m.a.W. nicht der Beschreibung der Gegenstände, sondern vielmehr ihrer Reduktion auf bloße Instanzen der physikalischen Konzepte im Kontext der mathematischen Heuristik mit dem Ziel der Ergründung ihres dynamischen Verhaltens. Diese nivellierende Art der Differenzierung rückt die grundlegenden physikalischen Konzepte als solche in den Mittelpunkt der Erkenntnistätigkeit. Sie bilden den Bezugspunkt der mathematischen Intuition.[76]

Der experimentelle Nachweis der exakten Korrelation verschiedener Basisgrößen fungiert sodann als epistemischer Nachweis eines *inhärenten, gesetzmäßigen, konditionalen Zusammenhangs* in mathematischer Form, und damit der Relevanz der betreffenden Größen als bedingende Faktoren des Verhaltens der kontingenten Gegenstände. Der Anspruch der Gesetzmäßigkeit bezieht sich m.a.W. ausschließlich auf die mathematische Korrelation, nicht auf beobachtete Regelmäßigkeiten.

11.1. Der Terminus *Substitution* verweist auf die thetische Art der Vorgangsweise der Physik (die keinen Unterschied macht zwischen Äpfeln und Himmelskörpern, indem sie beide als bloße Instanzen ihrer Konzepte behandelt), ohne die der Grundgedanke der *Dekonstruktion* – in strengem Gegensatz zur Deskription – nicht zu begreifen ist; und damit auch nicht die ihr innewohnende ontologische Dimension, die sie als Grundlagenwissenschaft im vollen Sinne auszeichnet.[77] Wohingegen die Deskription per se das epistemologische Gegenstück der Substanzontologie bildet (beide bedingen sich wechselseitig und können daher nicht einseitig aufgegeben werden).

---

76 In diesem Kontext weist übrigens Thomas Kuhn darauf hin, dass die *Exaktheit* der Korrelationen im Verhältnis zwischen Theorie und Anwendung (Experiment) aus verschiedenen Gründen weitgehend pragmatisch zu verstehen ist, und er spricht in diesem Zusammenhang von einem ›reasonable agreement‹ als angemessenes Kriterium. [Siehe dazu Kuhn, 1977, 184f.] Die bloße Exaktheit der Messungen liefert ihrerseits – aufgrund der Menge an unterschiedlichen Einflussfaktoren in Betreff des Verhaltens der Gegenstände – per se keine tragfähige Grundlage für den Schluss auf Gesetzmäßigkeiten.

77 Max Planck spricht diesbezüglich von »die objektive Natur, die hinter allem Erforschlichen steht. ... Manche Philosophen stoßen sich an dem Wörtchen ›hinter‹. ... Darauf ist zu erwidern, dass in den obigen Sätzen das Vorwort ›hinter‹ nicht in äußerlichem, räumlichem Sinn verstanden werden darf. Man könnte statt ›hinter‹ ebenso gut sagen ›in‹. Das metaphysisch Reale steht nicht räumlich hinter dem erfahrungsmäßig Gegebenen, sondern es steckt ebenso gut auch in ihm mitten drin. ›Natur ist weder Kern noch Schale, alles ist sie mit einem Male‹.« [Planck, 2020, 154]

Der ontologische Status der physikalischen Konzepte ist auf der Ebene der klassischen Mechanik allerdings vernebelt durch den Umstand, dass sie die Gegenstände nur im beschränkten Rahmen des heuristischen Ziels der De- und Rekonstruktion ihres dynamischen Verhaltens substituieren, wobei die kontingenten Gegenstände als solche, nicht nur als Anhaltspunkte der Messung, ja weiterhin im Spiel bleiben. Erst auf der Ebene der Mikrophysik tritt die dekonstruktive Heuristik und die tragende Rolle der Konzepte, sowie in Verbindung damit auch ihre selbständige ontologische Relevanz, vollumfänglich in Erscheinung.

11.1.1. Schon Galilei bringt den grundlegenden Gedanken der physikalischen Dekonstruktion (und Rekonstruktion) im Wege der Substitution klar zum Ausdruck, wenn er in seinem ›Assayer‹ – im Zuge einer Reflexion über *real attributes* ›of a material or corporeal substance‹ – schreibt: »I do not believe at all that in addition to shape, number, motion, penetration, and touch there is any other quality in fire which is ›heat‹.« [Galilei, 1960, 309, 312].

Bas van Fraassen's Kommentar zu Galileis Vorgangsweise spiegelt dagegen exemplarisch das angesprochene deskriptive Missverständnis wider: »So the first step in setting up scientific inquiry is to select the ›relevant‹ qualities. ... The paradigm example of this procedure was Galileo's list of primary qualities for physics. Physical description was to proceed solely in terms of these qualities; no others were to be admitted. ... But the discipline was one thing; the ontology preached in Galileo's evangelical mood was another. ... We must distinguish Galileo's requirement as methodological discipline from his insistence that these are the basic parameters of reality.« [Van Fraassen, 2002, 162].

Es ist gerade diese Insistenz, die das Markenzeichen des dekonstruktiven Erkenntniszugangs ist, und diesen vom deskriptiven radikal unterscheidet. Sie wäre bedeutungslos, wenn sie nicht dem Anspruch der De- und Rekonstruktion diente, und muss sich daher durch die Einlösung dieses Anspruchs bewähren; sie ist nicht per se (als deskriptive Aussage) nach dem Schema wahr/falsch zu beurteilen.[78] Das deskriptive Missverständnis führt schließlich auch auf der Ebene der Mikrophysik zum Denken in Gegenstandskategorien (Eigenschaften ...) anstelle von Konzepten in ihrer eigenen Bedeutung.

11.2. Die Substitution der Gegenstände *in heuristischem Kontext* bedeutet, dass die Substitution grundsätzlich *präsumptiver* Art ist. Das trifft grundsätzlich auch auf *die heuristische Rolle von Axiomen oder Postulaten*, wie z.b. die Annahme eines absoluten Raumes und einer absoluten Zeit, als Grundlage der Analyse des Verhaltens der Gegenstände, zu. Sie sind aus dekonstruktiver Sicht heuristische Elemente der Analyse (des Verhaltens der Gegenstände) und der Theorie.

Diese präsumptive, heuristisch-funktionale, thetische Vorgangsweise der Physik ist aus der Sicht der beschreibenden Erkenntnisauffassung hingegen vollkommen fremd und unverständlich. Beide sind inkommensurabel.[79]

Das hängt primär mit der unterschiedlichen Auffassung der Erkenntnissituation zusammen. Denn während die beschreibende Erkenntnisauffassung von der Idee einer linearen Subjekt-Objekt-Beziehung und der Annahme einer unabhängigen Wirklichkeit im Erkenntnissinn ausgeht, ist die Vorgangsweise der Physik vielmehr der Immanenz der Erkenntnissituation angemessen. Der präsumptive Status ihrer Konzepte und Axiome spiegelt aber auch den prinzipiellen *Charakterzug der Dekonstruktion* wider, die per se weder Gewissheit im strengen Sinn, noch einen logischen Endpunkt kennt. Es ist gerade

---

78 Der thetische, dekonstruktive Erkenntnisansatz ist in seinem Wahrheitsanspruch zwar einerseits kompromissloser, aber andererseits auch gemäßigter als der beschreibende, und zwar durch seine funktionale Bindung an den Erfolg der De- und Rekonstruktion.

79 Erhard Scheibe schreibt diesbezüglich in der Einleitung zu seinem Sammelband mit dem Titel »Between Rationalism and Empiricism« vom »embarrassment of the physicist, who feels himself unable to subject his discipline to one of the epistemological positions known from the history of philosophy but rather finds himself somewhere *in between* the philosophical extremes. Einstein has gone so far as to call the physicist an ›unscrupulous opportunist‹ who, depending on the circumstances, appears as a realist or an idealist or a positivist or even a Platonist.« [Scheibe, 2001, 1].

der präsumptive Status der Konzepte und Axiome, der in Verbindung mit der Mehrstufigkeit der Dekonstruktion (Stichwort: Messung und mathematische Heuristik) das epistemologische Markenzeichen der Physik verbürgt, die Kontinuität ihres Erkenntnisfortschritts.[80]

11.3. Aus der Sicht der thetischen, dekonstruktiven Vorgangsweise der Physik ist eben gerade die Revidierbarkeit ihrer Konzepte und Axiome das herausragende Merkmal der Kontinuität des historischen Fortschritts der Physik. Das dekonstruktive Erkenntniskonzept ist nicht auf die Idee einer ›objektiven‹ Wahrheit (aus transzendenter Sicht) festgelegt (und damit auch nicht an sie gebunden). Die betreffenden Theorien kennen nur eine Bindung, nämlich die an die Aufgabe, die jeweils analysierten Phänomene zu rekonstruieren. Das ist ihr ›Maßstab der Wahrheit‹ (ihrer ›Verifikation‹) der aus logischen Gründen niemals ein absoluter sein kann. Denn der dekonstruktive Erkenntnisansatz schließt Gewissheit grundsätzlich aus, und er kennt per se keinen logischen Endpunkt. Schon aus dem Grund, weil er (zumindest im Falle der Physik) immer auf konkrete Phänomene Bezug nimmt, und die Zahl der Phänomene nicht grundsätzlich limitiert ist (bis hin zu den Phänomenen von Bewusstsein und Erkenntnis). Ihr Maß des Fortschritts besteht daher nicht in der mysteriösen *Annäherung an das Ziel einer objektiven Beschreibung der Wirklichkeit,* sondern in der schieren Anzahl der auf intelligible Weise auf einheitlicher Basis rekonstruierbaren Phänomene, und der damit verbundenen Klärung ihrer Zusammenhänge. Der dekonstruktive Erkenntnisansatz der Physik ist gleichsam naturgemäß ein dynamisch selbst-transformativer, der letztlich auf *Einheit als inhärentes Ziel* der Dekonstruktion zustrebt. Ein Ziel, das sich nicht anders, denn als in-

---

80 Thomas Kuhns retrospektive Deutung dieses Erkenntnisfortschritts der Physik (aus beschreibender Sicht) im diskontinuierlichen Sinne von Paradigmenwechseln geht am Kern der Sache, d.h. an der Logik der (fortschreitenden) Dekonstruktion, vorbei. In vergleichbarem Sinne schreibt Max Planck in Bezug auf ›die Richtung des Fortschritts‹ der Physik: »Die Richtung ist offenbar eine beständige Verfeinerung des Weltbildes durch Zurückführung der in ihm enthaltenen realen Elemente auf ein höheres Reales von weniger naiver Beschaffenheit.« [Planck, 2020, 154]

telligible Rekonstruktion der Phänomene und Zusammenhänge auf einer einheitlichen Grundlage definieren lässt.

11.3.1. Die wesentlichen Elemente und Aspekte der dekonstruktiven Vorgangsweise der Physik finden sich auch in Newtons eigenen Bemerkungen zur Methode der *experimentellen Physik* angesprochen. Wobei zu berücksichtigen ist, dass Newton sich selbst in epistemologischer Hinsicht keiner anderen, als der Nomenklatur des Empirismus seiner Zeit bedienen konnte, die vollständig an der Heuristik der objektiven Beschreibung und der kausalen Zuschreibung orientiert ist.

So schreibt Newton in den *Principia*: »Bisher habe ich die Erscheinungen am Himmel und in unseren Meeren mit Hilfe der Kraft der Schwere erklärt, aber eine Ursache für die Schwere habe ich noch nicht angegeben. ... Den Grund für diese Eigenschaften der Schwere konnte ich aber aus den Naturerscheinungen nicht ableiten, und Hypothesen erdichte ich nicht. Nämlich alles, was sich nicht aus den Naturerscheinungen ableiten läßt, muß als *Hypothese* bezeichnet werden, und Hypothesen, gleichgültig ob es metaphysische, physikalische, mechanische oder diejenigen von den verborgenen Eigenschaften sind, haben in der *experimentellen Physik* keinen Platz. In der hier in Rede stehenden Physik leitet man Aussagen aus den Naturerscheinungen her und macht sie durch Induktion zu allgemeinen Aussagen.« [Newton, 1999, 515f.]

Das heißt, der Grund für die Gravitation, für die ›Eigenschaft der Schwere‹, ist nicht konkret, im Sinne einer Ursache, aus den Phänomenen selbst (und auch nicht aus den Dingen) abzuleiten, sondern nur das (mathematisch formulierbare) Prinzip der Gravitation. Die Gravitation ist, anders gesagt, der universelle Grund, nicht die kausale Ursache des Fallens von Gegenständen. Sie ist ein allgemeines Prinzip, das ebenso ein Grund für mehr oder minder stabile Lagebeziehungen wie für deren Veränderungen ist. Es ist nicht sinnvoll, von einem ›kausalen Grund‹ zu sprechen.[81]

---

81 Die Verwendung des Begriffs der Kausalität, bzw. der Ursache, in physikalischem Zusammenhang verrät einen eingeschränkten Gesichtspunkt, wohingegen die neuzeitliche Physik methodisch von allem Anfang an einen radikal universalen Weg einschlägt, jenseits aller metaphysisch gegenstandsbezogenen Kategorien (der den Einsatz der Mathematik überhaupt erst ermöglicht).

Dementsprechend ist es auch ausgeschlossen, dass bei Newton in dem zitierten Absatz mit dem Begriff ›Induktion‹ das gemeint ist, was die philosophische Erkenntnistheorie darunter versteht, nämlich die Verallgemeinerung des Inhalts von Wahrnehmungsurteilen (diesfalls in Betreff der ›Wahrnehmung‹ kausaler Zusammenhänge). Newtons eigene Bemerkungen machen klar, dass weder der deskriptiv fundierte Begriff der Induktion (im genannten Sinne) selbst, noch Kants Lösung des Induktionsproblems durch die Verankerung der Kategorie der Kausalität in unserem Denkvermögen, etwas zur Erhellung von Newtons Vorgangsweise, noch zur rationalen Begründung des Anspruchs der Allgemeingültigkeit seiner Resultate beiträgt.

Im Falle des dekonstruktiven Erkenntniskonzepts der Physik wird der Inhalt der Erkenntnis durch die mathematische Heuristik generiert. Der Anspruch der betreffenden Größengleichung auf Allgemeingültigkeit stützt sich auf die Bestätigung im Experiment (die Messergebnisse), beiden (sowohl der mathematischen Heuristik, als auch dem Experiment) liegt aber ein anderer, davorliegender Schritt zugrunde (der beiden ihren Sinn verleiht), nämlich Newtons »Regel III: Die Qualitäten der Körper, welche weder gesteigert noch gemindert werden können und welche allen Körpern zukommen, an denen man Experimente anstellen kann, muß man für Qualitäten sämtlicher Körper halten.« [Ebenda, 380].[82] Die Verallgemeinerung findet also auf einer anderen als der inhaltsbezogenen Ebene statt und hat daher nicht die Form eines Schlusses, sondern vielmehr einer thetischen Annahme. Nur auf solche, präsumptive Weise (und in Kombination mit der mathematischen Heuristik) ist ein Anspruch auf universale empirische Gültigkeit rational begründbar.

Diese präsumptive Vorgangsweise hat ihre Entsprechung auch in »Regel IV: In der experimentellen Physik muß man die durch Induk-

---

82 Kurz gesagt, wenn man von einem Induktionsschluss sprechen will (etwa vom Verhalten *eines* Apfels auf alle Äpfel und auf Planeten), so ist dieser nicht auf die unmittelbare (stets singuläre) Beobachtung gegründet, sondern er ist *mediatisiert* durch die physikalischen Konzepte und gründet demgemäß auf Messung und Berechnung (insonders was den experimentellen Teil betrifft).

tion aus den Naturerscheinungen erschlossenen Propositionen trotz widersprechender Hypothesen solange entweder für vollkommen oder annähernd wahr halten, bis einem andere Naturerscheinungen begegnet sind, durch welche sie entweder noch genauer werden oder durch welche sie Einschränkungen unterworfen werden.« [Ebenda, 381].

Dem entsprechend ist mit der ›Ableitung aus den Naturerscheinungen‹ offenbar jene mehrstufige Vorgangsweise gemeint, die ausgehend von einer heuristischen Vermutung (einer Intuition, auf Basis von Beobachtungen und Vorwissen) im Falle ihrer Bestätigung durch Messergebnisse vermittels der konformen heuristischen Rolle des Experiments[83] in der empirisch konsolidierten Form einer Theorie ihren (im Grunde stets vorläufigen) Ausdruck findet. *Stets vorläufig* deshalb, weil die eigene Rolle der Theorie in Betreff der Naturerscheinungen grundsätzlich eine heuristische ist und bleibt, mit der mathematischen Heuristik als Kern.[84] Wobei sich die heuristische Rolle der Theorie nicht zuletzt in ihrer Erstreckung auf die Einbeziehung oder Entdeckung neuer Phänomene manifestieren kann, die wiederum zur laufenden Konsolidierung der Theorie beitragen, aber auch zu ihrer Modifikation führen können, selbst was ihre grundlegenden Konzepte betrifft.[85]

---

83 George E. Smith spricht von ›theory mediated measurement‹ [Smith, 2002, 154]

84 George E. Smith schreibt zur mathematischen Heuristik bei Newton: »The mathematical theories of motion of Galilei and Huygens are primarily aimed at predicting and explaining phenomena. The mathematical theories of motion developed in Books 1 and 2 of the *Principia* do not have this aim. Rather, their aim is to provide a basis for specifying experiments and observations by means of which the empirical world can provide answers to questions – this in contrast to conjecturing answers and then testing the implications of these conjectures.« [Smith, 2002, 147]

85 So schreibt William L. Harper: »Newton employs *theory-mediated* measurements to turn data into far more informative evidence than can be achieved by hypothetico-deductive confirmation alone. On this method, deviations from the model developed so far count as new *theory-mediated* phenomena to be exploited as carrying information to aid in developing a more accurate successor. This methodology, guided by its richer ideal of empirical success, supports a conception of scientific progress that does not require construing it as progress toward Laplace's ideal limit of a final theory of everything. ... We shall see that, contrary to a famous quotation from Thomas Kuhn, Newton's method endorses the radical theoretical transformation from his theory to Einstein's.« [Harper, 2014, VI].

Newtons gesamte Vorgangsweise ebenso wie seine eigenen Bemerkungen verweisen eindeutig auf sein heuristisches Verständnis der ›experimentellen Physik‹ als mehrstufige Analyse (De- und Rekonstruktion),[86] die sehr wenig mit dem üblichen Verständnis von *objektiver Beobachtung* (bzw. *Erfahrung*) und *induktiver Schlussfolgerung* zu tun hat. Es ist im Gegenteil die durchgängige heuristische *Theoriebeladenheit der Beobachtung (Messung)*,[87] die das Merkmal der heuristischen (analytischen) Funktion des Experiments und das Geheimnis des fortschreitenden Erfolgs der Physik als Wissenschaft ist. Die einzige Gewissheit, die sie dabei zu bieten hat, ist die Gewissheit der Mathematik und die Eindeutigkeit der Messergebnisse. Wobei genau genommen in Bezug auf die Mathematik von Klarheit anstelle von Gewissheit die Rede sein müsste.

11.3.2. Newton selbst schreibt im Geiste der mathematischen Heuristik: »Wenn man uns sagt, jede Species der Dinge sei mit einer specifischen verborgenen Eigenschaft begabt, durch welche sie wirkt und sichtbare Effecte hervorbringt, so ist damit gar nichts gesagt; wenn man aber aus den Erscheinungen zwei oder drei allgemeine Principien der Bewegung herleitet und dann angiebt, wie aus diesen klaren Principien die Eigenschaften und Wirkungen aller körperlichen Dinge folgen, so würde dies ein grosser Fortschritt in der Naturforschung sein, wenn auch die Ursachen dieser Principien noch nicht entdeckt wären. Deshalb trage ich kein Bedenken, die oben erwähnten Princi-

---

86 So schreibt Newton in seiner *Optik*: »Wie in der Mathematik, so sollte auch in der Naturforschung bei Erforschung schwieriger Dinge die analytische Methode der synthetischen vorausgehen.« [Newton, 1983, 269]. Wobei offensichtlich von der analytischen Dekonstruktion und synthetischen Rekonstruktion der Phänomene die Rede ist.

87 Die These von der ›Theoriebeladenheit der Beobachtung‹ in der üblichen Auffassung als Problem bringt das völlige Missverständnis des physikalischen Erkenntniskonzepts durch die gängige Wissenschaftstheorie in direkter Weise auf den Punkt, denn sie ist das Herz der Methode der Physik. Dieses Missverständnis ist zugleich indirekter Ausdruck des ideellen (heuristischen und theoretischen) Kurzschlusses des Inhalts mit dem Gegenstand der Erkenntnis, der den Kern und zugleich die Quelle aller Probleme der traditionellen Erkenntnistheorie bildet.

pien der Bewegung, welche eine sehr allgemeine Ausdehnung besitzen, aufzustellen und die Entdeckung ihrer Ursachen Anderen anheimzugeben.« [Newton, 1983, 267].

Newtons Insistieren auf der Unterscheidung zwischen *Principien* und *Ursachen* der Bewegung ist ein deutlicher Verweis auf die mathematische Heuristik der Physik, deren Grundlage die physikalischen Konzepte bilden, die aber ihrerseits quantitativ (als unabhängige Parameter) definiert sind. Die mathematische Heuristik kann logischer Weise nur die Prinzipien (oder Gesetze) der Bewegungen formulieren, nicht jedoch die Ursachen. Die physikalischen Konzepte (als mögliche Ursache-Kandidaten) sind (im Falle der klassischen Mechanik) allerdings ihrerseits (unabhängig von unserer Vorstellung) rein quantitativ definiert, d.h. die Anziehungskraft ist nicht per se Teil der Definition des Konzepts Masse. Allerdings manifestiert sich diese indirekt bereits im betreffenden Maßstab, dem Gewicht; nämlich darin, dass die betreffende Messgröße keine absolute (unabhängige) ist, sondern eben von der räumlichen Relation zu anderen Massen bestimmt wird.[88]

Die manifeste Relation in Gestalt der mathematischen Formel der Gravitation manifestiert sich effektiv im blinden Verhalten der Massen, phänomenologisch in Gestalt der Schwere und der Kraft, und mittelbar auch im Maßstab. Die mathematische Formel bringt das in allen diesen Erscheinungsformen wirksame Prinzip zum Ausdruck. Dieses lässt sich nur mit Einschränkungen in Form von Ursache und Wirkung ausdrücken. Die Frage nach Ursachen ist nur in der Weise der Zuschreibung zu beantworten und verweist daher üblicherweise auf die Idee der Autonomie der Substanz. Eine andere Möglichkeit besteht in der Zuschreibung zu einem ontischen Prinzip. Wir werden darauf im nächsten Teil zurückkommen.

11.3.3. Mit Rücksicht auf die (der Epistemo-Logik der De- und Rekonstruktion entsprechende) thetische Vorgangsweise der Physik

---

88 Siehe zu diesem interessanten Thema den historischen Aufsatz ›Newton's concepts of force and mass, with notes on the Laws of Motion‹ von I. Bernard Cohen [Cohen, 2002, 57-84]

ist die Relativitätstheorie in Betreff der Newtonschen Annahme eines absoluten Raumes und einer absoluten Zeit auch keine Widerlegung der Newtonschen Theorie, sondern eine Revision dieser Annahme und eine Verfeinerung der Theorie durch die Einsicht, dass Raum und Zeit keine unabhängigen Parameter sind.[89] Als ›Widerlegung‹ der Theorie kann sie nur (miss)verstanden werden, wenn man diese im beschreibenden Sinne auffasst.

11.4. Die Theorien der Physik sind keine *Sätze* oder *Propositionen*, sondern schlicht mathematische Größengleichungen. Die mathematische Repräsentation ist kein Beiwerk, sondern sie bildet die Essenz der Physik. Aus diesem Grund ist die Bestätigung durch das Experiment auch von der Art der mathematischen Evidenz, nicht von der Art der empirischen oder sinnlichen Gewissheit. Die experimentelle Beobachtung liefert nur die Zahlenwerte. Messergebnisse sind die einzige Währung, die physikalischen Theorien Kredit verleiht. Die mathematische Heuristik bildet auf diese Weise, via die konforme Rolle des Experiments, ihr eigenes Sicherheitsnetz.[90]

Abgesehen von der theoretischen Bestätigung liegt die ursprüngliche Rolle des Experiments im Rahmen des dekonstruktiven Erkenntniskonzepts der Physik, wie gesagt, in seiner heuristischen Funktion im Kontext der Konzeptfindung, d.h. der Feststellung der relevanten Basisgrößen (Parameter), indem heuristische Vermutungen oder Annahmen durch sorgfältige Präparation (ein bestimmtes Setting) zur Disposition gestellt werden. Jedem Experiment (d.h. jeder Versuchsanordnung) liegt eine Heuristik zugrunde. In diesem heuristischen Kontext hat die Bestätigung durch das Experiment durchaus den legitimen Charakter einer *Verifikation* (nämlich der Verifikation einer heuristischen Vermutung oder einer Theorie), die in Hinsicht auf die thetischen Grundlagen und die mathematische

---

89 Einsteins Gesetz der Äquivalenz von Masse und Energie zeigt übrigens, dass auch ›Masse‹ kein unabhängiger Parameter ist. Die physikalische Realität ist grundlegend dynamischer Natur.

90 Man kann sagen, die Physik beschreibt nicht das Spiel, sondern die Spielregeln (=Algorithmus).

Heuristik den Charakter einer, wie Einstein es formuliert hat, *tastenden Deduktion* hat.[91]

11.4.1. Der Terminus *Verifikation* bezieht sich im Falle der Physik ganz konkret auf den *Anspruch* der Theorie, nicht auf eine imaginierte, von der Theorie unabhängige, beobachtungs-transzendente Realität. Das heißt dieser konkrete Anspruch bildet den heuristischen Kontext der Verifikation (z.B. in prognostischer Form), detto im Falle der Falsifikation. Eine Falsifikation in uneingeschränktem Sinn gibt es, wie die Studien von Duhem, Quine und Kuhn belegt haben, ebenso wenig, wie eine uneingeschränkte Verifikation. Die Falsifikation kann als methodische Empfehlung nicht für sich stehen (außer man versteht den Vorgang der Theoriebildung als blindes Stochern). Sie macht im Angesicht des Umstandes, dass keine uneingeschränkte Falsifikation möglich ist, nur positiven Sinn im Kontext des heuristischen Zieles der Verifikation.

11.4.2. Im Falle der deskriptiven Auffassung physikalischer Theorien basiert ihre erklärende Funktion auf dem opaken Konzept der Kausalität. In diesem Falle bildet die Annahme (bzw. der Anspruch) der kausalen Notwendigkeit die Grundlage des Anspruchs der Allgemeingültigkeit der betreffenden Theorien (Gesetze). Im Falle der dekonstruktiven Auffassung verhält es sich genau umgekehrt: Der Anspruch der Allgemeingültigkeit (vermittels der Substitution der Gegenstände durch die physikalischen Konzepte) bildet (in Verbindung mit der mathematischen Heuristik) die Grundlage des Anspruchs der Notwendigkeit des betreffenden Geschehens, also des Gesetzescharakters der Theorie. Nur in letzterem Falle ist der Anspruch begründet revidierbar.

---

91 Induktion mag eine wichtige Rolle für die Auffindung der maßgeblichen physikalischen Konzepte spielen, aber die damit verbundene Verallgemeinerung ist durch und durch thetischer Art. Das ist eben daran ersichtlich, dass der Induktionsschluss in der Physik niemals und nirgends eine begründende Rolle spielt. Diese Rolle kommt ausschließlich der Messung auf Basis des Experiments und im Rahmen der mathematischen Heuristik zu.

These 12. Die bisher beschriebene Vorgangsweise der Physik bezieht sich maßgeblich auf die klassische Mechanik, d.h. auf ihre Art der Dekonstruktion des Verhaltens der makroskopischen Gegenstände. Diese Vorgangsweise verändert sich jedoch schlagartig – wenn auch aus Sicht der deskriptiven Deutung der Physik als Wissenschaft praktisch unbemerkt – mit der Entdeckung und Erforschung der elektrischen und magnetischen Phänomene.[92]

Das liegt daran, dass die Gegenstände (Körper) als Anhaltspunkte der Messung aus dem Spiel kommen. Es ist nun nicht mehr die mathematische Heuristik, die (auf Basis einer heuristischen Vermutung) den experimentellen (und zugleich analytischen) Prozess der Konzeptfindung und Theoriebildung (betreffend das Verhalten der Gegenstände) von Anfang bis Ende anleitet. Die Konzeptfindung nimmt statt dessen direkt auf die dynamischen Phänomene selbst Bezug. Sie führt zu der Annahme eines elementaren Gegensatzes, der sich in der Gestalt von Anziehung und Abstoßung manifestiert: Das (von Benjamin Franklin formulierte) *Konzept der elektrischen Ladung*, das qualitativ definiert ist (die Differenzierung erfolgt unmittelbar mit Bezug auf die Phänomene) und zugleich die Form eines reinen (ontischen) Prinzips hat. Es ist *abgeleitet* (im Sinne Newtons) von einer (auf phänomenal manifeste Weise) *effektiven Relation* und zugleich Ausdruck einer *effektiven* (nicht manifesten, sondern onto-logischen) *Differenz*.

Es unterscheidet sich damit grundlegend von den Konzepten der klassischen Mechanik, denn es ist nicht quantitativ definiert (als eine Basisgröße mit Bezug auf einen externen Maßstab), sondern qualitativ

---

92 Für die historische Darstellung des langen Übergangs von der klassischen Mechanik zu den Konzepten der Mikrophysik siehe Thomas Kuhns Artikel »Mathematical versus Experimental Traditions in the Development of Physical Science«, in dem er von der Unterscheidung zwischen der Tradition der *cassical (mathematical) sciences* und den *new Baconian sciences* ausgeht. Letztere (die mehr oder minder die Konstitution von Materie betreffen) haben zwar ebenfalls eine weit zurückreichende Tradition mit handwerklich-technischen Wurzeln, erreichten aber erst ab ca. 1800 einen Stand der Konzeptfindung sowie der entsprechenden experimentellen Methoden, der eine rasch zunehmende Mathematisierung ermöglichte. [Kuhn, 1977, 31-65]

mit Bezug auf die diversen Phänomene, und überdies mit Prinzipien-charakter. Es dient simultan sowohl der Beschreibung, als auch der Erklärung der Phänomene, d.h. es hat phänomen-bezogen unmittelbar (ohne heuristische Umwege) sowohl analytischen, als auch ontischen Charakter und Status.

12.1. Der Unterschied zwischen der Klassischen Mechanik und der Mikrophysik auf der Konzeptebene tritt deutlich zutage, wenn man die Gravitation in Newtons Sinne – nämlich aus der Sicht der dekonstruktiven, mathematischen Heuristik der Physik – als ›aktives Prinzip‹ und ›allgemeines Naturgesetz‹ (›active principle‹ und ›general Law of Nature‹ [Newton, 2012, 401]) betrachtet, und nicht bloß phänomenal als ›Kraft‹. Denn im Unterschied zu den Konzepten der Klassischen Mechanik, auf die sich deren mathematische Heuristik bezieht, hat das Konzept der elektrischen Ladung an sich selbst Prinzipiencharakter. Newtons Unterscheidung von Prinzip und Ursache fällt in diesem Fall in eins zusammen.

12.2. Auch der Charakter der Messung und Quantifizierung verändert sich damit von Grund auf. Sie verliert den Charakter der Anlegung eines (im Grunde beliebigen, konventionellen) Maßstabs an (beliebige) kontingente Gegenstände als heuristische Bedingung der Herstellung von exakten Korrelationen. Vielmehr werden anstelle der kontingenten Gegenstände und ihres Verhaltens die diversen Phänomene unmittelbar zum Gegenstand der Messung und die Konzepte zu deren inhaltlichem Bezugspunkt. Die Messung nimmt deshalb den Charakter der *Ermittlung von Werten* an, die – so wie ihr Maßstab – unmittelbar konzept- und phänomenbezogen definiert sind, also nicht ihrerseits als bloße Parameter dienen. Die Messung per se erfordert somit (in Ermangelung eines externen Maßstabs) ein experimentelles Setting.

Dieser veränderte Charakter der Messung manifestiert sich in weiterer Folge darin, dass an die Stelle der kontingenten Gegenstände der klassischen Mechanik als fixe Bezugspunkte der Messung nunmehr theoretische Entitäten treten, als Träger der auf konzeptueller Basis ermittelten Werte.

12.2.1. Bezogen auf den Umstand, dass sich auf diesem (langen) Weg schließlich »eine Reihe von physikalischen Größen, die man bisher ohne Weiteres als stetig veränderlich betrachtet hat, sich unter der Lupe einer schärferen Analyse als diskret und abzählbar herausstellen,« spricht Max Planck übrigens von einer »Arithmetisierung der Physik«. [Planck, 2020, 70]. Die so ermittelten elementaren Basiswerte (für die elektrische Ladung etc.) bilden einen Hinweis auf den elementaren Charakter der betreffenden Konzepte und zugleich ihrerseits die Basis von weiterer Quantifizierung. Aus der *Herstellung* von arithmetischen *Korrelationen* in der klassischen Mechanik wird auf diesem Wege schließlich die *Entdeckung* von *Symmetrien*.

12.3. Dem Charakter der Messung als Ermittlung von Werten korrespondiert, wie gesagt, die Postulation *theoretischer Entitäten*. Diese sind Elemente der Theoriebildung und unterscheiden sich von kontingenten Gegenständen dadurch, dass sie zur Gänze durch die betreffenden Konzepte und Werte definiert sind. Sie haben Konzeptstatus. Sie dienen der Dekonstruktion der Phänomene und ihrer Rekonstruktion im Wege der Theorie(bildung). Diese nimmt so die Form der *Modellbildung* an. An der führenden Rolle der mathematischen Heuristik ändert sich dadurch aber nichts, er verstärkt sich sogar.[93] Das zeigt sich mitunter daran, dass sie, etwa in Verbindung mit Erhaltungssätzen (als heuristischem Werkzeug), auch ihrerseits zur Postulation, bzw. Prognose und Entdeckung, weiterer theoretischer Entitäten führen kann.

All das verweist auf die Fragwürdigkeit der Vorstellung der *Beschreibung* von Elementarteilchen, die den Eindruck erweckt, man könne auf theoretische Entitäten unabhängig (in der Weise der reinen Beobachtung) *Bezug nehmen*. Der einzige Weg der Bezugnahme

---

93 Niels Bohr schreibt diesbezüglich in einer Replik auf eine Meinungsverschiedenheit mit Einstein über den mathematischen Formalismus der Quantenmechanik: »Meiner Meinung nach gab es für den Nachweis, daß ein logisch in sich geschlossener mathematischer Formalismus unzutreffend ist, keine anderen Wege als Abweichungen seiner Konsequenzen von der Erfahrung zu demonstrieren oder zu beweisen, daß seine Voraussagen die Beobachtungsmöglichkeiten nicht erschöpfen, und auf kein solches Ziel konnte *Einsteins* Argumentation gerichtet werden.« [Bohr, 1958, 57]

auf die Elementarteilchen führt in Wahrheit über die Theorie, deren Elemente sie sind.

12.3.1. Anders als in der klassischen Mechanik, wo die Gegenstände als Anhaltspunkte der Messung kontingent, die Konzepte (Basisgrößen) unabhängig, die Maßstäbe beliebig, und die Messdaten daher *blind* sind, bevor die mathematische Heuristik ihren Dienst tut, sind in der Mikrophysik die Konzepte selbst heuristischen Ursprungs, bezogen auf die (zu erklärenden und zu messenden) Phänomene. Das führt dazu, dass die Art der Messung ebenso wie die Messtheorie eine enge Liaison mit den Konzepten und Theorien eingehen.[94] Die Theorien ihrerseits gehorchen zwar streng der mathematischen Heuristik, üben aber zugleich selbst – angesichts der Vielfalt und Komplexität der Phänomene – fortschreitend eine heuristische Funktion aus, und stehen dabei selbst wiederum laufend auf dem Prüfstand. Der heuristische Kreislauf ist kein geschlossener.

12.4. Das Konzept der elektrischen Ladung hat sich seit seiner Einführung zunehmend als ein fundamentales Grundkonzept der Physik erwiesen, und ist als solches zwar nicht das Einzige, aber eines von nur wenigen seines Ranges. Frank Wilczek schreibt dazu: »Nach unserem derzeitigen Verständnis sind dies die drei primären Eigenschaften der Materie, von denen alle anderen abgeleitet werden können: Masse – Ladung – Spin. Das ist alles. Entscheidend aus philosophischer Sicht ist, dass es nur sehr wenige primäre Eigenschaften gibt, dass man diese genau definieren und messen kann und dass der Zusammenhang zwischen ihnen – der Tiefenstruktur der Wirklichkeit – und dem alltäglichen Erscheinungsbild der Dinge, wie Demokrit voraussah, nicht gerade auf der Hand liegt.« [Wilczek, 2021, 83].

Die offene philosophische Frage, die sich daran, vor allem angesichts des Status der Physik als Grundlagenwissenschaft, anknüpft, ist die nach dem ontologischen Status der theoretischen Entitäten (der

---

94 Für eine eingehende Analyse der »measurement theory of particle physics« siehe insbesondere das Unterkapitel »A Heterogeneous Measurement Theory« in [Falkenburg, 2007, 169ff.]

Elementarteilchen), bzw. allgemein formuliert, die Frage nach den ontologischen Schlussfolgerungen, die bei genauerer Überlegung aus den fundamentalen Konzepten der Physik abzuleiten sind. Es sind drei Punkte, die diesbezüglich besondere Beachtung verdienen: a) der dekonstruktive Charakter des physikalischen Erkenntniskonzepts und der damit (aus rein epistemologischen Gründen) notwendigerweise verbundene (präsumtive) ontische Status und ontologische Relevanz der physikalischen Konzepte, b) der ausschließliche Fokus der Physik auf die dynamischen Phänomene, und c) der ontische, sowohl als analytische (und darüber hinaus logische) Charakter des grundlegenden Konzepts der *elektrischen Ladung*.

Fazit und Ausblick

1) Das Erkenntniskonzept der Physik, ihr Alleinstellungsmerkmal gegenüber allen anderen Wissenschaften und Arten von Erkenntnis, zeichnet sich durch drei Merkmale aus: Erstens durch seinen strengen heuristischen Fokus auf die dynamischen Phänomene. Zweitens durch seinen dekonstruktiven Erkenntnisansatz, dessen Kernpunkt die Substitution der Gegenstände durch (auf der Ebene der klassischen Mechanik: quantitativ definierte) physikalische Konzepte bildet. Und drittens, darauf aufbauend, durch ihre rein mathematische Heuristik.

2) Die methodische Vorgangsweise der Physik unterscheidet sich daher grundlegend von jeder Art von beschreibendem Erkenntniszugang, der heuristisch auf qualitative Unterscheidungen Bezug nimmt, sei es die Metaphysik oder die meisten anderen Wissenschaften (selbst wenn quantitative Methoden darin eine Rolle spielen) oder auch die gewöhnliche Alltagserkenntnis. Dekonstruktion und Deskription sind – im Sinne ihrer unterschiedlichen Heuristik – zwei konträre, miteinander inkommensurable Erkenntniszugänge.

3) Die philosophische Wissenschaftstheorie nimmt sowohl hinsichtlich ihrer Auffassung von Erkenntnis, als auch hinsichtlich ihrer eigenen Heuristik auf die traditionelle Erkenntnistheorie Bezug. De-

ren Erkenntnisauffassung ist geprägt von der Vorstellung der linearen Subjekt-Objekt-Beziehung und der Annahme der unabhängigen Bestimmtheit der Gegenstände an sich, die beide im Grunde keine andere, als eine beschreibende Vorstellung von Erkenntnis (gleichsam als default mode) zulassen, und keinen anderen heuristischen Maßstab, als den der Gewissheit.

4) Beides steht in Konflikt mit dem dekonstruktiven Erkenntniskonzept der Physik und führt folglich zu falschen Deutungen und Problemstellungen und auch zu Unbehagen oder Unverständnis seitens Physikern. Physiker sind aber keine Erkenntnistheoretiker und haben insofern den Deutungen und Problemstellungen der Erkenntnistheoretiker wenig entgegenzusetzen.

Beides steht aber auch in Konflikt mit dem Holismus der realen Erkenntnissituation, die Gewissheit als Maßstab von Erkenntnis grundsätzlich ausschließt. Das gilt umso mehr für den dekonstruktiven Erkenntnisansatz.

5) Auf den Holismus der realen Erkenntnissituation als Ausgangspunkt bezog sich auch die in Teil 2 vorgetragene logische De- und Rekonstruktion der realen Erkenntnistätigkeit, die im Ergebnis zu der Feststellung dreier transzendentaler Bedingungen der Möglichkeit von Erkenntnis geführt hat, nämlich: unilaterale Bezugnahme, Differenzierung und Heuristik. Die Analyse des dekonstruktiven Erkenntniskonzepts der Physik aus dem Blickwinkel dieser drei Bedingungen bildet somit zugleich einen Test der Angemessenheit der vorangegangenen logischen Rekonstruktion der Erkenntnistätigkeit.

6) Diese Analyse führt vor Augen, dass sich die dekonstruktive Vorgangsweise der Physik in allen drei Punkten grundlegend von jeder beschreibenden unterscheidet. Am auffallendsten wohl in der mittelbaren Art der Bezugnahme auf die Gegenstände und ihr Verhalten in der Weise der Messung. Die Messung, als die physikalische Form der Differenzierung, ist aber nicht Selbstzweck, sondern sie dient ausschließlich der mathematischen Analyse des dynamischen Verhaltens der Gegenstände im Wege ihrer Substitution durch physikalische

Konzepte (alias Basisgrößen) im betreffenden heuristischen Kontext. Die mathematische Heuristik bildet die Essenz der Physik. Sie ist es, die den Inhalt der physikalischen Erkenntnis generiert.

7) Es handelt sich also um eine mehrstufige Vorgangsweise, deren Kern (im Falle der klassischen Mechanik) die thetische Substitution der Gegenstände durch quantitativ definierte physikalische Konzepte im Dienste der mathematischen Heuristik bildet, mit dem heuristischen Ziel der Entdeckung exakter Korrelationen zwischen den Gegenständen und ihrem dynamischen Verhalten.

Das entscheidende Bindeglied zwischen der thetischen Substitution und der mathematischen Heuristik bildet das empirische Experiment in seiner dualen Funktion, nämlich der ursprünglichen heuristischen (im Zuge der Konzeptfindung) und der nachträglichen konfirmativen (in Bezug auf die Theorie).

8) Die physikalische Theorie, resp. die physikalische Erklärung besteht in nichts anderem, als in der betreffenden mathematischen Größengleichung. Physikalische Gesetze, resp. Naturgesetze, referieren nicht auf die gegenstandsbezogene (metaphysische) Vorstellung von Kausalität und ihr Anspruch auf universale Gültigkeit beruht auch nicht auf einem (inhaltsbezogenen) Induktionsschluss, sondern im Gegenteil auf dem (formalen) thetischen Akt der Substitution der Gegenstände durch die physikalischen Konzepte (resp. Basisgrößen).

9) Auf Ebene der Mikrophysik verändert sich die dekonstruktive Vorgangsweise insofern, als die Konzepte nicht mehr quantitativ (als Basisgrößen) definiert sind, sondern die Konzeptfindung direkt auf die betreffenden dynamischen Phänomene selbst Bezug nimmt. Im Zentrum steht dabei vor allem das Konzept der elektrischen Ladung, das sowohl der Beschreibung, als auch der Analyse der betreffenden Phänomene dient, also sowohl ontischen, als auch analytischen Status hat, und überdies in seiner Struktur Prinzipiencharakter aufweist.

10) So wie die epistemologische Kenntnisnahme des dekonstruktiven (dezidiert non-deskriptiven) Erkenntniskonzepts der Physik die Bedingung ist für das Verständnis ihrer thetischen Vorgangsweise (der

Substitution der Gegenstände und Phänomene durch die physikalischen Konzepte), so ist sie zugleich Bedingung für das Verständnis der eigenständigen ontologischen Bedeutung und Relevanz dieser Konzepte an und für sich und damit der ontologischen *(transzendentalen)* Dimension der Physik.

Als verbindendes Element zwischen klassischer Mechanik und Mikrophysik wird sich aus ontologischer Sicht der Entzug der Autonomie der Gegenstände (das Kernelement des Substanzgedankens) erweisen. Dieser Entzug der Autonomie bildet den Kern des Gedankens der Naturgesetze und generell der Annahme des universalen Determinismus. Das Konzept der elektrischen Ladung verleiht diesem Entzug gewissermaßen Prinzipiencharakter und führt letztlich zur These vom Primat der Konstellation und zum Prinzip der Autarkie als Grundprinzip der Gegenstandsbildung.

Teil 4: Ontologische Schlussfolgerungen aus der Physik = Drei Thesen zur Ontologie (Thesen 13-15 zur Erkenntnistheorie als Grundlage und Bezugspunkt einer möglichen naturalistischen De- und Rekonstruktion des Phänomens Erkenntnis)

> »Sämtliche Eigenschaften (Variable) eines Objekts sind letztlich solche in Bezug auf andere Objekte. Ein isoliertes Objekt hat für sich genommen, unabhängig von jeder Wechselwirkung, keinen besonderen Zustand.«
>
> (C. Rovelli)

Abstract:

Die Bezeichnung der Physik als Grundlagenwissenschaft weist ihr im Grunde das letzte Wort in ontologischen Grundlagenfragen zu, deren Bedeutung (vor allem auch im Hinblick auf die Biologie) von weitreichender Natur ist.

Gleichzeitig wirft das sogenannte physikalische Realitätskonzept viele Fragen auf, die sich letztlich um den Realitätsstatus der theoretischen Entitäten der Mikrophysik, die Elementarteilchen, drehen. Denn ihre *Eigenschaften* stehen in offensichtlichem Widerspruch zu unseren gängigen ontologischen Grundannahmen; ein Widerspruch, der mit dem Eindruck von deren *durchgängiger Relationalität* zu tun hat.

Diese Schwierigkeiten stehen daher auch im Fokus der sogenannten Wissenschaftlichen Realismus-Debatte, in der epistemologische Argumente (wie die These von der *Theoriebeladenheit* der Beobachtung) eine wesentliche Rolle spielen. Darin manifestiert sich ihrerseits die grundlegende Relevanz der epistemologischen Auffassung der Erkenntnistätigkeit der Physik für die daraus abzuleitenden ontologischen Schlussfolgerungen. Zentrale Bedeutung kommt in dieser Beziehung der Kenntnisnahme der dekonstruktiven (dezidiert non-deskriptiven) Heuristik der Physik zu. Das dekonstruktive Verständnis des physikalischen Erkenntniskonzepts zwingt zum Fokus der ontologischen Reflexion auf die elementaren physikalischen Konzepte (losgelöst von unserem gängigen Gegenstandsbegriff als Realitätskriterium), die zu klaren Schlussfolgerungen führt.

These 13. Der exklusive Fokus auf die dynamischen Phänomene, die Bezugnahme auf die Phänomene und Gegenstände im Wege der Messung (verbunden mit der Substitution der Gegenstände durch physikalische Konzepte), und die mathematische Heuristik bilden das Alleinstellungsmerkmal des dekonstruktiven heuristischen Erkenntniskonzepts der Physik als Grundlagenwissenschaft. Das Grundgerüst der Dekonstruktion der Phänomene bilden die physikalischen Konzepte. Diese bilden daher nolens volens auch den logischen Anhaltspunkt der Reflexion im Hinblick auf die ontologischen Schlussfolgerungen aus den physikalischen Theorien, zumal die theoretischen Entitäten der Mikrophysik ausschließlich konzeptuell, nicht anschaulich definiert sind. Die Physik beschreibt nicht, sie konzipiert in der Weise der De- und Rekonstruktion der dynamischen Phänomene. Das heißt, die deskriptive Erkenntnisauffassung in Bezug auf die Physik geht ins Leere. Das trifft in besonderer Weise auch auf die betreffenden ontologischen Schlussfolgerungen und Problemstellungen zu.

13.1. Die Berücksichtigung des dekonstruktiven (non-deskriptiven) heuristischen Charakters des physikalischen Erkenntniskonzepts ist die Bedingung für eine adäquate Kenntnisnahme des ontologischen Status der physikalischen Konzepte (als Konzepte) und ihrer Relevanz als Bezugspunkt für die ontologische Reflexion, wie sie dem Anspruch und Status der Physik als Grundlagenwissenschaft (in vollem Umfang) entspricht (und so in weiterer Konsequenz auch die Grundlage für eine naturalistische Erklärung des Phänomens Erkenntnis liefern wird). Sie bedingt eine grundsätzliche Verschiebung des Fokus der ontologischen Reflexion von den Gegenständen (bzw. der gegenstandsbezogenen Begrifflichkeit) hin zu den physikalischen Konzepten (als Konzepten im Dienste der Dekonstruktion des Verhaltens der Gegenstände).

13.2. Um im Falle der *klassischen Mechanik*, deren Bezugspunkt (im Wege der Messung) ja die herkömmlichen (auf vielfältige Weise unterschiedlichen) Gegenstände bilden, den ontologisch relevanten Aspekt ihrer dekonstruktiven Vorgangsweise zu verstehen, ist es erforderlich, sie von ihrem Resultat, den Naturgesetzen, her zu betrachten. Der Kern dieser Vorgangsweise besteht, wie gesagt, in der Substitution der Gegenstände durch quantitativ definierte physikalische Konzepte, d.h. in der Betrachtung der Gegenstände als beliebige Instanzen dieser Konzepte – wohlgemerkt im betreffenden heuristischen Zusammenhang, nämlich der De- und Rekonstruktion des *Verhaltens der Gegenstände als Massen*. Aus ontologischer Sicht stellt sich diese Vorgangsweise nicht anders, denn als partieller *Entzug der Autonomie der Gegenstände* dar. Und zwar sowohl in ihrer Vorgangsweise, der thetischen Substitution der Gegenstände durch quantitativ definierte Konzepte, als auch im Resultat, der Formulierung von Naturgesetzen in Gestalt von Größengleichungen mit (qua Substitution) universellem Geltungsanspruch. Die mathematische Notwendigkeit als Leitidee der mathematischen Heuristik der Physik findet darin zu ihrem Ziel.

13.2.1. Dieser ontologische Aspekt bleibt aber (ebenso wie der Akt der generellen Substitution der Gegenstände durch physikalische Konzepte) irgendwie obskur, solange er (sie) sich auf natürliche Gegenstände in beschränktem heuristischem Kontext (die Rekonstruktion ihres dynamischen Verhaltens) bezieht, sie folglich nicht zur Gänze betrifft. Das verändert sich im Falle der theoretischen Entitäten der Mikrophysik, die durch und durch konzeptuell, nicht anschaulich definiert sind.

13.3. Der angedeuteten ontologischen Auffassung der physikalischen Naturgesetze im Sinne des Entzugs der Autonomie der Gegenstände (im Wege der De- und Rekonstruktion ihres Verhaltens) gegenüber steht die verbreitete wissenschaftstheoretische Auffassung von physikalischen Gesetzen im Sinne der Verallgemeinerung von beobachteten (manifesten) Regelmäßigkeiten natürlicher Vorgänge (auf der Grundlage eines Induktionsschlusses).

Diese beiden Auffassungen korrespondieren in direkter Weise den konträren epistemologischen Betrachtungsweisen der Physik als Wissenschaft, der dekonstruktiven und der klassischen deskriptiven.

13.4. Für die deskriptive Erkenntnisauffassung ist ganz generell die Substanzidee, oder anders gesagt, die Idee der Autonomie der Substanz konstitutiv. Beide bedingen sich wechselseitig.

So schreibt bereits Descartes: »... wir erkennen die Substanzen nicht unmittelbar ..., sondern nur dadurch, daß wir bestimmte Formen oder Attribute auffassen. Da diese nun, um zu existieren, irgendeinem Etwas einwohnen müssen, so nennen wir dieses Etwas, dem sie einwohnen, die Substanz.« [Descartes, 1972, 202]. Das bedeutet, dass es sich bei dem Akt der *Beschreibung* von Etwas im Grunde stets um einen *Akt der Zuschreibung* zu Etwas handelt (einen Akt der *Prädikation)*. Eben dieses ontologische Deutungsschema bildet vice versa das Fundament der geläufigen Erkenntnisauffassung und der entsprechenden Deutung des Erkenntnisvorgangs.[95]

Die traditionellen Erkenntnistheorien unterscheiden sich hinsichtlich der Deutung des Erkenntnisvorgangs und der entsprechenden Schlussfolgerungen hinsichtlich des Kernthemas der Gewissheit unserer Erkenntnis, nicht jedoch hinsichtlich der Annahme der deskriptiven Heuristik als gleichsam default mode jeder ernsthaften Erkenntnistätigkeit, einschließlich der Physik.

Dieser Erkenntnisauffassung und Heuristik korrespondiert wiederum die traditionelle Auffassung der Erkenntnissituation im Sinne einer linearen Subjekt-Objekt (=Welt)-Beziehung. Das erkennende

---

95 Seiner Wurzel in der passiven Erkenntnisauffassung geschuldet ist das Konzept der autonomen Substanz zwar einerseits ein grundlegendes, andererseits aber auch ein bloß oberflächlich verstandenes und somit zweifelhaftes.

Subjekt befindet sich aus dieser Sicht in der Position des »losgelösten Beobachters« [Pauli, 1961, 15] gegenüber der Welt (als Gesamtheit der Erkenntnisgegenstände). Es versteht Erkenntnis nicht als Tätigkeit und sich selbst (resp. sein Bewusstsein) nicht als Teil der Welt.

13.4.1. Die Kenntnisnahme des Holismus der realen Erkenntnissituation, mit dem erkennenden Subjekt als Element der Klasse der Gesamtheit der Erkenntnisgegenstände (der Welt), lässt demgegenüber kein anderes Verständnis von Erkenntnistätigkeit zu, als das der Exploration und der Analyse von einem immanenten Standpunkt aus. Diese Auffassung der Erkenntnissituation ist die notwendige Bedingung für ein adäquates Verständnis der dekonstruktiven Heuristik der Physik als Grundlagenwissenschaft in ihrer vollen Tragweite.

Doch selbst die deskriptive Heuristik, d.h. die Beschreibung (Zuschreibung) nimmt im offenen holistischen Kontext (von einem immanenten Standpunkt aus) den Charakter der Exploration und Analyse (im Wege der Unterscheidung) an. Und dient dabei selbstverständlich auch dem Zweck der Kommunikation und Verständigung über die Welt (die ja nie vollständig gegeben ist).

13.4.2. Das Problem mit der deskriptiven Heuristik liegt daher letztlich in der ontologischen (Hinter-)Grundannahme der autonomen Bestimmtheit der Gegenstände der Erkenntnis (an sich).

Im Unterschied zur (aus Sicht der realen Erkenntnissituation logisch fragwürdigen) Heuristik der *objektiven* Beschreibung ist die dekonstruktive Heuristik nicht auf diese ontologische Annahme angewiesen, sie spielt keine maßgebliche Rolle und kann daher zunächst offen gelassen werden. Insofern ist die unbedachte (aber aus deskriptiver Sicht unvermeidliche) Rede von Eigenschaften in Bezug auf die theoretischen Entitäten der Physik von Grund auf fragwürdig.

Der Maßstab der Physik als Wissenschaft ist nicht eine fingierte objektive Wahrheit und Gewissheit, sondern der Erfolg der mathematischen Rekonstruktion der Phänomene auf der Basis, die durch die Konzepte, Axiome und Experimente gelegt wird. Die Sicherheit, die sie dabei bietet, ist die der Messung und der Mathematik. Es macht einen weitreichenden Unterschied, in welcher Weise man die Erkenntnissituation auffasst.[96]

13.5. Nimmt man (aus evidenten Gründen) die theoretischen Entitäten der Mikrophysik, die Elementarteilchen, zum Anhaltspunkt der ontologischen Reflexion, so kommt man nicht an den betreffenden Konzepten vorbei. Denn schließlich sind diese (ihre *Eigenschaften*) ausschließlich durch diese Konzepte (bzw. deren betreffende Werte) definiert.[97] Das zwingt zum ontologischen Fokus auf die physikalischen Konzepte. Von besonderem ontologischem Interesse ist dabei *das elementare Konzept der elektrischen Ladung.* Zum einen, weil es sich als heuristisches Konzept dadurch von anderen (außer dem Spin) unterscheidet, dass es direkt auf die betreffenden Phänomene Bezug nimmt, und von diesen abgeleitet ist. Es dient gleichermaßen und unmittelbar der *Dekonstruktion* und der *Rekonstruktion* der Phänomene, die zugleich seinen einzigen Bezugspunkt darstellen. Das bedeutet, dass es simultan einen analytischen und einen ontischen Charakter hat. Zum anderen, weil es darüber hinaus den Status eines Prinzips, und damit einen universalen Charakter aufweist.[98]

13.5.1. Dieser Status des Prinzips besteht darin, dass es logisch rein inhärent definiert ist, im Sinne des puren (nicht weiter analysierbaren) Gegensatzes von *positiver* und *negativer* Ladung, mit Bezug auf ein qualitativ unteilbares Phänomen. D.h., es handelt sich dabei um ein qualitativ und zugleich von Grund auf holistisch definiertes Konzept,

---

96 Das ›Beobachtungsproblem‹ der Quantenphysik, wie z.B. in der Darstellung bei Wolfgang Pauli [Pauli, 1961, 14-16] ist kein Problem der Quantenphysik, sondern nur eine Beschreibung der realen Erkenntnissituation unter den technischen Bedingungen der Beobachtung in der Quantenphysik (und vor dem Hintergrund des deskriptiven Missverständnisses der Physik als Wissenschaft).

97 Siehe Frank Wilczek: »Ich möchte noch einmal betonen, dass das Wichtigste und Bemerkenswerteste an unserer Dreifaltigkeit der elementaren Eigenschaften – Masse, Ladung und Spin – ist, dass es wirklich nur so wenige sind. Wenn man bei einem Elementarteilchen die Werte dieser drei Eigenschaften und außerdem seine Postion und seine Geschwindigkeit bestimmt hat, hat man es vollständig beschrieben.« [Wilczek, 2021, 86]

98 Man kann diesbezüglich im Sinne Richard Hönigswalds von der *Einheit von Tatsache und Prinzip* sprechen.

nicht um eine kontingente (auf Qualitäten Bezug nehmende) Unterscheidung. Sein Inhalt ist rein (binär)logischer Natur, ohne jeglichen Bezug auf etwas *außer sich*, auch nicht auf bestimmte messbare Werte. Dass es eine bestimmte elektrische Elementarladung gibt, ist ein Faktum von ontologischem Interesse (und ein Hinweis auf den fundamentalen Status des Konzepts), aber nicht selbst Bestandteil des Prinzips.

13.5.2. Sein logischer Prinzipiencharakter in Kombination mit seinem ontischen Status verleiht ihm dem Charakter eines *trans-logischen Prinzips,* das nur durch sich selbst erklärbar ist, mit Bezug auf die dynamischen Phänomene (in Gestalt von Anziehung und Abstoßung), deren abstrakter De- und Rekonstruktion es dient, ohne darüber hinausgehende manifeste trans-logische (qualitative) Anhaltspunkte der Differenzierung. Die inhaltliche Beschreibung des Konzepts erschöpft sich m.a.W. vollständig in der logisch inhärenten Unterscheidung und im blanken Hinweis auf die (ungeteilten) dynamischen Phänomene. Es handelt sich diesbezüglich um einen rein *effektiven* Unterschied (und eine ebensolche Relation), dessen Analyse und Beschreibung in manifester Gestalt (›von außen‹) sich in einer logisch rein inhärenten (in keiner Weise über sich hinausweisenden) Unterscheidung erschöpft.[99]

13.5.3. Dieser Umstand schließt die Deutung dieser effektiven, ihrer Form nach logisch inhärenten Relation im Sinne einer kausalen Relation aus. Denn kausale Relationen sind aus epistemologischer Sicht stets (›a posteriori‹) hergestellte Relationen im Sinne einer onto-logischen Korrelation auf deskriptiver Ebene (also im Wege der Zuschreibung), deren Notwendigkeit daher stets zweifelhaft bleibt. Im Unterschied zur kausalen Relation, die durch Transitivität und zeitliche Ordnung gekennzeichnet ist, ist die inhärente Relation der

---

99 Schließlich haben wir es hier, wie Bertrand Russell korrekt betont, mit einer ›inferred world‹ zu tun. [Russell, 2007, 8]. Im Hinblick auf die in 6.1. getätigte Unterscheidung von effektiven *Unterschieden* und effektiven *Beziehungen* verschmelzen im Konzept *elektrische Ladung* beide, Unterschiede und Beziehungen, in konstitutiver Weise zu einer inseparablen Einheit. Synthetische (autarke) Einheit in der Differenz wird sich auf allen Ebenen als das Prinzip von Existenz erweisen.

elektrischen Ladung logisch rein wechselseitiger und instantaner Natur, deren Effektivität von der (eben dadurch bedingten) inhärenten Dynamik der Konstellation bestimmt wird.

13.5.4. Das Konzept *elektrische Ladung* ist aber nicht nur definitorisch ohne jeden kontingenten Gegenstandsbezug, es kann auch (onto-logisch) streng genommen überhaupt nicht als eine autonome *Eigenschaft* von Etwas (als *unabhängiges Attribut*) aufgefasst werden. Denn was es als abstraktes Konzept kennzeichnet, und gegenüber allen anderen auszeichnet, ist die (logisch vorgängige) inhärente *Einheit in der Differenz*, der unabdingbar ganzheitliche, binärlogische Charakter seiner Definitionsbestandteile. Man kann diesbezüglich von einem ontologischen *Primat der Relation* auf prinzipieller, konzeptueller Ebene sprechen. Die betreffenden Qualitäten sind aus rein logischen Gründen nicht als unabhängige denkbar. Das heißt, keines der beiden Elemente der Definition des Konzepts bezeichnet etwas ›für sich‹, sie sind bloße Chiffren für die effektive Relation.

13.5.5. Dieser Umstand schließt eine *substanzhaft* autonome Vorstellung der Elementarteilchen (im Sinne von *Bausteinen)* grundsätzlich aus.[100] Die ontologische Idee der (autonomen) Substanz als solche stößt hier an eine prinzipielle Grenze, denn die Auffassung der elektrischen Ladung als eine intrinsische, autonome *Eigenschaft* ist eine contradictio in adiecto, ein Ding der Unmöglichkeit, insofern diese in beschreibender Hinsicht keinen anderen Inhalt aufweist, als die Negation ihres Gegenteils. Es ist in puncto ontologischer Schlussfolgerung daher egal, ob man von einem deskriptiven (attributiven) oder einem dekonstruktiven Verständnis der Physik ausgeht.[101]

---

100 Und zwar gänzlich unabhängig davon, welche Merkmale (Konzepte oder Parameter), wie Masse oder Spin etc., (heuristisch oder real) sonst noch im Spiel sind (die teilweise selbst ebenfalls *Systemcharakter* aufweisen). Deren Zusammenhänge zu ergründen ist ausschließlich Sache der Physik.

101 An diesem Punkt schließt sich der Kreis zur klassischen Metaphysik (siehe 15.2.1). Dennoch ist es wesentlich, im Unterschied zur begrifflich gegenstandsbezogenen Spekulation der traditionellen Metaphysik den Konzeptstatus der theoretischen Entitäten der Physik im Auge zu behalten. Er schützt vor intellektuellem Übermut (auch auf Seiten der Physik).

Die Theoriebildung geht also einher mit der *Postulation theoretischer Entitäten*. Diese sind Werkzeuge der Analyse, nicht Gegenstände der Beschreibung. Beschreibend aufgefasst widersprechen sie selbst der Bedingung der Autonomie der Gegenstände. Theoretische Entitäten *repräsentieren* nicht, sie *fungieren* (als Elemente der Theorie). Sie haben selbst Konzeptstatus.[102]

13.6. Insofern die Idee der Substanz grundlegend ist für unsere gegenständliche Vorstellung von Realität (siehe Descartes' obenstehende Formulierung der dahinterstehenden Logik) stößt unser Vorstellungsvermögen hier an seine Grenzen. Und zwar, weil unser gesamtes Denken und Vorstellungsvermögen (ebenso wie die Logik) auf Distinktion (in kontingentem Rahmen) und Identifikation aufgebaut ist, wogegen das *unauflösliche* Konzept der elektrischen Ladung nicht auf Distinktion beruht, sondern eine rein formale logische Distinktion *ist,* ohne auf etwas *außer sich* zu verweisen. Sie ist in diesem Sinne *minimal-holistisch*. Der logische Satz der Identität ›A=A‹ verliert hier (endgültig) seinen ontologischen (nicht seinen explorativen) Geltungsanspruch.

13.7. Gibt man daher, als logische Konsequenz, den Gedanken der substanzhaften Autonomie in Betreff der Elementarteilchen auf (und folgerichtig auch das *Bausteinmodell* des Universums), so lässt das in Bezug auf die Komposition und Zusammensetzung des Ganzen ontologisch nur einen Schluss zu, nämlich den Schluss auf den *Primat der Konstellation* vor den Teilchen. Die Autonomie im strengen Sinn liegt demnach ausschließlich auf Seiten der Gesamtkonstellation. Daraus ergibt sich *in kausaler Sicht* notwendig der Schluss auf die strenge und ausnahmslose Determination des Geschehens.[103] Allerdings eine grundsätzlich nicht-lineare Weise der Determination, die erst im Zuge der Bildung von Strukturen und Formationen in Verbindung mit der Konstitution relativ autonomer

---

102 Das Problem ist, dass es prinzipiell immer möglich (und im Sinne unseres Vorstellungsvermögens beinahe unvermeidlich) ist, die Ergebnisse der Dekonstruktion in deskriptivem Sinne zu imaginieren.

103 Die These des Indeterminismus auf Quantenebene ist eine logische Folge der Annahme der Autonomie der Teilchen.

atomarer *Einheiten* und dem Faktor *Kumulation* lineare Züge annimmt (man denke an das *Dreikörperproblem*). Der Gedanke der umfassenden Determination ist also vollkommen unabhängig vom deskriptiv fundierten Konzept der *Kausalität*, das seinerseits auf dem Gedanken der Substanz dependiert.[104]

13.7.1. Der Zweifel an der Substanzkategorie als Schlussfolgerung aus der ontologischen Reflexion über die Physik der Elementarteilchen ist bereits so etwas wie ein Gemeinplatz. Dessen Begründung nimmt allerdings im Falle der dominanten Position des *Ontischen Strukturenrealismus* nicht Bezug auf die involvierten physikalischen Konzepte *als Konzepte* (wie es ihrer tragenden Rolle in Bezug auf die De- und Rekonstruktion der dynamischen Phänomene entspräche und wie es die Klärung des ontologischen Status der betreffenden theoretischen Entitäten erforderte), sondern bezieht sich (aus beschreibender Sicht, also ›von außen‹) auf den allgemeinen Aspekt der *durchgehenden Relationalität*.[105] Er verharrt, m.a.W., bei dem äußerlichen Standpunkt der Reflexion, er macht nicht den Schritt zur Analyse. Das Problem der ontologischen These vom Primat der Relationen ist insofern: Manifeste Relationen sind nichts Elementares, sie haben immer etwas ›außer sich‹.

Aus beschreibender Sicht gibt es ontologisch kein Mittelding zwischen Substanz und Relation, außer die Struktur. In diesem Sinne werden die physikalischen Strukturen als solche als selbständige Entitäten in Analogie zu klassischen Substanzen betrachtet. So schreiben James Ladyman, Don Ross und John Collier in dem

---

104 Die Knüpfung des ontologischen Konzepts der Determination an die empirische Beobachtung von ›kausalen‹ Regelmäßigkeiten ist eine direkte Konsequenz der deskriptiven Erkenntnisauffassung. Mit dem Primat der Konstellation kommt übrigens auch die Zeit als wirksamer physikalischer Faktor ins Spiel.

105 Dieser Aspekt kehrt allgemein in vielen Beschreibungen der mikrophysikalischen Ebene wieder. So etwa bei Brigitte Falkenburg: »Subatomic reality is thoroughly relational«. [Falkenburg, 2007, 336]. Oder bei Carlo Rovelli: »Die Schlussfolgerung ist radikal: Sie sprengt den Gedanken, dass die Welt aus einer Substanz bestehen müsse, die Attribute hat, und zwingt uns, alles mit Blick auf Relativa zu denken.« [Rovelli, 2021, 130]

Werk mit dem programmatischen Titel »Every Thing Must Go«: »It's real patterns all the way down. This slogan could summarize the whole conclusion of this book. ... What OSR denies is that real patterns resolve >at bottom< into self-subsistent individuals. ... From the ontological point of view, a non-projectible pattern exactly resembles the traditional philosophical individual.« [Ladyman, 2007, 228f.].[106] Die diesbezügliche Debatte dreht sich vorwiegend um die umstrittene These von *Relationen ohne Relata.* Die Gegenposition zu dieser These (man spricht von eliminativem und nicht-eliminativem OSR) besteht in der Annahme von Relata in Form von Objekten mit ausschließlich relationalen Eigenschaften. So schreibt Dean P. Rickles: »Physical systems (which I take to be characterized by the values for their observables) are exhausted by extrinsic or relational properties: they have no intrinsic, local properties at all! ... Objects and structure are deeply entangled. Inasmuch as there are objects at all, any properties they possess are structurally conferred: they have no reality outside some correlation.« [Rickles, 2012, 144]. Eine häufig bemühte Metapher in diesem Zusammenhang ist die des *Netzes,* dessen einzelne Knotenpunkte (Teilchen) eben Knotenpunkte sind, ohne unabhängige Existenz.

Das Kernproblem dieser Position (egal in welcher Variante) besteht, wie angedeutet, schlicht darin, dass sie von einer deskriptiven Erkenntnisauffassung in Bezug auf die Physik als Wissenschaft ausgeht, was zur Konsequenz hat, dass sie die Elementarteilchen nur in beobachtendem Sinne von Objekten mit Eigenschaften auffassen kann, womit sich unter dem Eindruck der durchgehenden Relationalität nur die beiden Optionen ergeben: Die Betrachtung der Elementarteilchen als Objekte mit ausschließlich relationalen Eigenschaften oder eben Relationen ohne Relata. Beide gehen am Wesentlichen, nämlich am

---

106 Als Prinzip der Bildung von Strukturen wird die Kohäsion angenommen. »Cohesion is this unity relation for dynamical objects and their properties. ... The cohesion relations ... might be energetic, kinetic, or organizational.« [Ladyman, 2007, 248f.]

ontologischen Eigenstatus der elementaren physikalischen Konzepte vorbei, der erst dann zwingend in den Blick kommt, wenn man sie als Konzepte im Dienste der De- und Rekonstruktion der physikalischen Phänomene betrachtet, also wenn man das durch und durch dekonstruktive (non-deskriptive) Erkenntniskonzept der Physik ins ontologische Kalkül aufnimmt.

Die physikalischen Konzepte sind es, die der mathematischen Heuristik ihren physikalischen Inhalt geben (und daher als Anhaltspunkte der ontologischen Reflexion nicht einfach gegen die betreffenden Werte der Observablen getauscht werden können).

Nur von den elementaren Konzepten als Anhaltspunkten ausgehend ist die Schlussfolgerung auf den Entzug der Autonomie und den entsprechenden Primat der Konstellation in Bezug auf das Verhalten des Ganzen klar und konsequent vom Einzelnen ausgehend nachvollziehbar. Der deskriptive Begriff der Struktur spiegelt, im Unterschied zum Begriff der Konstellation, weder die autonome Dynamik, noch den (auch den Beobachter umfassenden) Holismus der physikalischen Ebene angemessen wider.

13.7.2. An diesem Punkt, bei den ontologischen Schlussfolgerungen aus der Physik im Hinblick auf das grundlegende Konzept von Realität, tritt die tiefgreifende Bedeutung des Unterschieds der beiden heuristischen Betrachtungsweisen der Physik, der deskriptiven und der dekonstruktiven, am deutlichsten zutage. Während das deskriptive Erkenntniskonzept im Hinblick auf den ontischen Status der theoretischen Entitäten der Mikrophysik – aufgrund seiner eigenen Bindung an die unmittelbare Beobachtung – konsequent zur Frage nach der realen Existenz dieser theoretischen Entitäten hinführt (entweder in der Form der wissenschaftlichen Realismusdebatte oder in der Form des Strukturenrealismus), führt das dekonstruktive Erkenntniskonzept in diesem Hinblick zur Frage nach der spezifischen Art der Existenz dieser Entitäten und damit zum Zweifel an eben jenem Konzept von Realität, das die deskriptive Erkenntnisauffassung als Maßstab an sie anlegt.

Die folgenden Reflexionen sollen mögliche weitere ontologische Schlussfolgerungen prinzipieller Natur aus dem Konzeptstatus der theoretischen Entitäten aufzeigen, ohne durchgehend als apodiktische Behauptungen auftreten zu wollen. Ihr Wert kann sich letztlich nur anhand ihrer möglichen heuristischen Rolle in Bezug auf das Verständnis der Phänomene bemessen. Das heißt, das Urteil darüber steht letztlich wiederum der Naturwissenschaft selbst zu.

These 14. Geht man vom Primat der Gesamtkonstellation aus, so stellt sich unweigerlich die Frage nach dem Prinzip der Strukturbildung. Brigitte Falkenburg schreibt diesbezüglich: »The relational account of subatomic reality defended here results from a *top-down* approach. The opposite *bottom-up* explanation of the classical macroscopic world in terms of electrons, light quanta, quarks, and some other particles remains an empty promise.« [Falkenburg, 2007, 339]. Von dem (durch die bisherige Analyse des Konzepts der elektrischen Ladung gewonnenen) ontologischen Standpunkt der Negation der Autonomie der Elementarteilchen und der korrespondierenden These des Primats der Konstellation, die logisch impliziert, dass die Autonomie im strengen Sinne ausschließlich auf Seiten der Gesamtkonstellation liegt, kann als Prinzip der Strukturbildung logisch gesehen nichts anderes als die *Autarkie* in Frage kommen.

14.1. Das Prinzip der Autarkie kann aufgrund des bisher Gesagten logischerweise nicht auf der Ebene der Elementarteilchen selbst zu finden sein, sondern nur auf einer logischen Metaebene, und zwar in Gestalt des *binärlogischen* Prinzips der ontisch-ontologischen Grundstruktur, dem angesprochenen *Prinzip der inhärenten Einheit in der Differenz* (das der logisch inhärenten Unterscheidung entspricht), dessen ontische Variante das Prinzip der (nicht rein logischen, sondern kontingenten und virulenten) *synthetischen Einheit in der Differenz* bildet (deren *ontische Logik,* im Sinne der Prinzipien der chemischen Bindungen, Gegenstand der physikalischen Chemie ist).[107] Es ist dieses Prinzip der synthetischen Einheit in der Differenz, das der Bildung von Strukturen (atomaren und darüber hinaus) zugrunde liegt.[108] Seine Eigenheit besteht darin, dass es – auch im Wege der emergenten Faktoren Kohäsion und Kumulation – (auf virulente Weise) *lokal* strukturbildend, aber zugleich im Sinne des Primats der Gesamtkonstellation *übergreifend bzw. global* dynamisch wirkt. Die *Strukturen* sind, als partielle Konstellationen betrachtet, gleichsam bloße Facetten der Gesamtkonstellation. Diese ist daher ihrerseits vice versa als dynamische Konstellation von (mehr oder minder) autarken Konstellationen zu begreifen.[109]

14.2. Im Hinblick darauf, dass wir den Begriff der *Existenz* üblicherweise nur auf (in gewissem Maße) autarke Einheiten anwenden, ist es angemessen, bezüglich der Frage des Existenzstatus von Elementar-

---

107 Das ›=‹-Zeichen in der mathematischen Gleichung ist keine Kopula, kein Ausdruck einer Prädikation, sondern eines inhärenten wechselseitigen Zusammenhangs. In ähnlicher Weise, wie eine rein mathematische Gleichung Ausdruck einer analytischen Einheit in der Differenz ist, so ist eine physikalische Gleichung Ausdruck einer (dynamischen) synthetischen Einheit in der Differenz, und zwar mit Anspruch auf Allgemeingültigkeit, vermittels der Substitution der Gegenstände durch quantitativ definierte physikalische Konzepte, bzw. vermittels der Bezugnahme auf rein konzeptuell definierte theoretische Entitäten, d.h. ohne Differenzierung in der Weise der unmittelbaren Bezugnahme auf die Gegenstände. Das ›=‹-Zeichen der physikalischen Gleichungen steht insofern für die, ihren eigenen Prinzipien gehorchende reine Immanenz der physikalischen Ebene. Jede Art von konkreter Differenzierung (in Form von Messung) bezieht sich ausschließlich auf die grundlegenden Konzepte.

108 Etwas anders, als auf der atomaren Ebene verhält es sich auf der subatomaren Ebene bei der Physik des Atomkerns. Siehe dazu Frank Wilczek: »Es gibt aber einige bemerkenswerte Unterschiede zwischen der Art und Weise, wie wir einen Atome, zum anderen Protonen zusammengesetzt sind (jene aus Elektronen, Photonen, und einem Kern, diese aus Quarks und Gluonen).« [Wilczek, 2021, 92]

109 Das Prinzip der Autarkie in Verbindung mit der These des Primats der Gesamtkonstellation erinnert in gewisser Weise an Leibniz's Konzepte der *Monade* und seine Idee der *prästabilierten Harmonie*. Auf wiederum andere Weise bringt Werner Heisenberg die These vom Primat der Konstellation zum Ausdruck, wenn er schreibt: »›Am Anfang war die Symmetrie‹, das ist sicher richtiger als die Demokritsche These ›Am Anfang war das Teilchen‹. Die Elementarteilchen verkörpern die Symmetrien, sie sind ihre einfachsten Darstellungen, aber sie sind erst eine Folge der Symmetrien.« [Heisenberg, 2017, 280]

teilchen von *Subexistenz* zu sprechen. Sie existieren nicht in der Weise eines – gegenüber der Gesamtkonstellation in bestimmter (Verhaltens) Weise autarken – Fürsichseins.[110]

Der ontologische Status der Elementarteilchen ist folglich nur negativ zu kennzeichnen, als Status der fehlenden Autarkie, bzw. insofern das Verhalten sämtlicher Teilchen (als konstitutive Teile der Gesamtkonstellation) von dem bestimmten Zusammenspiel sämtlicher Teilchen und Faktoren (wie die räumliche Distanz), die die Konstellation bilden, bestimmt wird, als Status der *Semi-Autarkie*. Genauer gesagt, wird das Zusammenspiel der Teilchen und Faktoren, die die Konstellation bilden, zwar durch deren systemische Merkmale bestimmt, aber erst durch die jeweilige Konstellation konkretisiert.

14.2.1. Die Elementarteilchen sind in dieser Hinsicht *Schach-Figuren* vergleichbar, denn auch die einzelnen Schach-Figuren sind semi-autark in dem Sinn, dass ihre *Eigenschaften* ausschließlich mit Bezug auf die Regeln des Spiels definiert sind, und sich in der Weise der konkreten (effektiven) Interaktion im Spiel manifestieren, und zwar in der Weise (bzw. im Wege) ihrer Konkretisierung in der und durch die jeweilige Konstellation, als (durch die Interaktion selbständig hervorgebrachte) Randbedingung ihres Verhaltens.

Die Definition der *Eigenschaften* der Figuren mit Bezug auf die Spiegelregeln bedingt ihre *feldartige Präsenz,* die maßgeblich ist für die Beurteilung der Konstellation (durch die Spieler).

Die durch die Spielregeln vorgegebenen *Eigenschaften* der Figuren sind per se abstrakt, als solche aber zugleich maßgeblich für die Beurteilung der Konstellation. Diese Beurteilung beruht ihrerseits auf der Kenntnisnahme, dass die jeweilige Konstellation ihrerseits maßgeblich ist für die *konkreten Eigenschaften* der Figuren. Denn

---

110 Die sezierende Herangehensweise stößt hier an eine natürliche Grenze. So schreibt auch Dean P. Rickles: »We cannot *decompose* the correlations in an ontological sense, though we clearly can in an epistemic or formal sense – indeed, the correlates constitute our ›access points‹ to the more fundamental, physical correlations.« [Rickles, 2012, 143]

erst die jeweilige Konstellation konkretisiert (auch in der Weise der feldartigen Präsenz der Figuren) die (abstrakt vorgegebenen) Möglichkeiten der Interaktion (die Zugmöglichkeiten); sie wird aber wiederum ihrerseits durch die Interaktion fortlaufend verändert und mitgestaltet.

Eine Stellung beim Schach ist nicht definitiv zu beurteilen, sondern nur nach unterschiedlichen Potentialen im Hinblick auf die weitere Entwicklung, die sich mit jedem Zug verändern. Jeder einzelne Zug verändert die Gesamtkonstellation und beeinflusst die Zugmöglichkeiten, d.h. die konkreten Eigenschaften der Figuren. Gleichzeitig sind es aber die abstrakten Eigenschaften der Figuren, die die Konstellation im Gesamten bestimmen und verändern. Das gilt grundsätzlich unabhängig davon, ob die Züge in irgendeiner Weise automatisch erfolgen, oder aufgrund gezielter Überlegung.

Den abstrakten Eigenschaften der Figuren ebenso wie ihrer feldartigen Präsenz entsprechen auf der physikalischen Ebene die konzeptuelle Definition der Elementarteilchen, bzw. deren davon logisch abgeleitete semi-autarke Existenzweise, und die damit verbundenen Prinzipien (›vorgegebenen Spielregeln‹) der Interaktion und Strukturbildung. Abgesehen vom autonomen (*blinden*) Ablauf des Geschehens gilt auch hier – gemäß dem Primat der Gesamt-Konstellation – die Konkretisierung der Möglichkeiten der Interaktion der Teilchen (im Zuge des Geschehens) durch die jeweiligen konkreten Konstellationen ebenso wie vice versa die Veränderung der Konstellationen durch die fortlaufende Interaktion (auf unterschiedlichen Raum- und Zeitskalen), auf Basis der abstrakten Eigenschaften der Teilchen. Der Unterschied ist, dass die Konstellationen immer schon zugleich mit den Teilchen da sind und die Spielregeln gemeinsam mit den *Eigenschaften* der Teilchen erst herausgefunden werden müssen, um den Ablauf des Geschehens zu verstehen.

14.2.2. Der semi-autarke ontologische Status der Elementarteilchen im Rahmen von Konstellationen bildet den Grund der Komplementarität (ihrer Präsenz als Partikel und als Feld),[111] und im Gesamten auch den ontologischen Grund für den Primat der Konstellation auf allen Ebenen der Wirklichkeit in unterschiedlichen Ausprägungen.

So wenig sich der Verlauf eines Schachspiels (kausal) durch die Eigenschaften der Figuren erklären lässt, so wenig ist der Begriff der linearen Kausalität geeignet, die Determinanten auf Ebene des Verhaltens der Elementarteilchen zu erfassen. Einstein hat (im Sinne dessen, was er damit zum Ausdruck bringen wollte) zugleich recht und unrecht mit seinem berühmten Diktum »Gott würfelt nicht!«.[112] Das Spiel ist ein anderes. Die menschliche Faszination für Spiele hängt wohl auch ursächlich mit dem Reiz des Faktors (der für den Spieler selbst teilweise blinden) Konstellation zusammen.

Diese Autonomie der Gesamtkonstellation ist sowohl der Grund der vollkommenen Immanenz (>Blindheit<) des physikalischen Geschehens, als auch seiner unablässigen Virulenz (die beiden Merkmale des physikalischen Geschehens, die auf markante Weise die Grenzen der Schach-Analogie aufzeigen). Der Glaube an die blinde Determination des Geschehens lässt sich grundsätzlich nur ontologisch begründen, doch er hängt ursächlich damit zusammen, dass jedes Handeln grundsätzlich den Charakter einer (auf konditionale Weise nachvollziehbaren) Intervention in einen unabhängigen (auf fundamentaler Ebene blinden) Zusammenhang hat.

14.2.3. Die Spiele-Analogie lässt sich ungeachtet der angesprochenen Grenzen noch auf eine andere Weise weiterspinnen, nämlich

---

111 Siehe Wolfgang Paulis Feststellung: »Ein Feld kann nur durch seine Wirkungen auf Probekörper gemessen werden, und die Probekörper können auch als Quellen des Feldes angesehen werden.« [Pauli, 1961, 8]. Und: »Während in der derzeitigen Theorie immer noch eine Dualität bezüglich der Begriffe der Felder und der Probekörper besteht, glaube ich, daß eine neue mathematische Gestalt der physikalischen Gesetze erforderlich ist, welche Felder ohne Probekörper nicht nur physikalisch, sondern auch logisch unmöglich macht.« [Ebenda, 9]

112 Gerichtet gegen die Interpretation der quantentheoretischen Gesetze in statistischem Sinn. Das genaue Zitat lautet: »Quantum mechanics is certainly imposing. But an inner voice tells me that this is not yet the real thing. The theory yields much, but it hardly brings us closer to the Old One's secrets. I, in any case, am convinced that He does not play dice.« [Einstein, 2011, 380]

im Hinblick auf das, was man als das Regellimit bezeichnen könnte, das heuristische Endziel der Bewegung der Figuren, das im Falle des Schach-Spiels durch die Gefangennahme des gegnerischen Königs (der gleichsam symbolisch die Autarkie jeder der beiden Seiten verkörpert) definiert ist. Analog dazu kann dieses Regellimit im Falle der blinden, virulenten Autonomie des physikalischen Geschehens logischerweise nur durch die Erhaltungssätze (als Grenzbedingung) definiert sein.

Das heißt, die inhärente, virulente Dynamik der Bildung kontingent autarker Konstellationen im Rahmen (und zugleich auf unterschiedlichen Ebenen) der Gesamt-Konstellation wird in letzter Instanz (als Grenzbedingung) reguliert von den Erhaltungssätzen.

14.2.4. Diesem Regellimit des physikalischen Geschehens korrespondiert auf Seiten der Physik als Wissenschaft in gewissem Sinne ihre mathematische Heuristik als epistemologisches Regellimit.[113] Die mathematische Gleichung ist gewissermaßen das formale Analogon zum ontologischen Prinzip der synthetischen Einheit in der Differenz (ohne Differenzierung), dessen konkrete Gestalt die autonome (blinde), auf virulente Weise dynamische Konstellation ist.

Der Physiker gleicht in gewisser Weise dem Beobachter eines Spieles, dessen Regeln er vorweg nicht kennt, ja nicht einmal dessen effektive Spielfiguren (Konstituenten), und das sich ihm daher zunächst als schlichtes, aber unbegreifliches Phänomen darbietet, an dem er überdies selbst auf (zunächst) intransparente Weise teilhat (in Form der differenzierenden und analysierenden Erkenntnistätigkeit und ihrer heuristischen Selbstdeutung im Sinne von Beschreibung – als Bestandteil dieser Tätigkeit). Auch das geläufige heuristische Selbst-

---

113 Diesem heuristischen Regellimit der Physik als Wissenschaft (das auch den Hintergrund der Auseinandersetzung zwischen Niels Bohr und Albert Einstein bildet, siehe dazu die Darstellung bei Bohr [in Bohr, 1958, 32-67]) entspricht in der qualitativ differenzierenden (deskriptiven) Erkenntnisweise der Metaphysik die Substanzidee, inklusive ihrer (auf dialektische Weise) spekulativen Steigerung zur ›absoluten Substanz‹, die (als autonome) alle Unterschiede in sich birgt und befasst. In der traditionellen Erkenntnistheorie ist es hingegen die Substanzidee (in der begrenzten Form, verstanden als autonome), die das ontologische und die Gewissheit, die das heuristische Regellimit bildet.

Verständnis der Erkenntnistätigkeit stellt somit ein (zweifelhaftes) epistemologisches Limit seines Verständnisses des beobachteten Spiels dar. Das (mehr oder minder blinde) Vertrauen des Physikers in die mathematische Heuristik bei seiner Erkenntnistätigkeit egalisiert aber dieses Limit (zum Großteil). Die physikalischen Konzepte entsprechen hierbei, im Sinne ihrer de- und rekonstruktiven Funktion in Hinsicht auf das Spielgeschehen, den maßgeblichen Spielfiguren.

14.2.5. Auch Isaac Newton bringt (etwas verklausuliert) diese Art der Vorgehensweise der experimentellen Physik (ebenso wie ihr deskriptives Missverständnis) zum Ausdruck, wenn er wie folgt schreibt: »Es scheint mir ferner, dass diese Partikeln nicht nur Trägheit besitzen und damit den aus dieser Kraft ganz natürlich entspringenden passiven Bewegungsgesetzen unterliegen, sondern dass sie auch von activen Principien, wie die Schwerkraft oder die Ursache der Gährung und der Cohäsion der Körper sind, bewegt werden. Diese Principien betrachte ich nicht als verborgene Qualitäten, die etwa aus der specifischen Gestalt der Dinge hervorgehen sollen, sondern als allgemeine Naturgesetze, nach denen die Dinge gebildet sind. Die Wahrscheinlichkeit dieser Principien wird uns aus den Erscheinungen deutlich, wenn auch ihre Ursachen bis jetzt noch nicht entdeckt sind. ... Wenn man uns sagt, jede Species der Dinge sei mit einer specifischen verborgenen Eigenschaft begabt, durch welche sie wirkt und sichtbare Effecte hervorbringt, so ist damit gar nichts gesagt; wenn man aber aus den Erscheinungen zwei oder drei allgemeine Principien der Bewegung herleitet und dann angiebt, wie aus diesen klaren Principien die Eigenschaften und Wirkungen aller körperlichen Dinge folgen, so würde dies ein grosser Fortschritt in der Naturforschung sein, wenn auch die Ursachen dieser Principien noch nicht entdeckt wären. Deshalb trage ich kein Bedenken, die oben erwähnten Principien der Bewegung, welche eine sehr allgemeine Ausdehnung besitzen, aufzustellen und die Entdeckung ihrer Ursachen Anderen anheimzugeben.« [Newton, 1983, 266f.]

14.3. Es liegt aus ontologischer Sicht nahe, anzunehmen, dass der

Dualismus von Partikel- und Wellen-Eigenschaften der Elementarteilchen grundsätzlich mit ihrem semi-autarken Status zusammenhängt. Das würde dann aber bedeuten, dass die elektrische Ladung als elementares Konzept nicht der letzte (oder nicht der einzige) Grund für diesen Status wäre, weil dieser Dualismus auch (und in besonderer Weise) auf das Photon als Teilchen ohne elektrische Ladung (und ohne Masse) zutrifft.

Andererseits scheint sich das Photon speziell unter dem Gesichtspunkt der Autarkie von den anderen Teilchen zu unterscheiden. Denn während Teilchen mit einer elektrischen Ladung (aus rein logischen Gründen) semi-autark und deshalb (auf unterschiedliche Weise) struktur- bzw. konstellationenbildend sind, verfügt das Photon über ein höheres Maß an Autarkie, allerdings nicht hinsichtlich seiner Genese. Manche kurzlebige Elementarteilchen erwecken wiederum den Eindruck von reinen Verrechnungseinheiten im Zuge effektiver Interaktionen (vergleichbar mit Kontobewegungen, also der Einzahlung auf ein anderes Konto auf Basis einer anonymen Vorschreibung). Das Photon hat aus dieser Sicht in gewisser Weise den Charakter eines Spin-offs, das Gluon den eines Trade-offs.

Die übliche Auflistung der Elementarteilchen in schematischer Form anhand ihrer *Eigenschaften* verführt zu ihrer Betrachtung als vorhandene *Bausteine*, die in ihrer existierenden Gesamtheit und räumlichen Anordnung auf Basis ihrer Eigenschaften das vorhandene Universum ergeben. Es scheint dagegen an der Zeit, sich vom Bild der Bausteine und der Anordnung endgültig zu lösen. Vielleicht sollte man anstelle dessen zwischen *Basisteilchen* und *Transaktionsteilchen* unterscheiden und den Fokus des Interesses von der *Anordnung der Teilchen* hin zu den wirksamen *Ordnungsprinzipien* lenken.

14.3.1. Das betrifft auch die geläufige Assoziation der physikalischen Ebene mit dem Begriff der Information. Siehe dazu Anton Zeilingers Diktum: »Information ist der fundamentale Baustein des Universums«, auf Basis der beiden vorangehenden Propositionen: Es gibt »insgesamt drei verschiedene Arten von Teilchen. [Nämlich: Up-Quarks, Down-Quarks, und Elektronen.] ... Von ihrer Anordnung hängt ab, was wir vor uns haben. ... Diese Anordnung ist einfach die Information.« [Zeilinger, 2005, 72 u. 73]. Der Begriff der Information hat aber die Existenz irgendeiner Art von Heuristik zu seiner Bedingung, und diese kann auf blinder physikalischer Ebene nur von dem Prinzip der Autarkie (der synthetischen Einheit in der Differenz), als Prinzip der Strukturbildung im Rahmen der Autonomie der Gesamtkonstellation (als oberstes Prinzip und als Grenzbedingung der Strukturbildung) herkommen. ›Information‹ kann die Anordnung also nur ›sein‹, wenn diese ihrerseits bestimmten übergeordneten Prinzipien gehorcht.[114] Darin steckt zugleich ein grundlegender Aspekt von Teleonomie.

14.4. Eine spezifische (erweiterte) Form von Autarkie steht auch mit dem Systemcharakter des *Spin* in Verbindung. Dieser unterscheidet sich in einem wesentlichen Punkt von dem der elektrischen Ladung, nämlich durch die bloße Immanenz seiner Bi- oder Multipolarität (im Unterschied zur logischen Inhärenz der Bipolarität im Falle des Konzepts der elektrischen Ladung). Das heißt, der Spin ist physikalisch nicht durch diese Polaritäten *definiert*, sondern nur *charakterisiert* (im Sinne von definiten Messwerten). Dem entspricht als ontologisches Prinzip im Hinblick auf die Strukturbildung nicht die Autarkie im primären Sinn, sondern vielmehr *die Symbiose*.[115] Das Pauli-Prinzip, bzw. Pauli-Ausschließungs-Prinzip (das neben dem Spin auch noch verschiedene andere Quanten-Zahlen umfasst), ist die Formulierung der Prinzipien, die den betreffenden symbiotischen Beziehungen zugrunde liegen.[116] Die Manifestation solcher

---

114 In diesem Sinne lässt sich auch Newtons Vorgangsweise als Suche nach der immanenten Heuristik, der das Verhalten der Gegenstände folgt, auffassen, die im Resultat zur Entdeckung der mathematischen Prinzipien des blinden Verhaltens der Gegenstände führt. Die Kenntnis dieser Prinzipien kann wiederum dazu dienen, aus blinden Daten Information zu gewinnen.

115 Siehe auch das Konzept der *Spin networks* [z.B. bei Rovelli, 2017, 147ff.].

116 Als Spiele-Analogon bietet sich hier eventuell Sudoku an. Im Unterschied zum Faktor der kontingenten Autarkie, der von innen nach außen wirkt, wirkt die

Symbiosen in Reinform ist das rätselhafte Phänomen der Quanten-Verschränkung, das sich im experimentellen Setting als semi-logische Kohärenz manifestiert.

Die beiden Prinzipien der Autarkie und der Symbiose sind zwei unterschiedliche (aber in der Regel simultan wirksame) Formen, bzw. Ausprägungen des (beide gemeinsam umgreifenden) Prinzips der synthetischen Einheit in der Differenz als allgemeines Prinzip der virulenten Strukturbildung auf allen Ebenen der Gesamtkonstellation.[117]

14.5. Das bisher Gesagte führt, wie auch die Schach-Analogie, zu dem eindeutigen Schluss, dass die Schnittstelle der Interaktion der Teilchen nicht auf der Ebene der Teilchen (aufgefasst als materielle oder immaterielle Punkte) selbst liegt.[118] M.a.W., dass diese Interaktion durch Prinzipien (*Spielregeln*) determiniert ist, die nicht (*kausal*) von den einzelnen Teilchen (als *Bausteinen*) her zu begreifen sind, und darüber hinaus fortlaufend durch die jeweilige Konstellation *konkretisiert* sind. Der Grund dafür liegt in der (onto-logisch begründeten) Semi-Autarkie der Teilchen, und dem entsprechenden Primat der Konstellation in Hinsicht auf ihr Verhalten.

Die Schnittstelle der physikalischen Interaktion auf der Teilchen-Ebene sind die Felder oder Kräfte, in Abhängigkeit von der jeweiligen Konstellation. Die Schnittstelle auf der Ebene der kontingent autarken

---

Symbiose eher nach innen. »Die Phasen der Materie – darunter die vertrauten wie flüssig, dampfförmig und fest – sind Ordnungsphänomene«, so Laughlin [Laughlin, 2007, 64]. Und an anderer Stelle: »Phasen sind nicht nur statische, gleichförmige Quantenzustände, sondern ihre feinsten inneren Bewegungen sind in einem *sehr allgemeinen* Sinn physikalisch nicht von Elementarteilchen zu unterscheiden.« [Ebenda, 162]

117 Das dritte elementare Konzept der Elementarteilchenphysik, die Masse, kann im Grunde ebenfalls nicht als autonomes Konzept aufgefasst werden, wie Einsteins Gesetz der Äquivalenz von Masse und Energie zeigt, aber ebenso seine durch und durch vom emergenten Faktor Kumulation – in Abhängigkeit von der Konstellation (und daher rein relational) – bestimmte Art seiner Wechselwirkung in Form der Gravitation. Die drei Grundkonzepte der Mikrophysik: Elektrische Ladung, Spin und Masse, unterscheiden sich grundsätzlich in Hinblick auf ihre zunehmende Kontingenz.

118 Mit Ausnahme von Collider-Experimenten in Teilchenbeschleunigern.

(synthetischen) Konstellationen, bzw. Einheiten ist logisch und qualitativ emergent und kontingent, und entsprechend von unendlicher Vielfalt, dabei aber wiederum geprägt von den ebenfalls emergenten und kontingenten Faktoren Kohäsion und Kumulation als additiven Ordnungsfaktoren. Determinierend ist und bleibt dabei das (auf allen Ebenen und in allen Formen und additiven Faktoren simultan wirksame) dynamische *Prinzip* der synthetischen Einheit in der Differenz – in seinen beiden unterschiedlichen ›lokalen‹ Ausprägungen (Autarkie und Symbiose), sowohl als (simultan und ›global‹) in der Form des Primats der Gesamt-Konstellation, und zwar als Grenzbedingung der Strukturbildung in der Form der Autonomie, als global wirksames Regulativ, das sich auf lokaler Ebene als Kontingenz bemerkbar macht.

14.6. Der Begriff der *Kausalität* ist keine ontologische Kategorie im physikalischen Sinne, sondern ein Schema der analysierenden *Beschreibung* von manifesten (in der Spannbreite von effektiven bis scheinbaren) Zusammenhängen in der opaken Weise der Attribution. Und zwar entweder in rein formaler, konditionaler Form (Wenn-dann) oder in der beschreibenden (metaphysischen) Form der kausalen Zuschreibung eines manifesten Ereignisses (als Wirkung) zu einem anderen manifesten Ereignis oder einer unabhängigen Substanz (als ihre Ursache). Er ist m.a.W. ein praktikables Vehikel der verstandesmäßig differenzierenden und analysierenden Erschließung der wahrgenommenen Vorkommnisse.

Seine beiden Wurzeln liegen in der blinden Autonomie des Geschehens auf physikalischer Ebene, die auch den Rahmen des Erkennens und Handelns abgibt, und in der handelnden Intervention in eben dieses, nach autonomen Prinzipien ablaufende Geschehen. Er ist daher aus physikalischer Sicht ein Instrument der beschreibenden Deutung von Zusammenhängen, ohne deren Notwendigkeit ausreichend begründen zu können. Er bietet daher weder an sich selbst, noch im Wege seiner Begründung durch die Berufung auf Beobachtungen und den Induktionsschluss eine geeignete Basis für die Rechtfertigung des Glaubens an einen universellen Determinismus.

14.7. Auch« im Terminus *Kraft, bzw. Kräfte* steckt der Aspekt der Manifestation der dynamischen Zusammenhänge, allerdings nicht in der oben angesprochenen Weise der Schnittstelle der blinden Interaktion, sondern vermittelt durch das Schema von actio und reactio (das in gewisser Weise der handelnden Intervention entspringt).

So erscheint im Falle der Gravitation aus beschreibender Sicht, in Verbindung mit dem (grundsätzlich wechselseitigen) Faktor Beharrungskraft der Masse (in unterschiedlichster Weise verstärkt durch den emergenten Faktor Kumulation) die Gravitationskraft als einseitiger (von einer Seite ausgehender) aktiver Faktor. Doch wie sich an den einzelnen Dingen zeigt, werden sie zum einen zwar von der Masse der Erde angezogen, sind aber zum anderen in Summe gesehen zugleich selbst Teil dieser Masse der Erde, also wiederum selbst Teil der wirkenden Masse, deren Wirkung sich wiederum in Richtung auf ihr Zentrum als Druck manifestiert.

In diesen Zusammenhang passt auch, dass, laut I. Bernard Cohen, Newton »writes that *his* measure of quantity of matter [mass] is ... two factors jointly: density and volume.« [Cohen 2002, 58]. »He abandoned weight as the measure of matter because ... the weight of a body varies with its terrestrial latitude. Newton points out that, at any given place, the mass of a body can always be known from a body's weight.« [Ebenda, 59]. Und weiter: »Newton's concept of mass has been criticized, notably by Ernst Mach, on the grounds of circularity. If density is mass per unit volume, how can mass be defined as jointly proportional to density and volume?« [Ebenda, 59].

14.7.1. Der beschreibenden, kausalen Deutung des Phänomens *Kraft, bzw. Kräfte* gegenüber steht die dekonstruktive, analytische. Darauf spielt auch Frank Wilczek an, wenn er schreibt: »Viele Physiker sprechen statt von den vier ›Kräften‹ von den vier ›Wechselwirkungen‹.« [Wilczek, 2021, 111]. Und Newton stellt fest: »Wie in der Mathematik, so sollte auch in der Naturforschung bei Erforschung schwieriger Dinge die analytische Methode der synthetischen vorausgehen.« [Newton, 1983, 269]. Analysis ist das Gegenteil von bloßer Beobachtung und Beschreibung (respektive kausaler Zuschreibung). Und Bestandteil der physikalischen Analysis ist die heuristische Rolle von Konzepten, Axiomen und die Entdeckung von Konstanten. Im Falle der klassischen Mechanik und ihren quantitativ definierten Konzepten ist die Gravitationskonstante das, worauf sich Newton bezieht, wenn er aus methodischer Sicht von den *Prinzipien* (des Verhaltens der Gegenstände) spricht, in Abgrenzung von den *Ursachen*.

14.7.2. Im Falle der Mikrophysik haben die beiden elementaren Konzepte *elektrische Ladung* und *Spin* (mit Ausnahme des dritten, der *Masse*) selbst sowohl ontischen (effektiven) als auch prinzipienhaften Charakter, und sind somit im Sinne Newtons sowohl (semi-logische) *Prinzipien* als auch (onto-logische) *Ursachen*. Die fundamentalen Konzepte der Mikrophysik spielen daher im Gegensatz zur klassischen Mechanik nicht nur eine *maßgebliche* (das bedeutet im Hinblick auf die mathematische Heuristik der Physik, eine *mittelbar tragende)*, sondern eine *unmittelbar tragende* Rolle in Hinsicht auf die Analyse und Beschreibung der dynamischen Phänomene. Und sie implizieren (aufgrund des daraus abgeleiteten semi-autarken Status der Elementarteilchen), dass der Primat der Relationen vor den Relata (bzw. der Primat der Gesamt-Konstellation) prinzipieller, ontologischer Art ist. Das ist auch der Grund, warum *die Messung per se* den eigenständigen *Charakter der Ermittlung von (spezifischen) Werten* annimmt, die schließlich zur *Feststellung von absoluten Größenwerten in diskreter Form, sog. Quanten*, führt (was sie wiederum befähigt, selbst in bestimmten Kontexten als Maßeinheiten zu fungieren). Was wiederum (über einen längeren Weg) zu dem führt, was Planck als eine ›Arithmetisierung‹ der Physik bezeichnet hat. [Planck, 2020, 70].

14.7.3. Dieser Arithmetisierung korrespondiert auf der anderen Seite, simultan, die zunehmende heuristische Bedeutung und analytische Rolle der Geometrie, als Spiegel und Konsequenz des Umstands, dass die Raumzeit ein integraler Bestandteil (sowohl inhärente

Komponente und wirksamer Faktor) der Konstellationen als solcher ist (d.h. der Konstellationen auf allen Ebenen, als Teile der Gesamt-Konstellation). Die Negation des ontologischen Status der Elementar-teilchen als autonome Entitäten und die damit verbundene These des Primats der Konstellation schließen m.a.W. die Vorstellung aus, dass Raum und Zeit etwas unabhängig von der Konstellation sind. Sie sind vielmehr integraler Teil, sowohl als Aspekte der dynamischen Konstel-lation, und dabei selbst zugleich wirksame Faktoren. Die Konstellation bestimmt vollkommen immanent und autonom die *Trajektorien*, sie bildet und bestimmt selbst die Koordinaten.[119]

14.7.4. Ontologisch primär gegenüber Raum und Zeit sind dyna-mische Felder. Bezugnahme (›von außen‹ in Kombination mit Selbst-bewusstsein) ist die Grundlage, die konstitutive Bedingung, für die analytische Trennung in die Konzepte Raum und Zeit als ›unabhän-gige Kontinua‹.

Die Möglichkeit der Bildung von Koordinaten (im allgemeinen Sinne der Herstellung von manifesten räumlichen Relationen) unab-hängig vom eigenen Standpunkt, hat die menschliche Selbstwahrneh-mung als ein Objekt im Kontext der Umgebung zu ihrer Bedingung und ist insofern ein Spezifikum der menschlichen Vorstellung des Raumes als unabhängigem Raum (als ›Anschauungsform‹ im Sinne Kants). Und damit übrigens zugleich eine notwendige Bedingung der Möglichkeit von Geometrie als Wissenschaft von manifesten räum-lichen Relationen. Das Adjektiv ›manifest‹ bezeichnet in Kontradis-tinktion zu rein effektiven physikalischen Relationen (d.h. dynami-schen Konstellationen, Feldern) zugleich eine prinzipielle Grenze von deren Darstellbarkeit. Denn diese sind ob ihrer inhärenten Dynamik (ihrer Untrennbarkeit vom Faktor Zeit) nur eingeschränkt als mani-feste exakt analysierbar.

---

119 In einer Formulierung des jungen Bertrand Russell: »Our Whole is not properly extended: space is in it, not it in space. Space must be regarded as a mere aspect of its differentiation, and time too.« [Russell, 2007, S. 52]. Die Verbindung zu Benoît B. Mandelbrots Begriff des Fraktals bzw. der fraktalen Dimension drängt sich förmlich auf.

Andere Lebewesen können Koordinaten (unilateral hergestellte räumliche Relationen) hingegen nur im Sinne ihrer unmittelbaren Orientierung auf ein bestimmtes heuristisches Ziel (etwa eine Beute, oder im Sinne der unmittelbaren Witterung einer Fährte) bilden. Man kann diesbezüglich von semi-manifesten räumlichen Relationen sprechen. In enger Verbindung damit steht auch das Thema des ›körperlichen Wissens‹.

14.7.5. In der angesprochenen ›Arithmetisierung‹ macht sich übrigens eine interessante Umkehrung bemerkbar: Während in der klassischen Mechanik der Raum und die Zeit, also die geometrischen und zeitlichen Koordinaten, als absolut galten, und die Messwerte (sowohl was die Gegenstände der Messung, als auch die Maßstäbe betrifft) kontingenter (beliebiger) Natur waren, kehrt sich dieses Verhältnis nun um. Der Faktor Kontingenz wandert von der einen auf die andere Seite. Die Messwerte nehmen absoluten Charakter an und die Geometrien passen sich den Gegebenheiten der Konstellation an. Dem entspricht das Konzept des Konfigurationsraums, und auch Niels Bohrs »Verzicht auf Erklärung mittels einer anschaulichen Darstellung.« [Bohr, 1958, 64].

These 15. Unser Denken in Kategorien von Gegenständen und manifesten Relationen stößt in Bezug auf die blinde physikalische Ebene an eine prinzipielle Grenze. Denn wie die logische Analyse der Erkenntnistätigkeit gezeigt hat, ist Differenzierung die notwendige Bedingung der Möglichkeit von Wahrnehmung und diese ist ihrerseits (rein logisch) nicht möglich ohne unilaterale Bezugnahme, d.h. einen gegenüber dem Unterschiedenen externen Standpunkt. Manifeste Unterscheidungen qualitativer Natur ebenso wie manifeste räumliche, bzw. raum-zeitliche Relationen (für die gilt: Keine Relation ohne Relata) involvieren daher immer schon unilaterale Bezugnahme. Und zwar, nebenbei bemerkt, vollkommen unauffällig, weil Differenzierung ihrerseits die Bedingung der Möglichkeit von konkreter Bezugnahme ist.

Das impliziert aber im Umkehrschluss, dass auf rein physikalischer Ebene, auf der (noch) keine unilaterale Bezugnahme existiert, weder manifeste Unterscheidungen, noch manifeste Relationen existieren, sondern ausschließlich effektive Unterschiede und effektive Relationen, die blinde dynamische Konstellation. Und insofern die effektiven *Eigenschaften* der Elementarteilchen nicht autonomer Art sind, folgt daraus eben der Schluss auf den Primat der Konstellation. Alle diese Faktoren zusammen bedingen die prinzipielle *Unanschaulichkeit* des physikalischen Geschehens. Die einzig adäquate Form der Darstellung ist die rein mathematische.[120] In dieser Hinsicht gilt die Devise »Every Thing Must Go«[121] für die Physik und das Verständnis der Physik uneingeschränkt. An Stelle der Dinge (sprich: Teilchen) muss sich die ontologische Reflexion den physikalischen Konzepten zuwenden.

15.1. Aus dem semi-autarken ontologischen Status der Elementarteilchen und dem korrespondierenden Primat der Gesamt-Konstellation ergeben sich weitere onto-logische Schlussfolgerungen: 1) Der Schluss auf das, auf iterative Weise (auch im Wege der Symbiose) wirksame, Prinzip der Autarkie als onto-logisches Prinzip der Strukturbildung, d.h. der Bildung lokaler Konstellationen. Daraus folgt 2) dass diese (gegenständlichen) Strukturen, als (mehr oder minder autarke) Konstellationen betrachtet, gleichsam bloße Facetten der Gesamt-Konstellation sind. Diese ist daher ihrerseits vice versa als dynamische Konstellation von (mehr oder minder) autarken Konstellationen zu begreifen. 3) Damit ist schon angesprochen, dass die Autarkie der betreffenden autarken Konstellationen (bzw. Strukturen, Einheiten, ›Gegenstände‹) kontingenter (und damit auch grundsätzlich, allerdings in stark unterschiedlichem Maße, vergänglicher) Art ist. 4) Daraus folgt weiters, dass, diesem onto-logischen Verständnis von Gegenständen gemäß (und insofern aus rein prinzipiellen, logi-

---

120 Insofern die theoretischen Entitäten keine autarken Einheiten sind und ihre Präsenz daher effektiv dynamischer (und auch feldartiger) Natur ist, sind auch der Messung Grenzen gesetzt. Sie nimmt den Charakter der Manifestation an. Siehe dazu Niels Bohr: »Das Problem unterstreicht erneut die Notwendigkeit, die *ganze* Versuchsanordnung, deren Spezifizierung für jede wohldefinierte Anwendung des quantenmechanischen Formalismus unerläßlich ist, zu betrachten.« [Bohr, 1958, 57]
121 Der Titel eines Buches von James Ladyman und Don Ross, 2007.

schen Gründen) alle physikalischen *Eigenschaften* von Gegenständen emergenten Ursprungs (und damit rein effektiver Natur) sind,[122] also ihrerseits zurückzuführen sind auf die Konstitution autarker struktureller Einheiten (partieller Konstellationen) im Rahmen der Gesamtkonstellation. Das impliziert 5) dass die kontingente Autarkie der strukturellen Einheiten sich *nach außen* (in Form ihres Verhaltens, also in Form von actio/reactio) als *relative Autonomie* präsentiert. Eine *gesetzmäßig* verfasste Autonomie, weil sie übergeordneten Prinzipien gehorcht, und sich daher in Summe in mehr oder minder *konformer* Weise ausprägt.[123] 6) Die *Eigenschaften* sind die *qualitative Seite* der instantanen, und zugleich unablässigen Interaktion (im Sinne, bzw. auf Basis von rein effektiven Relationen, moderiert von der Konstellation). Sie werden instantan evoziert durch die Interaktion, und bestimmen damit zugleich (in emergenter, effektiver Weise) das betreffende Geschehen.[124] Ihre *inhärente Bestimmtheit* (als Eigenschaften kontingent autarker Einheiten) ist eine facettierte Bestimmtheit im ständigen Fluss.

---

122 Wir halten es an dieser Stelle für angebracht, aus Gründen der terminologischen Klarheit in Bezug auf die semi-autarken Elementarteilchen nicht von >Eigenschaften<, sondern von >Merkmalen< zu sprechen.

123 Robert B. Laughlin spricht allgemein davon, »dass … starke Ordnungsprinzipien am Werk sind«. Und er fügt hinzu: »Physiker sprechen selten über den kollektiven Charakter der Messungen von fundamentalen Konstanten.« [Laughlin, 2007, 40]. Und er zieht »aus der Sicht der Emergenztheorie« den Schluss, dass »physikalische Gesetzmäßigkeit eine Regel kollektiven Verhaltens dar[stellt]. Sie ist eine Folge ursprünglicherer, darunterliegender Verhaltensregeln … und sie gibt einem die Möglichkeit, innerhalb eines beschränkten Rahmens von Bedingungen Vorhersagen zu treffen. Außerhalb dieses Rahmens wird sie bedeutungslos und durch andere Regeln ersetzt, die innerhalb einer Hierarchie der Abstammung entweder ihre Kinder oder ihre Eltern sind.« [Ebenda, 126f.]

124 In diesem Sinne schreibt auch Robert B. Laughlin: »Ich bin zunehmend davon überzeugt, dass *alle* und nicht nur einige der uns bekannten physikalischen Gesetze aus kollektivem Geschehen hervorgehen.« [Laughlin, 2007, 16]. Das unterstreicht einmal mehr den explorativen Charakter des dekonstruktiven physikalischen Erkenntniskonzepts, und die gleichermaßen explorative Funktion der Mathematik (und speziell auch der Geometrie) in dessen Rahmen.

15.1.1. Der Verlauf des physikalischen Geschehens oberhalb der Elementarteilchen-Ebene wird somit unmittelbar bestimmt von den emergenten Eigenschaften kontingent autarker Einheiten.

Zwei Faktoren spielen dabei in Hinsicht auf den Verlauf dieses Geschehens eine besondere Rolle. Zum einen der emergente Faktor Kumulation in Kombination mit dem elementaren Konzept Masse. Sein Einfluss auf das Geschehen ist einerseits in strukturbildender Hinsicht von stabilisierender Art (er leistet auch einen entscheidenden Beitrag zur Linearisierung der effektiven räumlichen Beziehungen im Rahmen der Gesamtkonstellation), andererseits aber auch, – im Hinblick auf die Freisetzung von Energie im Zuge – ab einer bestimmten Stufe der Kumulation – selbst-induzierter atomarer Prozesse, von de-stabilisierender Art.

Der zweite Faktor spielt eine wesentliche Rolle in Bezug auf das Phänomen der sogenannten Phasenübergänge als eine spezifische Form von Emergenz. Wie etwa an den vollkommen unterschiedlichen Eigenschaften von Wasser, flüssig, fest (in Gestalt von Eis) oder gasförmig (in Gestalt von Wasserdampf) sichtbar wird.[125] Das verweist wiederum auf den effektiven Einfluss, den Konstellationen in größerem Maßstab aufeinander ausüben (können), ein Einfluss, der wohl am ehesten im Sinne von *Milieubildung* aufzufassen ist und der in sehr vielen unterschiedlichen Bereichen eine maßgebliche Rolle spielt. Auch, wie wir wissen, im Hinblick auf die Möglichkeit (nicht nur der Entstehung) von Leben.

15.1.2. So wie das konkrete Verhalten der Elementarteilchen von der Konstellation bestimmt ist, so ist der Verlauf des physikalischen Geschehens auf höherer Ebene iterativ und durchgängig von den emergenten Eigenschaften der kontingent autarken Konstellationen auf unterschiedlichen Ebenen bestimmt. Insofern verfügen die kontingent autarken Einheiten im Hinblick auf ihr Verhalten und ihren Einfluss

---

125 Wie das Phänomen der Phasenübergänge durch Zufuhr oder Entzug von Energie ganz allgemein zeigt, ist der Begriff der *Materie* kein grundlegender ontologischer Begriff.

auf den Verlauf des physikalischen Geschehens über einen gewissen Grad von Autonomie, der vom (jeweils äußeren) Standpunkt der Beobachtung ihres Verhaltens (als manifeste Einheiten, bzw. Gegenstände) daher duchaus berechtigt in kausalem Sinne, also in Termini von Ursache und Wirkung gedeutet werden kann.

Der metaphysische Irrtum besteht nur in der Betrachtung dieser Einheiten als autonome Gegenstände (Substanzen) und in dem korrespondierenden Verständnis von Kausalität als eigenständige ontologische Kategorie. Der Primat der (Gesamt-)Konstellation (als Machtfaktor) im Hinblick auf das physikalische Geschehen rückt in Wahrheit (nämlich im Wege der iterativen Facettierung dieser Macht vermittels der emergenten Eigenschaften) nur in den Hintergrund. Die Konstellation bestimmt aber weiterhin effektiv, wenn auch auf unauffällige Weise (im Wege der Erhaltungssätze) das physikalische Geschehen. Das heißt, das Konzept der Kausalität ist nur in einem begrenzten Bereich und Umfang sinnvoll anwendbar, und es ist (weil beobachtungsabhängig) weder geeignet noch notwendig für die Begründung der Annahme eines durchgängigen Determinismus.

15.2. Insgesamt ergibt sich aus dem Bisherigen ein ungemein komplexes Bild der blinden Interaktion auf physikalischer Ebene. Den Schlüssel zum Verständnis dieser Komplexität in genetischer Hinsicht, ebenso wie zum Verständnis der Blindheit des Geschehens, bildet der semi-autarke ontologische Status der Elementarteilchen (der sich aus der logischen Analyse der sie betreffenden physikalischen Konzepte ableitet) und der zum Schluss auf den Primat der Gesamt-Konstellation führt. Gemessen daran, dass wir üblicherweise von Existenz nur in Bezug auf (in irgendeiner Weise) autarke Einheiten sprechen, kann man ihre Existenzweise daher ontologisch als *Subexistenz* charakterisieren.

Die fundamentalen Konzepte der Physik stellen somit auf radikale Weise die Grundlage unserer Vorstellung von Realität, das Substanz/Eigenschaft-Schema in Frage, und implizieren so mittelbar, dass sich sämtliche Formen von (individueller) Existenz in grundlegender Hinsicht durch ihre spezifische Form von Autarkie unterscheiden (d.h.

charakterisieren und verstehen) lassen: Die *Semi-Autarkie* der Elementarteilchen, die *kontingente Autarkie* der Atome und Moleküle bis hin zu den natürlichen oder hergestellten Gegenständen, und die *prekäre Autarkie* der Lebewesen.

Letztere bildet, wie sich zeigen wird, auch den Ursprung der Genese von unilateraler Bezugnahme, Heuristik und Differenzierung, den transzendentalen Bedingungen von Erkenntnis.

15.2.1. Es ist übrigens exakt die Negation der Autonomie der individuellen (beschränkten, *endlichen*) Substanzen (gemeinhin und im üblichen Sinne verstanden als schlechthin Seiendes), der die Spekulation der klassischen Metaphysik mit den hier vorgetragenen Reflexionen in Bezug auf die theoretischen Entitäten der Physik verbindet. Es ist allerdings der Ausgangspunkt, der den Unterschied macht.

Den Ausgangspunkt der klassischen Metaphysik (von Aristoteles über Spinoza und Descartes bis hin zu Hegel) bildet die unmittelbar gegenstandsbezogene Begrifflichkeit der Alltagssprache ebenso wie der beschreibenden Wissenschaften und der Philosophie. Genauer gesagt der Umstand, dass die Gegenstände der Erkenntnis definitorisch durchgängig durch begriffliche Abgrenzung voneinander (im Wege der Differenzierung) bestimmt sind. Es ist, so gesehen, die Semantik der gegenstandsbezogenen (und zwar vor allem der, von pragmatischen heuristischen Elementen gereinigten, wissenschaftlichen und philosophischen) Begrifflichkeit, die vermittels der Gleichsetzung von Denken (Erkennen) und Beschreiben zum Anknüpfungspunkt der Reflexion wird.

Die aristotelische Definitionsregel ›Genus proximum et differentia specifica‹ wird dabei, grob gesprochen, zur Leiter für die Vernunft, um auf spekulativem Wege zum Schluss auf eine nicht mehr begrenzte (d.h. durch Abgrenzung bestimmte), sondern absolute Substanz zu kommen, die nichts außer sich hat und alles in sich begreift.[126]

---

126 Dieser spekulative Ansatz wird im Grunde radikal ausgehebelt durch Wittgensteins Diktum: »Die Bedeutung eines Wortes ist sein Gebrauch in der Sprache.« [Wittgenstein, 2009, § 43]. Es verweist darauf, dass Unterscheidung

Die Physik geht im Gegensatz zur Vorgangsweise der metaphysischen Spekulation dekonstruktiv vor. Sie übersteigt nicht die Idee der beschränkten Substanz, sie interessiert sich gar nicht für diese Idee. Ihr Fokus liegt auf der peniblen De- und Rekonstruktion der dynamischen Phänomene, die Dekonstruktion der Gegenstände passiert dagegen eher beiläufig. Das Entscheidende an ihrer Vorgangsweise ist (in deutlichem Kontrast zur Metaphysik) das Erfolgskriterium, nämlich dass sich der Erfolg der Dekonstruktion einzig am Erfolg der Rekonstruktion bemisst. Die Physik langt auf diesem Weg schließlich bei den konzeptuell definierten theoretischen Entitäten (Elementarteilchen) an, ohne sich selbst systematisch mit der ontologischen Idee der Substanz, die ja tief in unserer beschreibenden Erkenntnisauffassung verankert ist, auseinanderzusetzen. Es ist aber die Auseinandersetzung mit dieser Idee, die notwendig ist, um Klarheit in die ontologischen Schlussfolgerungen zu bringen, die aus den grundlegenden Konzepten der Physik zu ziehen sind. Voraussetzung dafür ist aber wiederum, die Substanzidee auch von der epistemologischen Seite her, auf dem Weg der logischen De- und Rekonstruktion der Erkenntnistätigkeit, entbehrlich zu machen. Darin liegt der Grund der Einbettung der ontologischen Reflexion in die Erkenntnistheorie.

15.3. Das Prinzip der Autarkie verweist per se auf die *onto-logische Differenz von Sein und Seiendem*. Das (beschränkte, vergängliche) Seiende ist nicht selbst der ultimative Horizont seines eigenen Verständnisses. Und dieses Prinzip impliziert auch, dass *Existenz* von Grund auf (auf allen Ebenen und in allen ihren Formen) einen durchgehend performativen Charakter, bzw. Status hat, nicht den Charakter eines an sich selbst (autonom) bestimmten, ohne Differenz in sich selbst ruhenden Seienden.

Darauf verweist auch Frank Wilczek, wenn er schreibt: »›Die physikalischen Grundgesetze beschreiben Veränderungen‹. ... Sie sagen uns, was *geschieht*. ... Und indem wir herausarbeiten, was aus ihnen

---

eine Tätigkeit ist, nicht etwas, das einfach der passiven Wahrnehmung zugeordnet werden kann.

folgt, können wir viel über die dauerhaften Eigenschaften der Welt – mit anderen Worten: über das, was *ist* – sagen, auch wenn sie auf den ersten Blick nur bestimmen, was *geschieht*.« [Wilczek, 2021, 130]. Und auch in dieser Hinsicht zeigt sich wiederum eine grundsätzliche Übereinstimmung mit bestimmten metaphysischen Positionen. Siehe etwa Hegels Diktum am Anfang der ›Wissenschaft der Logik‹: »Das reine *Sein* und das reine *Nichts* ist also dasselbe. ... Ihre Wahrheit ist das *Werden*.« [Hegel, 1971, 67]. Oder Heideggers Unterscheidung: »Sein ist wesensmäßig vom Seienden unterschieden. Wie ist dieser Unterschied von Sein und Seiendem zu fassen?« Und er benennt diesen Unterschied als »ontologische Differenz«. [Heidegger, 1975, 22]. An anderer Stelle heißt es: »Das Dasein weiß irgendwie um dergleichen wie Sein. Es versteht, wenn anders es existiert, Sein und verhält sich zu Seiendem. Der Unterschied von Sein und Seiendem *ist*, wenngleich nicht ausdrücklich gewußt, latent im Dasein und seiner Existenz *da*. Der Unterschied *ist da*, d.h. er hat die Seinsart des Daseins, er gehört zur Existenz.« [Ebenda, 454]. Auch Sartre bringt mit seinem Diktum, »dass die Existenz dem Wesen [der Essenz] vorausgeht«, einen wesentlichen Aspekt dieser Unterscheidung zur Sprache. [Sartre, 2014, 148].[127]

Zu verweisen ist hier natürlich auch auf Whitehead, der schreibt: »Der einfache Begriff einer dauerhaften Substanz, die entweder wesentliche oder akzidentelle beharrliche Qualitäten durchhält, drückt ein für viele Belange des Lebens nützliches Abstraktum aus. Aber immer, wenn wir versuchen, ihn als eine grundlegende Darstellung der Natur der Dinge zu verwenden, erweist er sich als falsch. Er ging aus einem Fehler hervor und hatte in keiner seiner Anwendungen jemals Erfolg. Einen Erfolg hatte er aber doch: Er hat sich in der Sprache, in der aristotelischen Logik und in der Metaphysik eingenistet. Es gibt für seine Verwendung in der Sprache und in der Logik ... eine ein-

---

127 Sartre bezieht diese These allerdings exklusiv auf die menschliche Existenz. Sie kann aber ohne weiteres als allgemeine Charakterisierung des Prinzips der Emergenz auf der Basis von physikalischer Interaktion verstanden werden.

wandfreie pragmatische Rechtfertigung. Aber in der Metaphysik ist der Begriff ein schierer Irrtum.« [Whitehead, 1987, 159f.].

Der springende Punkt besteht darin, dass in unserer deskriptiven Denk- und Vorstellungsweise jedes Ding für sich existiert, also in der Existenzform der (mehr oder minder) autonomen Substanz, als Kern unserer Auffassung von Realität. Es ist die Erkenntnisvorstellung selbst, in ihrer Dependenz auf dieser Auffassung von Realität, die uns in die Irre führt. Um es mit Wittgenstein zu sagen: »Ein Bild hielt uns gefangen. Und heraus konnten wir nicht, denn es lag in unsrer Sprache, und sie schien es uns nur unerbittlich zu wiederholen.« [Wittgenstein, 2009, §115]. Das trifft, wie sich gezeigt hat, in besonderer Weise auch auf das beschreibende Verständnis der Physik zu, das im Missverständnis von Dekonstruktion im Sinne von bloßer (beschreibender) Dekomposition seinen manifesten Ausdruck findet.[128]

Darauf spielt wohl auch Anton Zeilingers Unterscheidung von zwei »verschiedenen Ebenen der Interpretation« der Physik im allgemeinen, und der Quantenphysik im besonderen, an: »Die erste Ebene war die Ebene der Interpretation der Symbole der Theorie in dem Sinne, dass wir genau angeben müssen, was den Symbolen im Experiment entspricht. Und die zweite Ebene war die Frage des Verständnisses, der tieferen Bedeutung«. [Zeilinger, 2003, 144]

Und Niels Bohr spricht davon, »daß sogar der psycho-physische Parallelismus in der von Leibniz und Spinoza gegebenen Form durch die Entwicklung der Atomphysik einen weiteren Rahmen erhalten hat, der, was die Frage nach Erklärung betrifft, an die Mahnung der Alten erinnert, auf der Suche nach Harmonie im Leben nie zu vergessen, daß wir im Drama des Daseins sowohl Schauspieler als Zuschauer

---

128 Betrachtet man die Heisenbergsche Unschärferelation aus diesen beiden konträren epistemologischen Blickwinkeln, so ist sie aus der Sicht des beschreibenden (dekompositiven) Verständnisses der Physik eine massiv irritierende Feststellung über die (in substanzhafter Teilchenmanier vorgestellte) physikalische Realität, während sie aus der Sicht des dekonstruktiven Verständnisses der Physik als Wissenschaft eine Grenze der mathematischen Analysierbarkeit dieser Realität anhand vermeintlich unabhängiger Parameter anzeigt.

sind.« [Bohr, 1958, 63]. Eben diese Kenntnisnahme des Holismus der realen Erkenntnissituation ist die Bedingung für die Relevanz der Physik (im Sinne ihres dekonstruktiven Erkenntniskonzepts) über die Physik hinaus.

Die Vorgänge und Objekte unserer Wahrnehmung sind zwar unabhängig von uns (und in diesem Sinne autonom), sie laufen, soweit es um physikalische Vorgänge (auch in unseren Körpern) geht, blind ab. Das Umgekehrte ist jedoch, wie sich zeigen wird, nicht der Fall.

Fazit und Ausblick

1) Die ontologischen Schlussfolgerungen, die aus der Physik als Grundlagenwissenschaft zu ziehen sind, lassen sich nicht einfach aus den physikalischen Theorien ableiten, sie sind vielmehr in hohem Maße vom epistemologischen Verständnis der Physik als Wissenschaft beeinflusst. Es geht kurz gesagt um das Verständnis der Heuristik der Physik: Ihre Auffassung in beschreibendem Sinne oder im Sinne von Dekonstruktion.

2) Dieser Unterschied lässt sich in exemplarischer Weise an einem Problem festmachen, das unter der Bezeichnung ›Theoriebeladenheit der Beobachtung‹ in der Wissenschaftlichen Realismus-Debatte in Bezug auf die Physik eine große Rolle spielt. Und zwar als ein Argument, das (aus Sicht der beschreibenden Auffassung) gegen die Annahme der Realität der theoretischen Entitäten der Physik ins Treffen geführt werden kann. Aus der Sicht der dekonstruktiven Auffassung ist hingegen diese ›Theoriebeladenheit‹ gerade die Essenz der physikalischen Erkenntnis und ihres Fokus auf die dynamischen Phänomene, und es ist daher gerade der konzeptuelle Inhalt der theoretischen Entitäten, der im Fokus der ontologischen Reflexion stehen muss. Das erwähnte Problem ist unmittelbarer Ausdruck des ideellen (heuristischen und theoretischen) Kurzschlusses des Inhalts mit dem Gegenstand der Erkenntnis, der den Kern der traditionellen Erkenntnistheorie und die Quelle aller ihrer Probleme bildet.

3) Der ›Theoriebeladenheit der Beobachtung‹ steht auf der anderen Seite die ›Ontologiebeladenheit der (traditionellen) Epistemologie‹ gegenüber, die sich mittelbar in der Betrachtung der ›Theoriebeladenheit der Beobachtung‹ als Problem manifestiert. Denn dieser Betrachtungsweise liegt die substanzontologische Annahme zugrunde, es gebe so etwas wie Dinge mit autonomen Eigenschaften, die im Idealfall rein für sich, also im Sinne passiver Wahrnehmung, unabhängig von theoretischen Beimischungen zu beobachten und zu beschreiben wären.

4) Dieser letzte Punkt, das Paradigma der passiven Sinneseindrücke als unmittelbare Quelle des Inhalts unserer Erkenntnis ist sehr tief in unserer Erkenntnisauffassung verankert und bildet den eigentlichen Grund für den scheinbar alternativlosen Glauben an die Beschreibung als heuristischer default mode, der zum Problem mit dem Verständnis der Physik führt. Der Schlüssel zu dessen Lösung liegt, wie die logische De- und Rekonstruktion der Erkenntnistätigkeit gezeigt hat, in der affirmativen Kenntnisnahme des Holismus der realen Erkenntnissituation und der darauf aufbauenden Schlussfolgerung, dass nicht die passiven Sinneseindrücke als solche, sondern ihre Differenzierung die Quelle des Inhalts der Erkenntnis darstellt.

5) Ohne diesen Hintergrund ist das dekonstruktive Erkenntniskonzept der Physik nicht schlüssig zu verstehen. Die Versuche pendeln diesbezüglich zwischen Konstruktivismus und Beschreibung hin und her, mit unterschiedlichen Schlussfolgerungen in Betreff der Erkennbarkeit (siehe das ›No-miracles‹-Argument). Was die dekonstruktive Vorgangsweise der Physik in dieser Hinsicht auch vom Konstruktivismus grundlegend unterscheidet ist die Gebundenheit des Erfolgs der Dekonstruktion an den Erfolg der Rekonstruktion. Und die Grundlage der De- und Rekonstruktion der dynamischen Phänomene (als Gegenstände der Theoriebildung) bilden die elementaren physikalischen Konzepte.

6) Diese Konzepte sind von den dynamischen Phänomenen hergeleitet und können daher weder in gegenständlichem Sinne verstanden werden, noch einfach mit der Theorie gleichgesetzt werden. Sie

sind vielmehr so etwas wie die Grundpfeiler der Theorie, die Definitionsgrundlage der theoretischen Entitäten. Daher können auch nur sie (und nicht die Entitäten als solche, oder die Theorien allgemein) den geeigneten Anhaltspunkt für die Frage nach den ontologischen Schlussfolgerungen, die aus der Physik zu ziehen sind, bilden.

7) Die logische Analyse des elementaren Konzepts der elektrischen Ladung führt in Summe zu dem Schluss, dass es in der logisch inhärenten Weise seiner eigenen Definition, nämlich als positive und negative Ladung (die beiderseitig nicht ohne einander gedacht werden können), nicht im Sinne einer autonomen Eigenschaft aufgefasst werden kann, sondern als ein trans-logisches Prinzip aufzufassen ist. Diese Einsicht führt in direkter Konsequenz zur Negation des Substanzgedankens in Betreff der Elementarteilchen, zum Schluss auf den vollkommenen Entzug ihrer Autonomie.

8) Dieser Schluss führt in eigener Konsequenz zum Schluss auf den Primat der Konstellation vor den Teilchen, was das Verhalten der Teilchen und die Zusammensetzung des Ganzen betrifft. Dieser Schluss beinhaltet, dass die Autonomie ausschließlich auf Seiten der Gesamt-Konstellation liegt, und führt so von selbst zur Frage nach dem Prinzip der Strukturbildung. Dieses Prinzip kann unter den skizzierten Voraussetzungen nur das Prinzip der Autarkie sein, das der synthetischen Einheit in der Differenz, ausgehend von der lokalen Ebene, was wiederum zur Auffassung der Gesamt-Konstellation als Konstellation von Konstellationen führt.

9) Was die einzelnen Teilchen betrifft, so lässt sich ihr ontologischer Status als semi-autark auffassen, was im Hinblick darauf, dass wir den Begriff der Existenz üblicherweise nur auf mehr oder minder autarke Einheiten anwenden, zur Charakterisierung ihrer Existenzform als Subexistenz führt. Sämtliche Arten von Existenz lassen sich somit durch ihre spezifische Form von Autarkie charakterisieren: Die Semi-Autarkie der Elementarteilchen, die kontingente Autarkie der unbelebten Gegenstände und die prekäre Autarkie der Lebewesen. Die klassischen Unterscheidungen zwischen Materie und Form, so-

wie zwischen Substanz und Eigenschaften existieren auf natürlicher Ebene nicht.

10) Die Existenzform der prekären Autarkie der Lebewesen bildet (im Sinne ihrer Dependenz) zugleich den Ursprung der Genese von unilateraler Bezugnahme, Heuristik und Differenzierung, den drei transzendentalen Bedingungen von Erkenntnis, die sich aus der logischen De- und Rekonstruktion der Erkenntnistätigkeit ergeben haben. Ausgehend von der totalen Immanenz (Blindheit) der physikalischen Ebene als notwendige Konsequenz aus dem Primat der Konstellation (im Sinne rein effektiver Unterschiede und Relationen) ergibt sich somit ein gezielter Anhaltspunkt für Überlegungen betreffend möglicher physikalischer Vorgänge, die aus dieser Immanenz herausführen.

Abschnitt 2: Skizze des Weges zum Ziel einer naturalistischen Rekonstruktion der Phänomene Erkenntnis und Bewusstsein: Fünf Thesen (Thesen 16-20)

> »Das Leben auf der Erde ist ein komplexes, auf Photosynthese beruhendes chemisches System, fraktal geordnet zu Individuen auf unterschiedlichen Stufen der Organisation. Wir können uns nicht über die Natur erheben, denn die Natur transzendiert sich selbst.«
> (L. Margulis, D. Sagan)

Abstract:

Die beiden Phänomene Erkenntnis und Bewusstsein im Ausgang von bestimmten Produkten von Erkenntnistätigkeit, respektive von Gegenständen des Bewusstseins, erklären zu wollen kommt einer petitio principii gleich. Die Erklärung nimmt bereits in Anspruch, was sie zu erklären vorgibt. Es ist so ausgeschlossen, auf nachvollziehbare Weise an die Wurzel der beiden zusammenhängenden Phänomene zu kommen, deren Zusammenhang zunächst ebenfalls unklar ist. Klar ist in dieser Hinsicht nur, dass für das inhärente Verständnis des Phänomens Erkenntnis die formale Unterscheidung zwischen Inhalt und Gegenstand konstitutiv ist, wohingegen hinsichtlich des Phänomens Bewusstsein Inhalt und Gegenstand des Bewusstseins (im Sinne schlichter Präsenz) faktisch als Synonyme gelten.

Die logische De- und Rekonstruktion des Phänomens Erkenntnis anhand der Frage der Genese des Inhalts der Erkenntnis hat zur Unterscheidung zwischen der Erkenntnistätigkeit (der Generierung von Erkenntnisinhalten), dem Prinzip der Tätigkeit und den Produkten der Tätigkeit geführt, und damit verbunden zur Feststellung dreier transzendentaler Bedingungen: Differenzierung, unilaterale Bezugnahme und Heuristik. Diese bilden, in Kontradistinktion zur totalen Immanenz der physikalischen Ebene, den prinzipientheoretischen Anknüpfungspunkt für den Versuch einer natürlichen Erklärung des

Phänomens Erkenntnis, und zwar im Sinne der Frage der denkbaren Form ihrer Genese, ausgehend von physikalischer Grundlage. Erst diese prinzipientheoretische Fragestellung (im Wege der Zusammenführung der beiden bisherigen Argumentationslinien) eröffnet mit Blick auf natürliche Phänomene den Zugang zum Verständnis der Genese der Phänomene Erkenntnis und Bewusstsein in einem evolutionären Kontext. Dabei ist im Auge zu behalten, dass Bewusstsein in der Form des menschlichen (Selbst-)Bewusstseins ein Produkt der Evolution ist (und schon aus diesem Grund nicht in der Weise einer Spontangenese erklärt werden kann). Das Ziel der Erklärung kann in nichts anderem, als in der rationalen Nachvollziehbarkeit der betreffenden Vorgänge bestehen (was schließlich den Übergang von der Philosophie zur Phänomenologie des Geistes bildet).

These 16. Jeder Versuch einer Erklärung des Phänomens Erkenntnis (in Gestalt der realen Erkenntnistätigkeit und ihrer Produkte) auf physikalischer oder allgemein naturwissenschaftlicher Grundlage ist mit einer grundlegenden Problematik konfrontiert, die darin besteht, dass sie ihrerseits, im Wege von Argumentation und Begründung (also hinsichtlich des Explanans), unentwegt auf Produkte von Erkenntnistätigkeit (eigener und fremder) Bezug nehmen muss, und dass somit Explanans und Explanandum nicht problemlos voneinander zu trennen sind. Das macht es schwierig, überhaupt in konsistenter Weise zu formulieren, was das genaue Ziel und der Maßstab der Erklärung sein soll.

Dazu kommt, genau genommen, dass auch das Explanandum selbst, die Vorstellung von Erkenntnis, ihrerseits ein Produkt von Erkenntnistätigkeit ist. Als heuristische Vorstellung von der Tätigkeit ist sie zwar Teil der Tätigkeit selbst, doch wie sich im ersten Abschnitt gezeigt hat, beruht diese Vorstellung auf Annahmen und ist insofern selbst trügerisch. Vorausgesetzt aber, dass die Erkenntnistätigkeit selbst (auf der Basis der affirmativen Kenntnisnahme des Holismus der realen Erkenntnissituation, entkoppelt von ihrer geläufigen heuristischen Vorstellung) einer logischen Analyse zugänglich ist, kann der Weg zum Ziel einer Erklärung des Phänomens Erkenntnis auf naturwissenschaftlicher Grundlage nur (in mehreren Stufen) über die logische Analyse der realen Erkenntnistätigkeit, und Bezug nehmend auf diese, führen.

16.1. Eine ernst zu nehmende Erklärung des Phänomens Erkenntnis auf naturwissenschaftlicher Grundlage muss, um rationalen Ansprüchen zu genügen, in der Lage sein, ihre eigenen Voraussetzungen (›theoretischen Vorschüsse‹) auf intelligible Weise (d.h. im Rahmen ihrer eigenen, davon hergeleiteten, bzw. darauf aufbauenden Theorie) zu legitimieren. Eine theoretische Erklärung, die das nicht leisten kann, entzöge sich damit die Grundlage des rationalen Anspruchs ihrer eigenen Argumentation, d.h. sie kann ihrer eigenen argumentativen Vorgangsweise nicht Rechnung tragen, und daher letztlich nur an den bloßen Glauben an ihre Behauptungen appellieren.

16.1.1. Denkbar ist eine intelligible theoretische Erklärung des Phänomens Erkenntnis auf physikalischer Grundlage nur in der Form, dass sie, anknüpfend an eine rein formale, logische Analyse der Erkenntnistätigkeit (in der formalen Gestalt einer logischen De- und Rekonstruktion der geläufigen heuristischen Vorstellung von dieser Tätigkeit, als Teil derselben), die im Ergebnis zur Formulierung (dreier) rein formaler transzendentaler Bedingungen der Möglichkeit von Erkenntnis führt, diese zum einen – als Testexempel und Maßstab ihrer eigenen Angemessenheit an die reale (in diesem Fall physikalische) Erkenntnistätigkeit – zur Grundlage der konkreten Analyse des dekonstruktiven Erkenntniskonzepts der Physik nimmt, und zum anderen die betreffenden, rein formalen transzendentalen Bedingungen der Möglichkeit von Erkenntnis zum analytischen Anhaltspunkt ihrer eigenen Rekonstruktion auf physikalischer Grundlage nimmt, im Sinne der Frage ihrer natürlichen Realisation als definitorischer Zielpunkt der angestrebten Erklärung.

Das heißt allgemein gesprochen, dass die Ergebnisse der logischen Analyse der Erkenntnistätigkeit sowohl die Grundlage des analytischen Verständnisses der realen Erkenntnistätigkeiten (mit all ihren unterschiedlichen Heuristiken, auch diejenige der Physik) abgeben muss, und zwar mit diesen Tätigkeiten in concreto als originärer Maßstab der Korrektheit der logischen Analyse, als auch den analytischen Anhaltspunkt für die Erklärung des Phänomens Erkenntnis auf der Grundlage der (diesbezüglich relevanten) bisherigen Ergebnisse der Erkenntnistätigkeit der Physik (inklusive der daraus abzuleitenden ontologischen Schlussfolgerungen).

16.2. Zwei Punkte sind in diesem Zusammenhang von grundlegender Bedeutung: Zum einen, in Hinsicht auf das Explanandum, der rein formale Status der im Zuge der logischen Analyse der Erkenntnistätigkeit (thetisch) formulierten transzendentalen Bedingungen von Erkenntnis: *Differenzierung* der (sinnlich gegebenen) Mannigfaltigkeit als *logische* Bedingung der Möglichkeit von konkreter Bezugnahme (und somit als logischer Kern jeder Erkenntnistätigkeit). *Unilaterale Bezugnahme* als *onto-logische* Bedingung der Möglichkeit von Differenzierung, und das Verfügen über *Kriterien der Differenzierung* (Heuristik) als *trans-logische* Bedingung.

Diese formalen Bedingungen unterscheiden sich von der üblichen epistemologischen Nomenklatur, in der Gestalt von semi-empirischen Begriffen wie ›Subjekt‹ oder ›Bewusstsein‹ etc., in dreifacher Hinsicht: Sie sind logisch grundlegend, kein anderer Begriff existiert ohne sie; sie sind (inhaltlich) eindeutig, nicht deutungsoffen und daher unterbestimmt wie die genannten (auch in Hinsicht auf Einzahl oder Mehrzahl); und sie eignen sich zugleich als formale Werkzeuge der Analyse im Hinblick auf mögliche unterschiedliche empirische (natürliche) Realisationen. Sie implizieren darüber hinaus, dass es sich bei Erkenntnis (in allen Formen) grundsätzlich um eine Tätigkeit handelt, nicht um einen passiven Vorgang (dieser beschränkt sich auf die physikalische Interaktion, die reine undifferenzierte Mannigfaltigkeit, die den empiristischen Aspekt der >Gegebenheit< abdeckt).[129]

16.2.1. Der zweite Punkt betrifft das Explanans. Die formalen Bedingungen der Möglichkeit von Erkenntnis sind ineins die notwendigen Bedingungen der Möglichkeit für die Existenz manifester Unterschiede und Relationen. Davon grundsätzlich zu unterscheiden ist die (von unilateraler Bezugnahme unabhängige) Existenz effektiver Unterschiede und Relationen, denen die Physik auf der Spur ist, indem sie auf opake Weise manifeste Phänomene (wie das dynamische Verhalten der Gegenstände) unter Einsatz universeller, rein quantitativ definierter physikalischer Konzepte mittels ihrer mathematischen Heuristik dekonstruiert. Die >Dimensionslosigkeit< der betreffenden mathematischen Größengleichungen, d.h. das >Abstreifen< des Bezugs auf bestimmte Maßeinheiten in der Formulierung der physikalischen Gesetze, ist das Signum der Unabhängigkeit der betreffenden effektiven Relationen von der Bezugnahme in Form der Messung (als Grundoperation) und zugleich die Bestätigung der betreffenden Konzepte als effektive Parameter. Die Physik decouvriert so die Gesetze einer Ebene der Existenz, die unabhängig von Bezugnahme und Differenzierung gelten (also das formale Gegenteil von Beschreibung).[130]

Die epistemo-logische Analyse des dekonstruktiven Erkenntniskonzepts der Physik rückte ganz automatisch die grundlegende Funktion und maßgebliche Rolle der universellen physikalischen Konzepte in den Blickpunkt der ontologischen Reflexion und führte schließlich zu der These vom (sukzessiven) Entzug der Autonomie der Gegenstände als ontologischer Kern der physikalischen Vorgangsweise und ihrer mathematischen Heuristik, deren Ziel und konsequenter Aus-

---

129 Selbst der Wahrnehmung kompakter Formen liegt ein Akt der Differenzierung und damit auch Bezugnahme zugrunde.

130 Auf vergleichbare Weise beanspruchen auch mathematische Gesetze und Formeln in der Weise ihrer abstrakten, von jeder konkreten Bezugnahme losgelösten Formulierung unabhängige Geltung.

druck die Formulierung physikalischer Gesetze in der mathematischen Gestalt von Größengleichungen ist.

Über den Weg der rein konzeptuell definierten theoretischen Entitäten der Mikrophysik und die logisch inhärente Analyse der diesbezüglichen Grundkonzepte unter ontologischem Gesichtspunkt gelangten wir schließlich zu der These vom Primat der Konstellation vor den Teilchen in puncto deren Verhaltens, die dreierlei beinhaltet: Die These, dass die Autonomie ausschließlich auf Seiten der Gesamt-Konstellation liegt, sowie die darin implizite Schlussfolgerung auf die totale Immanenz der (grundsätzlich alles umfassenden) physikalischen Ebene, und schließlich die These, dass das Prinzip der Bildung von quasi-, also eingeschränkt autonomen Strukturen (Einheiten) im Rahmen der Gesamt-Konstellation die Autarkie ist (womit sich die Gesamt-Konstellation selbst als dynamische Konstellation von Konstellationen herausstellt). Das Prinzip der Autarkie rückt somit konzeptuell in die ontologische Stellung des traditionellen Konzepts der autonomen Substanz als Träger von Eigenschaften ein, die folglich allesamt emergenter Natur sind.[131] Alle konkreten Formen von Existenz unterscheiden sich auf kategorieller Ebene durch ihre spezifische Form von Autarkie: Die *kontingente* Autarkie der ›rein physikalisch-chemischen‹ Ebene der unbelebten Elemente und Dinge (gemäß den Gesetzen der chemischen Bindung), und die *prekäre* Autarkie der Lebewesen.

16.2.2. Die Kenntnisnahme der dekonstruktiven (dezidiert non-deskriptiven) Heuristik der Physik ist die Bedingung für die intelligible Analyse ihrer realen Erkenntnistätigkeit (als deren originärer Maßstab der Angemessenheit) und sie bildet zugleich die Voraussetzung für das analytische Verständnis des konzeptuellen Status der Elementarteilchen und der folgerichtig damit verbundenen ontologischen Rele-

---

131 Der ontologische Status der Elementarteilchen ist aufgrund des Fehlens jeglicher Autonomie nicht in den Kategorien von Substanz und Eigenschaften zu fassen. Die rein konzeptuell definierten ›Eigenschaften‹ der Elementarteilchen können aufgrund ihres konzeptuellen Status ontologisch nur als Merkmale aufgefasst werden.

vanz der grundlegenden Konzepte, die zu dem Schluss auf den Primat der Konstellation vor den Teilchen und folgend zum Schluss auf das Prinzip der Autarkie als ontologisches Grundkonzept geführt hat.[132] Ontologische Schlussfolgerungen, die als konzeptuelle Brücke zu den rein formalen Bedingungen der Möglichkeit von Erkenntnis dienen werden, und somit als Grundlage der Rekonstruktion, bzw. Erklärung des Phänomens Erkenntnis auf naturwissenschaftlicher Grundlage. In dem Ausmaß, in dem diese formalen transzendentalen Bedingungen das Ergebnis der rein logischen Analyse der realen Erkenntnistätigkeit (auf der Basis der affirmativen Kenntnisnahme des Holismus der realen Erkenntnissituation) sind, und in dem diese Analyse auch die (sehr spezifische) physikalische Erkenntnistätigkeit einbezieht (und sich dabei im Ergebnis bewährt), entspricht die angestrebte Rekonstruktion bzw. Erklärung auch der rationalen Anforderung der durchgehenden Intelligibilität, ohne Anspruch auf darüber hinausgehende Gewissheit zu erheben.

16.2.3. Dem gegenüber steht die in der Wissenschaftstheorie nach wie vor dominierende, der einsinnigen heuristischen Vorstellung von Erkenntnis im Sinne des Zieles von objektiver Beschreibung verpflichtete, empiristische Deutung des Erkenntniskonzepts der Physik in deskriptivem Sinne. Diese führt, neben zahlreichen anderen Problemen, zur Umdeutung der *De- und Rekonstruktion* der Phänomene auf der

---

132 Der konzeptuelle Status der Elementarteilchen, als Grundelemente der physikalischen Theorien, ist der Grund warum hier, wo es um das Ziel der Rekonstruktion anderer, als rein physikalischer Phänomene geht, eben nicht auf bestimmte physikalische Theorien, als die eigentlichen Produkte der physikalischen Erkenntnistätigkeit, Bezug genommen wird, sondern auf die grundlegenden Konzepte im Hinblick auf ontologische Schlussfolgerungen. So wesentlich die physikalischen Theorien in ihrer mathematisch exakten Form für die Erklärung der betreffenden physikalischen Phänomene sind, so sehr verdienen die der De- und Rekonstruktion dieser Phänomene zugrunde liegenden Konzepte ontologische Beachtung, und so wesentlich sind die ontologischen Schlussfolgerungen aus den betreffenden Konzepten im Hinblick auf die Analyse biologischer und mentaler Phänomene auf grundlegender Ebene (aber natürlich auch für das ontologische Grundverständnis der physikalischen Ebene selbst).

Basis rein konzeptuell definierter theoretischer Entitäten in eine *Dekomposition* der makroskopischen Gegenstände in elementare >Bausteine<, und eine analoge *(kausale) Re- und Deduktion* der betreffenden Phänomene auf das, bzw. aus dem Verhalten der Bausteine. Das liegt daran, dass die Idee der Beschreibung als heuristische Grundidee von Erkenntnis im allgemeinen und die Idee der autonomen Substanz als ontologische Grundidee einander wechselseitig korrespondieren.

Während diese deskriptive, kausale Deutung der physikalischen Heuristik auf physikalischer Ebene selbst noch leidlich funktioniert (wenn sie auch in keiner Weise ihrem strengen Fokus auf die dynamischen Phänomene gerecht wird), und zwar weil die betreffenden mikrophysikalischen Phänomene die konkreten Eigenschaften der makroskopischen Gegenstände konstituieren, so führt sie im Falle ihrer (der Rolle der Physik als Grundlagenwissenschaft geschuldeten) normativen Übertragung auf die Ebene biologischer und mentaler Phänomene zu einem fundamentalistischen *Reduktionismus* als heuristische Zielvorstellung und methodische Anweisung. Und damit zum exakten Gegenteil des Zieles der dekonstruktiven Vorgangsweise der Physik, deren einziger Maßstab die Angemessenheit der Rekonstruktion der Phänomene ist.[133]

Der Unterschied zwischen dem heuristischen Ziel der De- und Rekonstruktion auf der einen Seite, und dem der kausalen Re- und Deduktion (bzw. bloßer kausaler Reduktion) auf der anderen Seite, ist fundamentaler Natur (inklusive ontologischer Weichenstellungen) und seine Missachtung in Betreff der Physik als Inbegriff von Wissenschaftlichkeit und zugleich als Grundlagenwissenschaft ist daher eine Quelle gravierender und weit über die Physik hinausreichender Probleme.

16.2.4. In Hinblick auf das ultimative heuristische Ziel der Erklärung des Phänomens Erkenntnis auf physikalischer Grundlage führt

---

133 In der Physik kann ein einziges rätselhaftes Phänomen, dessen Bedeutung im Hinblick auf das Gesamte zunächst begrenzt erscheinen mag, zu einem kompletten konzeptuellen Umsturz führen.

das deskriptive Missverständnis der Physik überdies zu der paradoxen Situation, dass der Ansatzpunkt der (kausalen) Erklärung, manifest bestimmte Entitäten (qua Produkte der Erkenntnistätigkeit auf der Seite des Explanans, zusätzlich versehen mit dem imaginierten Attribut ›unabhängig‹), eben das bereits voraussetzt und involviert, was die Erklärung zu erklären sich vornimmt. *Reduziert* wird damit jedenfalls um die Intelligibilität der vorgeblichen Erklärung, denn es ist auf diese Weise gar nicht möglich, das Explanandum überhaupt auf konsistente Weise analytisch (gedanklich) zu fassen. Im Gegenteil wird damit Differenzierung als logischer Kern von Erkenntnistätigkeit und zugleich als originäres (auf physikalischer Ebene inexistentes) Phänomen dem Zugriff der Reflexion entzogen. Dabei ist es eben dieses Phänomen, das aus physikalischer Sicht das eigentliche Rätsel darstellt. Und letztlich ist Differenzierung auch die Bedingung dafür, überhaupt etwas als unabhängig ›von sich‹ wahrnehmen zu können, sofern man von der physikalischen Ebene als grundlegender Erklärungsebene ausgeht, die nichts ›außer sich‹ hat.

16.2.5. Die Schlussfolgerung auf den Primat der Konstellation vor den Teilchen (in puncto deren Verhaltens) – als onto-logische Quintessenz aus den bisherigen Ergebnissen der physikalischen Erkenntnistätigkeit – bildet die Grundlage für ein konzeptuelles Verständnis der (in concreto weder vorstellbaren, noch beschreibbaren) Immanenz der physikalischen Ebene, als eine Ebene auf der es keine manifesten Unterschiede oder Relationen gibt. Existieren können diesfalls (ohne die Existenz von unilateraler Bezugnahme und damit ohne Differenzierung) nur effektive Unterschiede und ebensolche Relationen, also emergente ›Bestimmtheit im Fluss‹ und ein entsprechendes blindes Verhalten.

These 17. Nichts anderes, als die totale Immanenz der physikalischen Ebene kann den logischen, sowohl als natürlichen Ausgangspunkt der Fragestellung im Hinblick auf das Ziel einer Erklärung der Genese des Phänomens Erkenntnis auf physikalischer Grundlage bilden. Die Frage, die sich aus der Sicht dieses Zieles stellt, ist die nach den natürlichen Bedingungen, die aus dieser Immanenz herausführen, und den Anhaltspunkt dafür bilden klarerweise die bereits früher, anhand der Frage nach den logischen Bedingungen von manifester Bestimmtheit, festgestellten transzendentalen Bedingungen von Erkenntnis: Differenzierung als transzendental-logische, unilaterale Bezugnahme als onto-logische und Kriterien der Differenzierung als trans-logische Bedingung.

Den Knackpunkt aus physikalischer Sicht stellt dabei offensichtlich die onto-logische Bedingung dar, die Frage, auf welche Weise eine unilaterale Beziehung auf physikalischer Ebene überhaupt denkbar ist.

17.1. So wie die übliche Vorstellung von Erkenntnis die Vorstellung von ›Bewusstsein‹ involviert (etwa in Form der Vorstellung von ›Bewusstseinsinhalten‹), so beruht die übliche Vorstellung von der physikalischen Ebene als Ebene der totalen Immanenz auf der imaginierten Subtraktion ›des Bewusstseins‹ von den wahrgenommenen Dingen. Dieser Akt der Subtraktion bezieht sich auf den heuristischen Kurzschluss des Inhalts mit dem Gegenstand als Kern der Erkenntnisvorstellung und führt daher zum bloßen Gegenbild der (auf undurchsichtige Weise) autonom, an sich selbst bestimmten Gegenstände, bzw. Entitäten (denn einen analytischen Anhaltspunkt gibt es nicht). Diese Unanalysierbarkeit betrifft auch den Zusammenhang zwischen dieser Ebene und dem, was unter ›Bewusstsein‹ verstanden wird. Die Herstellung eines konzeptuellen Zusammenhangs ist praktisch ausgeschlossen, beide sind auf elementarer Ebene mehr oder minder durch den Gegensatz zueinander definiert (etwa wie ›res cogitans‹ und ›res extensa‹).

Der Reduktionismus ist ein theoretischer Spiegel dieser Situation. Es ist sein Markenzeichen, dass er die ›mentalen Phänomene‹ (Erkenntnis, Bewusstsein etc.) nicht auf physikalischer Grundlage ›de- und rekonstruiert‹, sondern sie in der jeweils beschriebenen Form als schlichte Gegebenheit registriert. Er unterscheidet sich in diesem Punkt nicht vom ›Dualismus‹, sondern er pocht nur darauf, dass diese

Phänomene (oder >Zustände<) in einer Beziehung der kausalen Abhängigkeit (entweder im Sinne von schlichter Koinzidenz oder von Supervenienz) von jeweils konkreten physikalischen Vorgängen stünden, die ihrerseits kausaler Natur seien.

Ein intelligibler Zusammenhang prinzipieller Natur zwischen den Phänomenen und ihrer Erklärungsgrundlage ist auf diese Weise prinzipiell nicht erkennbar. Der Reduktionismus kann daher den Status der bloßen Behauptung grundsätzlich nicht abstreifen. Übrig bleibt letztlich, aus Mangel an Intelligibilität, nur die wissenschaftlich unbefriedigende Idee einer Spontangenese, die außerdem aufgrund der unleugbaren kategorialen Differenz zwischen Explanans und Explanandum in hohem Maße unglaubwürdig wirkt.

Das Problem ist, dass der Reduktionismus beschreibend von einer (>kausalen<) Vorstellung der physikalischen Ebene (einem Produkt von Erkenntnistätigkeit) ausgeht (ein grundsätzlich schwerwiegendes Problem, das allerdings durch den heuristischen Kurzschluss des Inhalts mit dem Gegenstand planiert wird), der eine ebenfalls deskriptive Vorstellung der Phänomene Erkenntnis und Bewusstsein ohne Vermittlung gegenübersteht. Der Zusammenhang ist grundsätzlich nebulos und kann deshalb nur irgendwie durch Spontangenese oder Supervenienz erklärt werden, ohne dadurch im geringsten erhellt zu werden. Was dabei auf der Strecke bleibt ist die Rationalität, was in letzter Konsequenz auch zum Entzug der Rationalität des eigenen Erkenntnisanspruchs führt, denn unter dem Aspekt der kausalen Genese sind alle mentalen Inhalte gleichwertig.

17.2. Anders als in Bezug auf deskriptiv irgendwie nebulos relationierte Phänomene ist die Idee einer Spontangenese in Bezug auf das Konzept und Phänomen der unilateralen Bezugnahme (als logische Bedingung der Möglichkeit von Differenzierung) auf rein physikalischer Ebene von vornherein auszuschließen. Die Idee der spontanen Genese einer (aktiven) unilateralen Bezugnahme widerspricht dem Bild des Kausalnexus ebenso grundlegend, wie auch der These vom Primat der Konstellation vor den Teilchen (in puncto deren Verhaltens).

Unilateralität ist mit allem, was die Physik ausmacht, generell schwer in Einklang zu bringen. Als Beispiel einer eindeutig unilateralen Beziehung in einem erweiterten physikalischen Sinn bietet sich eigentlich nur die Dependenz, die Abhängigkeit an. Diese ist zugleich das ontologische Charakteristikum der >prekär autarken<, biologischen Einheiten, dessen qualitative Seite das >Bedürfnis< ist. Es ist die (organische) Dependenz, durch die (in formaler, ebenso wie in natürlicher Hinsicht) so etwas wie >unilaterale Bezugnahme< und auch >Kriterien der Differenzierung< ins Spiel kommen, und so auch Signifikanz und Information. Es mischen sich gewissermaßen Koordinaten unter die Trajektorien. Die (total immanente) physikalische Konstellation wandelt sich partiell (lokal und temporär) in eine Situation.

17.2.1. In diesem Sinn hat Thomas Nagel zwar Recht mit seiner Vermutung, »that principles of a different kind are also at work in the history of nature, principles of the growth of order that are in their logical form teleological rather than mechanistic.« [Nagel, 2012, 7]. Man darf allerdings nicht den (dem üblichen beschreibenden Zugang zum Thema geschuldeten) Fehler begehen, diese Prinzipien mit der Vorstellung substanzhaft autonomer Individuen zu assoziieren. Denn sie haben ihren Grund und Ursprung gerade in deren prekärer Autarkie, d.h. in der Dependenz des Organismus.

Es ist eben dieser Punkt der grundsätzlichen Dependenz, der auch den maßgeblichen Unterschied des theoretischen Konzepts der prekären Autarkie (als dynamisches Prinzip der >Konstitution< organischer Einheiten) zu der prominenten Autopoiesis-Theorie von Humberto Maturana und Francisco Varela markiert. Deren theoretischen Bezugspunkt bildet die Kantische Vorstellung von Lebewesen als >Naturzwecke<: »Ein Ding existiert als Naturzweck, wenn es von sich selbst (obgleich in zwiefachem Sinne) Ursache und Wirkung ist.« [Kant, 1975c, 482]. Sie betrachten den Organismus ausschließlich unter dem Gesichtspunkt der >autonomen< Selbstorganisation. Ihre zentralen Thesen lauten: »Jedes autonome System ist organisationell geschlossen.« [Varela, 1987, 124]. Sowie: »Autonomie bedeutet wörtlich Selbst-Gesetz. ... Erzeugung, innere Regulierung, Bestätigung der eigenen Identität: also Bestimmung von innen her.« [Varela, 1987, 129]. In diesem Sinne bezeichnen sie als das Eigentümliche an »den Lebewesen ..., daß das einzige Produkt ihrer Organisation sie selbst sind. ... Das Sein und das Tun einer autopoietischen Einheit sind untrennbar, und dies bildet ihre spezifische Art von Organisation«. [Maturana & Varela, 1987, 56]. So sehr auch einerseits dieser letzte Satz den wesentlichen Punkt trifft, so sehr ist es nach unserer Auffassung andererseits die suggestive Kraft der Autonomievorstellung, die uns auf allen Ebenen narrt.[134]

17.2.2. In der Dependenz als formale onto-logische Struktur und ontischer Ursprung der unilateralen Bezugnahme (die die Gleichgültigkeit der Beziehungen auf physikalischer Ebene aufhebt) ist so etwas wie die Grundstruktur, bzw. die Wurzel der Intentionalität des Bewusstseins angelegt.[135] Sie schließt aber natürlich keineswegs das Verfügen über Selbstbewusstsein im menschlichen Sinne ein. Dieses ist seinerseits die Voraussetzung für ›gegenständliches‹ Bewusstsein, also dafür, den ›Gegenstand‹ der Bezugnahme ›von sich‹ zu unterscheiden, und als ›unabhängig von sich‹ wahrzunehmen. Das menschliche Selbstbewusstsein ist das Produkt einer (in ihren wesentlichen Stufen nachvollziehbaren) evolutionären Entwicklung, die in getrennter Form analysiert werden muss.[136]

---

134 Egal ob in puncto der Vorstellung der Gegenstände der Erkenntnis und der korrespondierenden Idee von Erkenntnis, oder ob in puncto der Vorstellung des erkennenden Subjekts von sich oder der Idee von biologischen Einheiten im allgemeinen. Die Verbindung zum Begriff ›Maya‹ in der indischen Philosophie drängt sich nachgerade auf.

135 So schreibt Hans Jonas: »In dieser Selbsttranszendierung durch die Bedürftigkeit gründet die wesenhafte Transzendenz alles Lebens ... Die Angewiesenheit ... stiftet so die Intentionalität als einen Grundcharakter alles Lebens.« [Jonas, 2011, 160]

136 Die übliche Herangehensweise, Bewusstsein als qualitatives Phänomen auf deskriptiver Grundlage mit der menschlichen Form des Selbstbewusstseins gleichzusetzen und dieses sodann in einer ad hoc-Manier (unter Ausblendung der Evolution) als Produkt bestimmter Vorgänge erklären zu wollen, muss aus prinzipiellen Gründen scheitern.

17.2.3. Der heuristische Leitfaden der bisherigen Analyse, die logische De- und Rekonstruktion der traditionellen Erkenntnisauffassung, die zur Feststellung von drei rein formalen transzendentalen Bedingungen der Möglichkeit von Erkenntnis führte, führte im Wege der daran anknüpfenden Analyse des dekonstruktiven Erkenntniskonzepts der Physik zur ontologischen These vom Primat der Konstellation vor den Teilchen und zum Konzept und Prinzip der Autarkie als ontologisches Prinzip der Konstitution von konkreten Entitäten, als dem möglichen Schlüssel zum Verständnis der natürlichen Genese des Phänomens Erkenntnis.

Die konzeptuelle Grundlage dafür bildet die (trans-logische) Unterscheidung zweier unterschiedlicher Formen von Autarkie (= Existenzformen), kontingente und prekäre Autarkie, die dem kategorialen (onto-logischen) Unterschied zwischen physikalisch-chemischen und biologischen Entitäten, bzw. Strukturen entsprechen.

Wenn man also als heuristischer Leitfaden der weiteren Analyse davon ausgeht, dass das Konzept und Prinzip der Autarkie das onto-logische Verbindungsglied zwischen der physikalisch-chemischen und der biologischen Ebene bildet, so ergibt sich daraus die semi-empirische Frage nach einem möglichen Prinzip der Genese von prekärer Autarkie, zu verstehen im Sinne der Suche nach physikalisch-chemischen Vorgängen prinzipienhafter Natur, die auf nachvollziehbare Weise zur natürlichen Konstitution prekär autarker Entitäten führen können.

These 18. Die Form der kontingenten Autarkie der Entitäten, bzw. Strukturen auf der physikalisch-chemischen Ebene gehorcht den (quantenphysikalisch intelligiblen) Gesetzen der chemischen Bindung, und es ist davon auszugehen, dass diese Gesetze in unveränderter Form und Strenge auch für die Konstitution prekär autarker (biologischer) Entitäten, bzw. Organismen gelten. Diese unterscheiden sich folglich im Kern nicht von kontingent autarken physikalischen Entitäten. Der einzige manifeste, und zugleich onto-logische Unterschied zu diesen besteht offensichtlich in ihrer Angewiesenheit auf die Verfügbarkeit von Energie zur Aufrechterhaltung ihrer Einheit, bzw.

ihrer Struktur, bzw. zur Verstetigung der betreffenden, auf dynamische Weise strukturbildenden Prozesse.

18.1. So wie in ihrem Zusammenhang mit der ontologischen Grundthese vom Primat der Gesamt-Konstellation das Prinzip der kontingenten Autarkie als ›principium individuationis‹ physikalischer Entitäten aufzufassen ist, so ist die ›prekäre Autarkie‹ als ›principium individuationis‹ organischer Entitäten aufzufassen.

Das bedeutet, dass die Angewiesenheit auf die Verfügbarkeit von Energie keine ›Eigenschaft‹ des Organismus ist, so als hätte er auch eine davon unabhängige Existenz, sondern ein grundlegendes ›Merkmal‹, sein grundlegender Seinsmodus, seine ›conditio vitae‹, Ausdruck des Primats der Prozesse vor seiner sichtbaren (physikalisch-chemischen) Struktur.[137]

Diese dynamische, selbst-(re)produzierende Form der organischen Einheit trifft sich übrigens im Prinzip mit dem, was bei Kant als die transzendentale Einheit der reinen Apperzeption bezeichnet wird. Indem das Bedürfnis (als die qualitative Seite des dependenten Seinsmodus des Organismus) auf sich selbst (seine Befriedigung) gerichtet ist, ist es zugleich transitiv und unmittelbar auf etwas Anderes gerichtet, und zwar selektiv, differenzierend, – und erfüllt damit nicht nur funktional die Kriterien dessen, was bei Kant die transzendentale Einheit der reinen Apperzeption ist, sondern involviert zugleich die Basis für Differenzierung im Sinne eines (›vorgegebenen‹) Rasters (einer elementaren Heuristik).

Diese ontologische Charakteristik bildet die Grundlage der Unmittelbarkeit der ›Wahrnehmung‹, des Seins des Bewusstseins ›bei den Dingen‹, und bleibt auf allen Entwicklungsstufen des Bewusstseins

---

137 Die Struktur als solche ist in gewisser Weise unabhängig vom konkreten Substrat ihrer Realisation. Nur so ist übrigens auch die Replikation verständlich, denn was repliziert wird ist nicht das Substrat, sondern die Struktur, die insofern substratunabhängig ist. Man kann darin übrigens auch eine gewisse Analogie zur physikalisch-chemischen Ebene erblicken, zum algorithmischen Charakter der Konstitution kontingent autarker Einheiten. Wohl in diesem Sinne schreibt Anton Zeilinger: »Information ist der fundamentale Baustein des Universums.« [Zeilinger, 2005, 73]

unverändert erhalten (auch wenn die Koordinatenbildung eine immer größere Rolle spielt).

18.2. *Bewusstsein* ist elementar nichts anderes, als die – in der Dependenz, alias dem Bedürfnis begründete – Schnittstelle zwischen dem Organismus und seiner Umgebung. Es ist also nicht Teil einer Relation, es ist nicht selbst >Etwas< und auch keine obskure >Eigenschaft< oder ein >Zustand< von etwas, sondern es ist nichts als die aktuale Schnittstelle, die ihre >Plastizität< erst im Zuge der Evolution durch die immer stärkere Bedeutung der Koordinatenbildung erhält.[138] Der Grund der Transitivität des Bewusstseins (seiner >Intentionalität<, bzw. intentionalen Struktur) liegt nicht im Bewusstsein als Schnittstelle, sondern im Seinsmodus des Organismus. Das heißt, Bewusstsein ist ein onto-logisch fundiertes emergentes Phänomen, und insofern es sich bei der prekären Autarkie um eine dependente Existenzform handelt, auch ein ontisches Phänomen.

Bewusstsein ist gleichermaßen Produkt und qualitativer Aspekt der (>heuristisch< im Seinsmodus des Organismus begründeten) >Erkenntnistätigkeit<. >Erkennen< selbst ist eine Tätigkeit und, anders als Bewusstsein, kein qualitatives Phänomen. Bewusstsein als Schnittstelle und als qualitatives Phänomen ist aber immer schon überformt von Erkenntnisstrukturen, und insbesondere nachhaltig von der Sprache als intersubjektives Medium der vermittelten Bezugnahme auf die Gegenstände.

18.2.1. Das Phänomen Erkenntnis hat in seinem Ursprung nichts mit der Idee eines >An sich Seins< der Gegenstände zu tun. Der dependente Seinsmodus des Organismus vereint ursprünglich Bezugnahme und Heuristik mit Koordinatenbildung, die sich als elementare (>transzendentale<) Bedingungen der Möglichkeit von Erkenntnis erst im Zuge der Evolution, speziell auf der Stufe der Genese von Selbstbewusstsein (und zwar, wie sich zeigen wird, vermittels einer sekundären

---

138 Das Gehirn als Zentralorgan des Organismus bildet dafür die Infrastruktur. Bewusste Koordinatenbildung setzt allerdings die Entwicklung von Selbstbewusstsein, von Selbstwahrnehmung als Objekt im Kontext der Umgebung, voraus.

Dependenz), verselbständigen. Der Versuch, das Phänomen Erkenntnis im menschlichen Sinne in direkter Weise (etwa durch autonome Gehirntätigkeit oder etwaige >kausale Vorgänge<) erklären zu wollen, zeugt von mangelnder Analyse des Phänomens und ist daher grundsätzlich zum Scheitern verurteilt.

These 19. Einen möglichen empirischen Ansatzpunkt für eine Erklärung der Genese von prekärer Autarkie auf physikalisch-chemischer Grundlage, d.h. für die Verbindung zwischen der physikalisch-chemischen und der biologischen Ebene auf empirischer Grundlage, bieten unseres Erachtens die Theorie der >Synergetik< von Hermann Haken (mit ihrem >Versklavungsprinzip< als Grundlage einer Prozessauto­nomie)[139] und die Forschungen von Ilya Prigogine zu den Themen >Nichtgleichgewichtsthermodynamik<, >dissipative Strukturen< und >Selbstorganisation<, auf der Basis des Konzepts dissipativer, autokatalytischer Prozesse.[140] Die Quintessenz dieser empirischen Forschungen besteht in der Einsicht in stabile, reproduzierbare Strukturbildungseffekte unter den Bedingungen vorhandener Energie im Rahmen bestimmter (spezifischer, begrenzter) Konstellationen, nach dem On/Off-Prinzip, also in einer Weise, die den Charakter einer Spontangenese hat.

Kombiniert man diese Einsicht mit der getroffenen Feststellung, dass ein Organismus nichts anderes ist, als eine auf rein physikalisch-chemische Prozesse aufgebaute, und zugleich dependente Struktur, die zu ihrer Aufrechterhaltung Energie benötigt, so liegt der Gedanke nahe, dass es die Verstetigung dieser strukturbildenden Prozesse durch einen Vorgang der Akkumulation, bzw. der Speicherung von Energie ist, die zur Konstitution von prekär autarken (organischen) Einheiten führt. Die Speicherung von Energie im Kontext energieinduzierter (und somit energieabhängiger) strukturbildender Prozesse ist eine elementare Form von Selbstbezug.

---

139 Haken & Haken-Krell, 1995
140 Prigogine & Stengers, 1986

19.1. Geht man von diesem Gedankengang aus, so wäre die Genese von prekärer Autarkie im Prinzip als ein (zufälliger) Vorgang der energetischen Abnabelung von dynamischen, energieinduzierten physikalisch-chemischen Prozessen (Strukturbildungen) durch einen Vorgang der Speicherung von Energie zu begreifen, der selbst (zufällig) zu einem integralen Teil dieser Prozesse wird.[141] Was nichts anderes heißt, als dass die betreffende energieinduzierte (und folglich energiedependente) Struktur – vermittels der Speicherung verfügbarer Energie (durch einen zufälligen integralen Prozess) – zugleich zur eigenen Infrastruktur eben jener Prozesse wird, die ihrer eigenen Bildung zugrunde liegen.

Daraus folgt die zentrale Funktion des Metabolismus sowohl für die Aufrechterhaltung der prekär autarken (organischen) Einheit, als auch für die Entwicklung der Lebensformen. Die Speicherung von Energie ist aus der Sicht energieinduzierter (und somit energiedependenter) Prozesse zugleich die elementarste Form von Selbstbezug in der Form ihrer Verstetigung. Die Kombination dieser beiden Komponenten, die Dependenz und der elementare Selbstbezug, führt dazu, dass Intelligenz ins Spiel kommt, und zu einem eigenständigen Faktor der Entwicklung wird.

19.1.1. Abgesehen von allen anderen kontingenten (›zufällig vorherrschenden‹ physikalisch- chemischen) Bedingungen auf der Erde, wird, als wesentlicher Teil der Konstellation, die für die ursprüngliche Genese von prekär autarken (organischen) Strukturen maßgeblich war, wohl insbesondere die (auf periodische Weise, im ›On-Off-Modus‹) unstete Verfügbarkeit von Sonnenenergie, als Antrieb der auf virulente Weise dynamischen Strukturbildungen, eine entscheidende Rolle gespielt haben.

19.1.2. Geht man davon aus, dass die energieinduzierten strukturbildendenden Prozesse in ihrem Ursprung auf virulente Weise dynamisch sind, so kontinuiert sich diese ursprüngliche Virulenz unter

---

141 ›Leben‹ ist aus dieser Sicht also wiederum keine obskure Eigenschaft von etwas, sondern eine im Prinzip intelligible dynamische Prozessform.

den Bedingungen der energetischen Abnabelung dieser Prozesse als Grund und Bedingung ihrer Verstetigung in zwei verschiedenen Formen: Zum einen in der Form des Wachstums (das an physikalische Grenzen stößt) und zum anderen in der Form der Reproduktion und Vermehrung.

19.2. Ergänzend zu dem bereits in 18.2 über das Bewusstsein als Schnittstelle Gesagten, was die ›phänomenale‹ und die ›intentionale‹ Komponente betrifft, lässt sich nun noch eine weitere Komponente hinzufügen, nämlich die elementare Form von Selbstbezug, der dem organischen Existenzvollzug zu eigen ist, der nichts anderem als der eigenen Verstetigung dient, als grundlegender Seinsmodus des Organismus. In den Worten von Thomas Nagel: »Die Tatsache, dass ein Organismus *überhaupt* bewusste Erfahrung hat, heißt erst einmal, dass es irgendwie ist, dieser Organismus zu *sein*.« [Nagel, 2023, 11]. Der Seinsmodus der prekären Autarkie scheint mit (dem Ursprung von) Emotion verbunden zu sein. Alle genannten Aspekte zusammengenommen sind Komponenten dessen, was traditionell als ›Telos‹ bezeichnet wird (dessen Steuerung wiederum offenbar chemischer Natur ist).

Der ursprüngliche Zusammenhang von Bewusstsein mit dem Seinsmodus der prekären Autarkie erklärt übrigens auch die eigentümliche (dynamische) Form der Kontinuität des Bewusstseins (mit Wach- und Schlafphasen, auch Phasen der fokussierten Aufmerksamkeit oder meditativen Zuständen) und auch seine Gebundenheit an das Zentralorgan.[142]

19.3. Für das Konzept der ›prekären Autarkie‹ als Konzept für die ›theoretische Erschließung‹ der biologischen Phänomene in physikalischem Zusammenhang gilt im übrigen dasselbe wie für die dekonstruktiven Konzepte der Physik. Sie müssen sich bewähren als Werkzeuge der De- und Rekonstruktion der Phänomene, und auch indem sie Zusammenhänge sichtbar machen. Die Unterscheidung

---

142 Diese Gebundenheit erklärt, in Verbindung mit Selbstbewusstsein, in gewisser Weise auch das Phänomen Traum im Sinne der emotionalen Verarbeitung von unwägbaren Szenarien, bedingt durch das eigene Vorkommen in diesen.

von ›Konzept‹ und ›Prinzip‹ spiegelt eben den Erkenntnisstatus der betreffenden Prinzipien wider, ihren ›hypothetischen Status‹ im Erkenntniszusammenhang. Dieser Status impliziert keineswegs notwendig ihre Falsifizierbarkeit, sondern vielmehr ihre grundsätzlich eingeschränkte Geltung nach dem Modell der Kreditwürdigkeit.[143] Diese gründet sich darauf, dass die grundlegenden Konzepte einer Erkenntnistätigkeit, die einer dekonstruktiven Heuristik folgt, stets eine spezifische (›durchleuchtende‹) heuristische Funktion haben, was impliziert, dass der einzige Maßstab ihrer eigenen Angemessenheit (und damit ihrer Bestätigung) in der angemessenen Rekonstruktion der Phänomene besteht.

Ein besonderes Beispiel für diesen delikaten Zusammenhang liefert das Phänomen der Evolution in der doppelten Gestalt als (historisch nicht unumstrittenes) ›Phänomen‹ und (zugleich) als konkretes Konzept in der Gestalt der Evolutionstheorie.

These 20. Die Darwinsche Evolutionstheorie in der bekannten Kurzform des ›Survival of the fittest‹ beruht auf dem Konzept (bzw. Prinzip) der ›Anpassung‹ biologischer Individuen an ihre ›Umwelt‹ unter dem Aspekt ihres ›Überlebens‹ (übrigens ein teleologischer Begriff) und führt zu einem Bild der Evolution als fortschreitender ›blinder‹ Optimierungsprozess, basierend auf zufälligen Mutationen und auf Selektion (d.h. Elimination). Wobei die gesamte Entwicklung (Stichworte: Anpassung, Mutation, Selektion) ausschließlich von der Seite der biologischen Individuen her gedacht wird, die kurzerhand durch das Konzept ›Überleben‹ repräsentiert werden. Die Dynamik und die Richtung der Evolution kann damit nur ungenügend verständlich gemacht werden. Außerdem gibt es bekanntermaßen keine besser angepassten und auch anpassungsfähigeren Lebensformen, als gerade die primitivsten Lebensformen.

Geht man hingegen hinsichtlich der biologischen Individuen vom

---

143 Siehe dazu auch die in 11.3.2 zitierten Bemerkungen Newtons zu seiner Idee von Naturforschung in seiner ›Optick‹.

Konzept der prekären Autarkie und der zentralen Rolle des Metabolismus aus, dann ergibt sich ein ganz anderes, dynamischeres Bild, in dem das Konzept >Anpassung< nur eine Facette darstellt. Denn der entscheidende Punkt am Prozess der Evolution ist nicht die >Optimierung< der Individuen, sondern der Umstand, dass jedes biologische Individuum zugleich selbst unmittelbar Teil der Umwelt jedes anderen Individuums ist, und damit auch eine potentielle Nahrungsquelle für andere biologische Individuen (seien es nun Räuber oder Parasiten) darstellt. Das bedeutet, dass >die Umwelt< selbst ein Produkt der Evolution ist, die somit eher nach dialektischen, als nach linearen Prinzipien (>Anpassung<) zu verstehen ist. Das Bild des Optimierungsvorgangs wird der Gesamthaftigkeit der Entwicklung in keiner Weise gerecht.

20.1. Betrachtet man die evolutionäre Entwicklung als Prozess unter dem Blickpunkt des Prinzips der prekären Autarkie und der Dependenz, als Seinsmodus organischer Entitäten, so erweist sich dieses selbst als der Motor der Evolution, und der >Parasitismus< als ihr durchgehendes Prinzip. Dieses Prinzip entwickelt Dynamik gleichzeitig in alle Richtungen. Jede >erfolgreiche Anpassung< bedeutet zugleich eine Veränderung der gesamten Konstellation, respektive Situation. Außerdem geht es längst nicht um bloße >Anpassung<, sondern auch um komplexe Prozesse wie >Kolonisierung< (siehe Lynn Margulis< Theorie der Endosymbiose) oder Vorgänge wie Bestandsregulation. Die Evolution ist daher ein Prozess, der in seiner Dynamik, seiner Dialektik und seinem Facettenreichtum in keiner Weise ausschließlich von den Individuen (bzw. individuellen Mutationen) her, sondern nur gesamthaft zu begreifen ist. Das Individuum spielt darin nicht die Hauptrolle. Es ist zwar ein Protagonist, aber das Skript stammt nicht von ihm.

20.2. Ein Trend, der mit der Diversifikation der potentiellen Energiequellen, also des >Nahrungsangebots<, als begleitender Faktor der Evolution einhergeht, ist die Anreicherung der Schnittstelle des prekär autarken Organismus zu seiner Umwelt, als die wir das Bewusstsein bezeichnen haben. Gemeint ist damit vor allem die wesentliche Rolle der Koordinatenbildung (ob mittels Geruchssinn oder Sehsinn, oder auch ›Fledermaus-Radar‹)[144] und die damit einhergehende ›Plastizität‹ der Schnittstelle.

Der Prozess der Evolution ist daher in direkter Weise verbunden mit der Entwicklung der Schnittstelle, die wir als ›Bewusstsein‹ bezeichnen. Die (infrastrukturelle) Funktion des Gehirns als Zentralorgan des Organismus besteht dabei im wesentlichen in drei Aufgaben: in Identifikation und Koordinatenbildung und in (körperinterner) Koordination (Stichwort: ›embodied cognition‹).

Die Schnittstelle zwischen dem Organismus und seiner Umgebung, die das Bewusstsein ist, ist nicht selbst ein Produkt von Gehirnaktivität, sie wird nicht vom Gehirn geschaffen, sondern ist ein onto-logisch fundiertes, ontisches Phänomen. Das Gehirn ist bloß die Infrastruktur des Organismus. Die Inhalte des Bewusstseins sind emergente Produkte der Gehirnaktivität.

20.2.1. Ein weiterer Punkt in dieser Entwicklung (den ich hier zwecks Abrundung des Bildes noch kurz andeuten möchte) besteht in der Genese von Selbstbewusstsein, die die logische Bedingung dafür ist, dass der Organismus überhaupt etwas klar ›von sich‹ unterscheiden kann, und damit als unabhängigen (›autonomen‹) ›Gegenstand‹ wahrnehmen kann (der Ursprung des Konzepts der Substanz).

Diese Genese steht mit dem Auftreten einer neuen Art von Dependenz in Verbindung, die auch zu der Genese von Sprache als Vehikel einer gemeinsamen, vermittelten Form von Bezugnahme führt. Erst damit nimmt sich der betreffende Organismus selbst als Gegenstand in seinem eigenen Umfeld wahr (zunächst einfach durch die Übernahme oder Zuteilung von Aufgaben im Rahmen einer Gruppe), er tritt also gewissermaßen als Objekt in sein eigenes Gesichtsfeld, womit potentiell auch eine neue Art von Heuristik ins Spiel kommt (ein Interesse an dem schicksalhaften Geschehen der Natur als solches, als dessen Teil man sich wahrnimmt). Darin liegt der Ursprung jener Koordinatenverschiebung, die den Schritt vom Horizont der ›Umwelt‹ zum Horizont

---

144 Siehe Nagel, 2023, 23

der ›Welt‹ markiert, und damit jene besondere Form von Plastizität der Schnittstelle, die das menschliche Bewusstsein charakterisiert.

Die analytische Grundlegung in der bisherigen Form bildet so den notwendigen Ansatzpunkt dafür, die Phänomene Bewusstsein und Erkenntnis in vollem Umfang, d.h. in ihrer evolutionären, ebenso wie in ihrer historischen Dimension, auf rational nachvollziehbare Weise auszuloten, um sich auch ihrerseits an dieser Aufgabe zu bemessen.

20.2.2. Bedenkt man die aus der bisherigen Analyse hervorgegangene Verschränktheit der Phänomene Leben, Erkenntnis (Differenzierung) und Bewusstsein (als ursprünglich metabolische Schnittstelle) im ontologischen Konzept, bzw. Prinzip der ›prekären Autarkie‹ (als eine grundlegende Existenzform und als Ursprung von ›Heuristik‹) zusammen mit der These der physikalischen Genese dieser Existenzform durch die Verstetigung der konstitutiven dynamischen (expansiven) Prozesse im Wege der Speicherung von Energie und der darin liegenden elementaren Form von Selbstbezug, so ist (im Sinne Thomas Nagels, siehe 17.2.1.) zu vermuten, dass diese verschränkten Faktoren in Summe das Bedeutungsspektrum eben dessen abdecken, was traditionell mit dem Terminus ›Teleologie‹ gemeint ist.

Unilaterale Bezugnahme und Heuristik sind Aspekte dieser Teleologie, wobei die Heuristik diejenige Komponente ist, durch die überhaupt erst so etwas wie Ratio und Intelligenz ins Spiel kommt, die auch physikalisch kontingente ›Eindrücke‹ in ›Daten‹ verwandelt. Intelligenz ist insofern sowohl ein integraler, als auch ein wirksamer Faktor der Evolution; diese ist kein blinder Vorgang im physikalischen Sinn, wiewohl ein physikalisch basierter Vorgang, der zum Heraustreten aus der totalen Immanenz der physikalischen Ebene führt.

20.3. Wenn hier in Bezug auf den Gedanken der ›prekären Autarkie‹ in doppelter Weise als Konzept und als Prinzip die Rede ist, so verweist das von selbst auf dessen dekonstruktive (erklärende) und zugleich rekonstruktive (erschließende) Funktion in Bezug auf die Phänomene, die folglich nur im Wege der adäquaten (intelligiblen) Rekonstruktion der biologischen Phänomene in evolutionärem Zusammenhang eine angemessene Bestätigung finden kann. Diese intelligible Rekonstruktion muss selbstverständlich auch die Evolution von intelligentem Verhalten sowie von Denken und Erkenntnis mit umfassen.

Wie es Thomas Nagel formuliert: »The appearance of animal consciousness is evidently the result of biological evolution, but this well-supported empirical fact is not yet an explanation – it does not provide understanding ... To make facts of this kind intelligible, a post-materialist theory would have to offer a unified explanation of how the physical and the mental characteristics of organisms developed together, and it would have to do so not just by adding a clause to the effect that the mental comes along with the physical as a bonus. The need for an illuminating explanation of the mental outcome pushes back to impose itself on the understanding of the entire process that led to that outcome.« [Nagel, 2012, 46f.]

Schließen möchten wir mit einem Zitat von Erwin Schrödinger:

»Aber eine Welt, die viele Millionen Jahre bestanden hat, ohne dass irgendein Bewußtsein sie gewahr wurde und angeschaut hat, ist das überhaupt irgend etwas? *Gab* es sie? Wir wollen doch dies nicht vergessen: Wenn wir oben gesagt haben, daß das Werden der Welt sich in einem bewußten Geist spiegelt, so ist das nur ein Klischee, eine Redensart, eine Metapher, die Bürgerrecht erworben hat. Nichts spiegelt sich! Die Welt ist nur einmal gegeben. Urbild und Spiegelbild sind eins. Die in Raum und Zeit ausgedehnte Welt existiert nur in unserer Vorstellung.«

Literaturverzeichnis:

Bohr, Niels (1958): Atomphysik und menschliche Erkenntnis. Braunschweig: Vieweg. (Die Wissenschaft ; 112)

Campbell, Norman R. (1957): Foundations of Science: The Philosophy of Theory and Experiment. New York, NY: Dover

Carnap, Rudolf (2019): Physikalische Begriffsbildung / Physical Concept Formation. In: Early Writings. Ed. by A. W. Carus ... Oxford: Oxford University Press (The Collected Works of Rudolf Carnap; 1)

Cohen, I. Bernard (2002): Newton's concepts of force and mass, with notes on the Laws of Motion. In: The Cambridge Companion to Newton. Ed. by I. Bernard Cohen and George E. Smith. Cambridge: Cambridge University Press (pp. 57-84)

Davidson, Donald (2004): Subjektiv, intersubjektiv, objektiv. Übers. von Joachim Schulte. 1. Aufl. Frankfurt am Main: Suhrkamp

Descartes, René (1972): Meditationen über die Grundlagen der Philosophie: mit sämtlichen Einwänden und Erwiderungen. Übers. u. hrsg. von Artur Buchenau. Unveränd. Nachdr. Hamburg: Meiner. (Philosophische Bibliothek; 27)

Einstein, Albert (2011): The Ultimate Quotable Einstein. Collected and ed. by Alice Calaprice. With a foreword by Freeman Dyson. Princeton, NJ: Princeton University Press

Einstein, Albert (2019): Mein Weltbild. Hrsg. von Carl Seelig. Lizenzausg., 35. Aufl. München: Ullstein. (Ullstein Taschenbuch)

Falkenburg, Brigitte (2007): Particle Metaphysics: a critical account of subatomic reality. Berlin: Springer. (The Frontiers Collection)

Frege, Gottlob (1993): Logische Untersuchungen. Hrsg. u. eingel. von Günther Patzig. 4., durchges. u. bibliograph. erg. Aufl. Göttingen: Vandenhoeck u. Ruprecht. (Kleine Vandenhoeck-Reihe; 1219)

Galilei, Galileo (1960): The Assayer. In: The Controversy on the Comets of 1618. Transl. by Stillman Drake and C. D. O'Malley. Philadelphia, Pa.: University of Pennsylvania Press (p. 151-336)

Haken, Hermann & Haken-Krell, Maria (1995): Entstehung von biologischer Information und Ordnung. Darmstadt: Wissenschaftliche Buchgesellschaft. (Dimensionen der modernen Biologie; 3)

Harper, William L. (2014): Isaac Newton's Scientific Method : turning data into evidence about gravity and cosmology. [Paperback ed.] Oxford: Oxford University Press

Hegel, Georg W. F. (1971): Wissenschaft der Logik: Erster Teil. Hrsg. von Georg Lasson. Unveränd. Nachdr. Hamburg: Meiner. (Philosophische Bibliothek; 56)

Heidegger, Martin (1975): Die Grundprobleme der Phänomenologie: Marburger Vorlesung Sommersemester 1927. Hrsg. von Friedrich-Wilhelm v. Herrmann. Frankfurt am Main: Klostermann. (Heidegger, Martin: Gesamtausgabe. II. Abteilung: Vorlesungen 1923-1944; 24)

Heisenberg, Werner (2017): Der Teil und das Ganze: Gespräche im Umkreis der Atomphysik. Ungek. Taschenbuchausg., 13. Aufl. München: Piper

Hoffman, Donald D. (2020): The Case against Reality: How Evolution Hid the Truth from our Eyes. London: Penguin Books

Jonas, Hans (2011): Das Prinzip Leben: Ansätze zu einer philosophischen Biologie. Aus d. Engl. übers. vom Verf. u. von Klaus Dockhorn. 2. Aufl. Frankfurt am Main: Suhrkamp. (Suhrkamp Taschenbuch; 2698)

Kant, Immanuel (1975a): Kritik der reinen Vernunft. 4. Nachdr. d. Ausg. 1956). Darmstadt: Wissenschaftliche Buchgesellschaft. (Werke in sechs Bänden / hrsg. von Wilhelm Weischedel; 2)

Kant, Immanuel (1975c): Kritik der Urteilskraft und Schriften zur Naturphilosophie. 4. Nachdr. d. Ausg. 1957). Darmstadt: Wissenschaftliche Buchgesellschaft. (Werke in sechs Bänden / hrsg. von Wilhelm Weischedel; 5)

Kuhn, Thomas S. (1977): The Essential Tension: Selected Studies in Scientific Tradition and Change. Chicago, Ill.: The University of Chicago Press

Kuhn, Thomas S. (2017): Die Struktur wissenschaftlicher Revolutionen. Übers. von Hermann Vetter. 25. Aufl. Frankfurt am Main: Suhrkamp. (Suhrkamp Taschenbuch Wissenschaft; 25)

Ladyman, James & Ross, Don (2007): Every Thing Must Go: metaphysics naturalized. With David Spurrett and John Collier. Oxford: Oxford University Press

Landry, Elaine M. & Rickles, Dean P., Eds. (2012): Structural Realism: structure, object, and causality. Dordrecht: Springer

Laughlin, Robert B. (2007): Abschied von der Weltformel: Die Neuerfindung der Physik. Aus d. Amerikan. übers. von Helmut Reuter. München: Piper

Margulis, Lynn & Sagan, Dorion (1997): Leben: vom Ursprung zur Vielfalt. Mit e. Vorw. von Niles Eldredge. Aus d. Engl. übers. von Kurt Beginnen ... Darmstadt: Wissenschaftliche Buchgesellschaft

Maturana, Humberto R. & Varela, Francisco J. (1987). Der Baum der Erkenntnis: die biologischen Wurzeln des menschlichen Erkennens. Bern: Scherz

Nagel, Thomas (1986): The View from Nowhere. New York, NY: Oxford University Press

Nagel, Thomas (2012): Mind and Cosmos: why the materialist Neo-Darwinian conception of nature is almost certainly false. New York, NY: Oxford University Press

Nagel, Thomas (2023): What Is It Like to Be a Bat? Wie ist es, eine Fledermaus zu sein? Englisch/Deutsch. Übers. u. hrsg. von Ulrich Diehl. Stuttgart: Reclam. (Reclams Universal-Bibliothek; 14420)

Newton, Isaac (1983): Optik, oder Abhandlung über Spiegelungen, Brechungen, Beugungen und Farben des Lichts. Übers. u. hrsg. von William Abendroth. Eingel. u. erl. von Markus Fierz. Nachdr. d. Ausg. Leipzig, Engelmann 1898. Braunschweig: Vieweg. (Edition Vieweg; 1)

Newton, Isaac (1999): Die mathematischen Prinzipien der Physik. Übers. u. hrsg. von Volkmar Schüller. Berlin: De Gruyter

Pauli, Wolfgang (1961): Aufsätze und Vorträge über Physik und Erkenntnistheorie. Braunschweig: Vieweg. (Die Wissenschaft; 115)

Planck, Max (2020): Physik und Erkenntnistheorie: Reden und Vorträge 1914-1946. Neuausg. Hrsg. von Karl-Maria Guth. Berlin: Hofenberg

Popper, Karl R. (1976): Logik der Forschung. 6., verb. Aufl. Tübingen: Mohr

Prigogine, Ilya & Stengers, Isabelle (1986): Dialog mit der Natur. Neue Wege naturwissenschaftlichen Denkens. Übers. von Friedrich Griese. 5., erw. Aufl. München: Piper

Quine, Willard V. O. (1991): Theorien und Dinge. Übers. von Joachim Schulte. 1. Aufl. Frankfurt am Main: Suhrkamp. (Suhrkamp-Taschenbuch Wissenschaft; 960)

Rickles, Dean P. (2012): Time, Observables, and Structure. In: Structural Realism: Structure, Object, and Causality. Elaine M. Landry, Dean P. Rickles, Eds. Dordrecht: Springer

Rovelli, Carlo (2017): Reality Is Not What It Seems: The Journey to Quantum Gravity. Transl. by Simon Carnell and Erica Segre. [London]: Penguin Books

Rovelli, Carlo (2019): Die Geburt der Wissenschaft: Anaximander und sein Erbe. Aus dem Franz. von Monika Niehaus. Dt. Erstausg. Hamburg: Rowohlt

Rovelli, Carlo (2021): Helgoland: Wie die Quantentheorie unsere Welt verändert. Aus d. Ital. von Enrico Heinemann. Dt. Erstausg. Hamburg: Rowohlt

Russell, Bertrand (1912/13): On the Notion of Cause. In: Proceedings of the Aristotelian Society. New Series, Vol.13 (1912/13), (pp. 1-26)

Russell, Bertrand (2007): My Philosophical Development. Spokesman, Nottingham

Sartre, Jean-Paul (2014): Der Existenzialismus ist ein Humanismus: und andere philosophische Essays; 1943-1948. Dt. von Werner Bökenkamp ... 7. Aufl. Reinbek bei Hamburg: Rowohlt. (Gesammelte Werke in Einzelausgaben: Philosophische Schriften ; 4)

Scheibe, Erhard (2001): Between Rationalism and Empiricism: Selected Papers in the Philosophy of Physics. Ed. by Brigitte Falkenburg. New York: Springer

Schrödinger, Erwin: Geist und Materie (1961). 2. Aufl. Braunschweig: Vieweg

Smith, George E. (2002): The Methodology of the *Principia*. In: The Cambridge Companion to Newton. Ed. by I. Bernard Cohen and George E. Smith. Cambridge: Cambridge University Press (pp. 138-173)

Spinoza, Benedict de (1955): On the Improvement of the Understanding; The Ethics; Correspondence. Transl. from the Latin ; with an introd. by R. H. M. Elwes. New York, NY: Dover Publications. (Works of Spinoza; 2)

Tarski, Alfred (1983): Der Wahrheitsbegriff in den formalisierten Sprachen. In: Logik-Texte. [Hrsg.:] Karel Berka, Lothar Kreisler. Lizenzausg., 3., erw. Aufl. Darmstadt: Wissenschaftliche Buchgesellschaft

Van Fraassen, Bas C. (2002): The Empirical Stance. New Haven, Conn: Yale University Press. (The Terry Lectures)

Varela, Francisco J. (1987). Autonomie und Autopoiese. In: Der Diskurs des Radikalen Konstruktivismus, hrsg. von Siegfried J. Schmidt. 1. Aufl. Frankfurt am Main: Suhrkamp. (Suhrkamp Taschenbuch Wissenschaft; 636)

Whitehead, Alfred N. (1987): Prozess und Realität: Entwurf einer Kosmologie. Übers. u. m. e. Nachw. vers. von Hans Günter Holl. 1. Aufl. Frankfurt am Main: Suhrkamp. (Suhrkamp Taschenbuch Wissenschaft; 690)

Wilczek, Frank (2021): Fundamentals: Die zehn Prinzipien der modernen Physik. Aus dem Engl. von Jens Hagestedt. München: C.H. Beck

Wittgenstein, Ludwig (2009): Philosophische Untersuchungen. Philosophical Investigations. Transl. by G.E.M. Anscombe. Rev. 4th ed. by P.M.S. Hacker and Joachim Schulte. Chichester: Wiley-Blackwell

Zeilinger, Anton (2003): Einsteins Schleier: Die neue Welt der Quantenphysik. 3. Aufl. München: C.H. Beck

Zeilinger, Anton (2005): Einsteins Spuk: Teleportation und andere Mysterien der Quantenphysik. Aus dem Engl. übertr. von Friedrich Griese. 1. Aufl. München: Bertelsmann.

Literaturverweise betreffend die Eingangszitate zu den einzelnen Abschnitten und Kapiteln und das Schlusszitat in der Reihenfolge ihres Vorkommens:

Hegel, Georg W. F.: Phänomenologie des Geistes. Nach dem Texte d. Orig.-Ausg. hrsg. von Johannes Hoffmeister. 6. Aufl. Hanburg, Meiner 1952. (Philosophische Bibliothek; 114). [Zitat S. 21]

Whitehead, Alfred N.: Prozess und Realität: Entwurf einer Kosmologie. Übers. u. m. e. Nachw. vers. von Hans Günter Holl. 1. Aufl. Frankfurt am Main: Suhrkamp 1987. (Suhrkamp Taschenbuch Wissenschaft; 690). [Zitat S. 294]

Rovelli, Carlo: Helgoland: Wie die Quantentheorie unsere Welt verändert. Aus d. Ital. von Enrico Heinemann. Dt. Erstausg. Hamburg: Rowohlt 2021. [Zitat S. 163]

Spinoza, Benedict de (1955): On the Improvement of the Understanding; The Ethics; Correspondence. Transl. from the Latin ; with an introd. by R. H. M. Elwes. New York, NY: Dover Publications. (Works of Spinoza; 2). [Zitat, hier in engl. Übersetzung, S. 370. Letter L (1674) to Jarig Jellis]

Einstein, Albert: Mein Weltbild. Hrsg. von Carl Seelig. Lizenzausg., 35. Aufl. München: Ullstein 2019. (Ullstein Taschenbuch). [Zitat S. 126]

Rovelli, Carlo: Helgoland: Wie die Quantentheorie unsere Welt verändert. Aus d. Ital. von Enrico Heinemann. Dt. Erstausg. Hamburg: Rowohlt 2021. [Zitat S. 130]

Margulis, Lynn, Dorion Sagan (1997): Leben: vom Ursprung zur Vielfalt. Mit e. Vorw. von Niles Eldredge. Aus d. Engl. übers. von Kurt Beginnen ... Darmstadt: Wissenschaftliche Buchgesellschaft. [Zitat S. 178]

Schrödinger, Erwin: Geist und Materie (1961). 2. Aufl. Braunschweig: Vieweg. [Zitat S. 47]